프로덕트 매니저 실무
PRODUCT MANAGEMENT

프로덕트 관리의 실무 경쟁력!

안재성 지음

프로덕트 매니저 실무

저　　자	안재성
초판 1쇄 인쇄	2023년 2월 15일
초판 1쇄 발행	2023년 2월 15일
발 행 처	JSCAMPUS
발 행 인	**인재싱**
기　　획	JSCAMPUS
편　　집	JSCAMPUS
제　　작	JSCAMPUS
등 록 번 호	제 16-4125호
등 록 일 자	2021년 5월 10일

출판사업부 02)538-5301 팩시밀리 02)538-0546

글·그림 저작권 JSCAMPUS
이 책의 저작권은 저작권자에게 있습니다. 저작권자와 출판사의 허락없이 내용의 일부를 인용하거나 발췌하는 것을 금합니다.

*책값은 뒤표지에 있습니다.

ISBN 979-11-974712-6-1

JSCAMPUS는 독자 여러분을 위한 좋은 책 만들기에 정성을 다하고 있습니다.

독자의견 전화	02)538-5301
홈 페 이 지	www.jscampus.co.kr
이 메 일	jsc@jscampus.co.kr

PRODUCT MANAGER

저자서문

프로덕트 매니저(Product Manager)의 역할 개념은 P&G사의 Neil H.McElroy의 "Brand Men"에서 출발하여 HP 창업자 Bill Hewlett과 David Packard의 "HP Way"로 발전한 후, 실리콘 밸리의 수 많은 창업자에게 영감을 준 것으로 알려져 있습니다.

Neil H.McElroy의 "Brand Men"에서 출발하고 확장된 현재의 프로덕트 매니저의 역할 범위는 과거의 "Brand Men"이나 "HP Way"의 범위가 아니며 더더욱 마케팅 책임자, 상품기획자, 프로덕트 오너, 디자인 책임자, 프로젝트 관리자의 역할 범위도 아닙니다.

우리가 알고자하는 프로덕트 매니저(Product Manager)의 역할범위는 고객의 마음을 읽는 것으로 부터 시작하여 프로덕트에 대한 시장분석, 전략수립, 마케팅, 디자인, 그리고 프로덕트 개발을 포함한 전반적인 프로덕트 라이프 사이클 관리를 하는 역할을 말합니다.

프로덕트 매니저의 역할을 잘 수행하려면 각 분야의 전문가들로 구성된 프로덕트 팀이 필요합니다. 프로덕트 팀의 구성은 마케팅 팀, 데이터 분석팀, 디자인 팀, 제품개발팀, 세일즈 팀의 연합된 형태가 일반적입니다.

따라서 프로덕트 매니저는 프로덕트 팀을 이끌 리더십과 전문성, 의사소통 능력이 반드시 필요합니다.

그렇다면 프로덕트 매니저가 갖추어야할 수 많은 능력 중에게 가장 중요한 핵심 역량은 무엇일까요?

프로덕트 타깃 마켓과 고객 가치를 정의할 수 있는 통찰력과 고객의 마음을 느낄 수 있는 공감 능력일 것입니다.

이 책을 쓰면서 생각한 집필 방향은 아래 세 가지입니다.

첫째는 프로덕트 관리이론, 프로덕트 매니저 역할정의, 시장분석, 전략수립, 데이터 분석, 디자인 UX, Agile 프로젝트 수행과 같은 프로덕트 매니저의 역할을 수행하기 위해 반드시 알아야 할 지식과 정보를 모두 한권에 담으려 노력했습니다.

둘째는 프로덕트 매니저에 대해 공부하는 분들과 국내에서 프로덕트 매니저로 활동하는 분들을 위해 글로벌 프로덕트 매니지먼트 표준용어를 지식분야별로 나누어 이해하기 쉽게 집필하였습니다.

셋째는 타깃 마켓과 고객의 니즈를 해결하고 성공하는 프로덕트를 만들기 위한 프로덕트 매니저의 업무 프로세스에 대해 실무 중심으로 심도있게 다루어 보았습니다.

이 책이
프로덕트 매니저를 꿈꾸는 분들과
기업 현장에서 프로덕트 성공을 위해 노력하는 모든 분들에게
많은 도움과 힘이 되었으면 하는 바람입니다.

2023년 02월   안재성

Contents

021

PART 1. 프로덕트 매니저(Product Manager) 개론

Chapter-01. 프로덕트 관리(Product Management) 지식 ··················· 23

1. 프로덕트의 이해 / 24
   - 1-1. 프로덕트의 정의 / 24
   - 1-2. 프로덕트 이해관계자(Product Stakeholder) / 25
   - 1-3. 고객은 누구인가? / 26
   - 1-4. 고객가치(Customer Value)란 무엇인가? / 27
   - 1-5. Product-market Fit / 28

2. 프로덕트 관리란 무엇인가? / 29
   - 2-1. 프로덕트 관리의 이해 / 29
   - 2-2. 프로덕트 관리의 필요성 / 31
   - 2-3. 프로덕트 라이프 사이클(Product Life Cycle) / 32
   - 2-4. 프로덕트 라이프 사이클 단계별 특징 / 33
   - 2-5. 프로덕트의 성공 지향 관점 / 35

3. 프로덕트 팀 / 36
   - 3-1. 프로덕트 팀 구성 / 36
   - 3-2. 프로덕트 매니저(Product Manager) / 37
   - 3-3. 데이터 분석 팀(Data Analytics Team) / 39
   - 3-4. 프로덕트 디자인팀(Product Design Team) / 40
   - 3-5. 애자일 프로젝트 팀(Agile Project Team) / 41

4. 프로덕트 관리 프로세스 / 42
   - 4-1. 시장분석 / 42
   - 4-2. 전략수립 / 43
   - 4-3. 프로덕트 개발 / 45
   - 4-4. 프로덕트 운영 / 46

Contents

049

PART 1. 프로덕트 매니저(Product Manager) 개론

Chapter-02. 프로덕트 매니저(Product Manager) 실무 · 49

5. 프로덕트 매니저(Product Manager) / 52
  5-1. 프로덕트 매니저 정의 / 52
  5-2. 프로덕트 매니저의 역할 / 53
  5-3. 프로덕트 매니저 핵심 역량 / 54
  5-4. 프로덕트 매니저 리더십 / 55

6. 프로덕트 매니저의 주요업무 / 56
  6-1. 프로덕트 전략 수립 / 56
  6-2. 프로덕트 데이터 분석 / 57
  6-3. 프로덕트 UX & UI 디자인 / 58
  6-4. 프로덕트 애자일 프로젝트 관리 / 59

7. 프로덕트 매니저의 솔루션 / 60
  7-1. Design Thinking / 60
  7-2. Lean Startup / 62
  7-3. Agile Project Management / 63

8. 프로덕트 팀 만들기 / 65
  8-1. 프로덕트 팀 환경 구축 / 65
  8-2. 프로덕트 팀 리더 되기 / 66
  8-3. 프로덕트 팀 빌딩 절차 / 67
  8-4. 프로덕트 팀 구성 / 68

9. 프로덕트 관리 주요문서 / 69
  9-1. MRD(Market Requirements Document) / 69
  9-2. PRD(Product Requirements Document) / 72
  9-3. Customer Journey Map / 75
  9-4. Product Roadmap / 77
  9-5. Product Backlog / 81

Contents

087

PART 2. 프로덕트 매니저 필요지식

Chapter-03 프로덕트 전략 수립 지식·································· 89

10. 프로덕트 전략(Product Strategy) / 90
  10-1. 프로덕트 전략의 이해 / 90
  10-2. 기업 전략과 프로덕트 전략의 관계 / 91
  10-3. 프로덕트 전략의 구성 / 93
  10-4. 프로덕트 전략 기본용어 정리 / 94

11. 기업 전략 / 95
  11-1. Mission과 Vision / 95
  11-2. 포트폴리오 관리(Portfolio Management) / 96
  11-3. KPI & OKR / 97

12. 프로덕트 마케팅 전략 / 98
  12-1. 프로덕트 시장분석 : 3C / PEST / SWOT / 98
  12-2. 마케팅 가이드라인 제시 : STP 분석 전략 / 99
  12-3. 마케팅 전략 수립 : 4P MIX / 100
  12-4. CRM 전략 수립 / 101
  12-5. 디지털 마케팅 전략 수립 / 102
  12-6. 브랜딩 전략 수립 / 103

13. 프로덕트 전략 용어 해설 / 104
  13-1. KPI(Key Performance Indicator) / 104
  13-2. OKR(Objective and Key Results) / 105
  13-3. MBO(Management by objectives) / 106
  13-4. PEST(Political, Economic, Social and Technological analysis) / 107
  13-5. CRM(Customer Relationship Management) / 108
  13-6. SCM(Supply Chain Management) / 109
  13-7. Portfolio Management / 110
  13-8. Marketing Myopia / 111
  13-9. IMC(Integrated Marketing Communication) / 112
  13-10. Value Proposition / 113
  13-11. High Involvement Product / 114
  13-12. Low Involvement Product / 115
  13-13. Market Segmentation / 116
  13-14. Branding / 117
  13-15. Brand Architecture / 118

13-16. Market Positioning / 119
13-17. POD(Point of Difference) / 120
13-18. POP(Point of Parity) / 121
13-19. Perceptual Map / 122
13-20. Skimming Pricing / 123
13-21. Market Penetration Pricing / 124
13-22. Reference Price / 125
13-23. Odd Pricing / 126
13-24. Marketing Channel / 127
13-25. Showrooming / 128
13-26. Content Marketing / 129
13-27. Digital Marketing / 130
13-28. Product Line Stretching / 131
13-29. Reverse Positioning / 132
13-30. SEO(Search Engine Optimization) / 133

PART 2. 프로덕트 매니저 필요지식

Chapter-04. 프로덕트 데이터 분석 지식 ····················· 139

14. 프로덕트 데이터 분석 (Data Analytics) / 140
  14-1. 프로덕트 데이터 분석의 이해 / 140
  14-2. 프로덕트 전략 수립을 위한 데이터 분석 / 141
  14-3. Growth Hacking / 142
  14-4. 프로덕트 데이터 분석 기본용어 정리 / 144

15. 프로덕트 데이터 분석 팀 / 145
  15-1. Data Analytics Team 구성 / 145
  15-2. Data Analyst / 146
  15-3. Data Scientist / 147
  15-4. Data Engineer / 148

16. 프로덕트 데이터 분석 프로세스 / 149
  16-1. 가설수립 / 150
  16-2. 실험설계 / 151
  16-3. 데이터 수집 / 152
  16-4. 실험 / 153

17. 데이터 분석 용어 해설 / 154
  17-1. 독립변수 / 종속변수 / 통제변수 / 154
  17-2. ATE(Average Treatment Effect) / 155
  17-3. 목표지표 / 가드레일 지표 / 진단용 지표 / 156
  17-4. User Acquisition / 157
  17-5. Sign Up / Sign In / 158
  17-6. A/B Test / 159
  17-7. Funnel Analysis / 160
  17-8. Data Wrangling / 161
  17-9. AARRR Framework / 162
  17-10. Cohort Analysis / 163
  17-11. Organic / Paid / 164
  17-12. AU(Active User) / 165
  17-13. MCU(Maximum Current User) / ACU (Average Current User) / 166
  17-14. ARPU/ARPPU / 167
  17-15. ASP(Average Selling Price) / 168
  17-16. CAC(Customer Acquisition Cost) / 169
  17-17. LTV(Lifetime Value) / 170
  17-18. Entrances / Bounce Rate / Exit Rate / 171
  17-19. Page View / Unique Visitor / 172
  17-20. CVR(Conversion Rate) / 173
  17-21. CPC / CPM / CPP / 174
  17-22. CPA / CPI / 175
  17-23. CLV(Customer Lifetime Value) / 176
  17-24. ROAS(Return On Advertising Spend) / 177
  17-25. Referral Marketing / 178
  17-26. CTR(Click Through Rate) / 179
  17-27. Deep Link / 180
  17-28. Post Back / 181
  17-29. Retention Marketing / 182
  17-30. Significance Level / 183

Contents

185

PART 2. 프로덕트 매니저 필요지식

Chapter-05. 프로덕트 디자인 UX & UI 지식 · 187

18. 디자인 UX & UI / 188
  18-1. 프로덕트 디자인의 이해 / 188
  18-2. UX(User Experience) / 189
  18-3. UI(User Interface) / 191
  18-4. UX & UI 기본용어 정리 / 192

19. 디자인 팀 / 193
  19-1. Design Team 구성 / 193
  19-2. Product Designer / 194
  19-3. UX Researcher / 195
  19-4. UX Designer / 196
  19-5. UX Writer / 197
  19-6. UI Designer / 198

20. 디자인 프로세스 / 199
  20-1. Research / 200
  20-2. Ideation / 201
  20-3. Design / 202
  20-4. Test / 203

21. UX / UI 용어 해설
  21-1. Storyboard / 204
  21-2. Wireframe / 206
  21-3. IA(Information Architecture) / 208
  21-4. Prototype / 210
  21-5. Mock-up / 211
  21-6. Mood Board / 212
  21-7. User Flow / 213
  21-8. User Persona / 214
  21-9. A/B Test / 215
  21-10. Design System / 216
  21-11. Microcopy / 218
  21-12. User Journey Map / 219
  21-13. Usability Test / 220
  21-14. Heuristic Evaluation / 221
  21-15. CLI / GUI / NUI / OUI / 222

21-16. Onboarding / 223
21-17. UX Writing / 224
21-18. CTA(Call To Action) / 225
21-19. IxD(Interaction Design) / 226
21-20. Copywriting / 227
21-21. Typography / 228
21-22. Hierarchy / 229
21-23. Layout / 230
21-24. Flat Design / 231
21-25. Kerning / 232
21-26. Concept / 233
21-27. Favicon / 234
21-28. Grid / 235
21-29. GNB / LNB / FNB / SNB / 236
21-30. 누끼(ぬき) / 237

PART 2. 프로덕트 매니저 필요지식

Chapter-06. 애자일 프로젝트 관리 지식 ·················· 241

22. 애자일 개발 / 242
  22-1. 애자일 개념 / 242
  22-2. 애자일 선언의 4대 가치와 12가지 원칙 / 243
  22-3. 애자일 프로젝트 관리 방식의 종류 / 248
  22-4. 애자일 기본용어 정리 / 253

23. 애자일 팀 만들기 / 255
  23-1. 애자일 팀 환경 구축 / 255
  23-2. 애자일 팀 리더 되기 / 256
  23-3. 애자일 팀 빌딩 절차 / 257
  23-4. 애자일 팀 구성 및 역할 / 258

24. 스크럼(Scrum)의 이해 / 259
- 24-1. 스크럼 정의 / 259
- 24-2. 스크럼 특징 / 260
- 24-3. 스크럼 팀 구성 / 261
- 24-4. 프로덕트 오너의 역할 및 필요역량 / 262
- 24-5. 스크럼 마스터의 역할 및 필요역량 / 263
- 24-6. 개발자들의 역할 및 필요역량 / 264
- 24-7. 스크럼 이벤트 및 산출물 / 265
- 24-8. 스크럼 프로젝트 수행절차 / 267

25. 칸반 (Kanban)의 이해 / 282
- 25-1. 칸반 정의 / 282
- 25-2. 칸반 특징 / 283
- 25-3. 칸반의 수행원칙 / 284
- 25-4. 칸반 팀 구성 / 285
- 25-5. 칸반보드 / 286
- 25-6. 칸반보드 만들기 / 287
- 25-7. 칸반 이벤트 및 산출물 / 288
- 25-8. 칸반 프로젝트 수행절차 / 289

26. 애자일 용어 해설
- 26-1. 프로덕트 비전(Product Vision) / 290
- 26-2. 프로덕트 로드맵(Product Roadmap) / 291
- 26-3. 프로덕트 백로그(Product Backlog) / 292
- 26-4. 사용자 스토리(User Story) / 293
- 26-5. 스토리 점수(Story Point) / 294
- 26-6. 버전(Version) / 295
- 26-7. 릴리즈(Release) / 296
- 26-8. 번 다운 차트(Burn Down Chart) / 297
- 26-9. 누적흐름도표(Cumulative Flow Diagram) / 298
- 26-10. 데일리 스탠드업 미팅(Daily Stand Up Meeting) / 299
- 26-11. 리뷰(Review) / 300
- 26-12. 회고(Retrospectives) / 301
- 26-13. 완료의 정의(Definition of Done) / 302
- 26-14. 증분(Increment) / 303
- 26-15. 이터레이션(Iteration) / 304

26-16. 백로그 그루밍(Backlog Grooming) / 305
26-17. 플래닝 포커(Planning Poker) / 306
26-18. 속도(Velocity) / 307
26-19. 스프린트(Sprint) / 308
26-20. 기술적 부채(Technical Debt) / 309
26-21. 케이던스(Cadence) / 310
26-22. 자기조직화 팀(Self-organizing Project Team) / 311
26-23. 기본 규칙(Ground Rules) / 312
26-24. 동일장소 배치(Co-location) / 313
26-25. 3점 추정(Three-point Estimates) / 314
26-26. 품질 비용(Cost Of Quality) / 315
26-27. 당김 방식(Pull System) / 317
26-28. MVP(Minimum Viable Product) / 318
26-29. 카이젠 이벤트(Kaizen Event) / 319
26-30. 작업 시간(Work Time) / 320

찾아보기 ··· 322

프로덕트 관리 (Product Management)

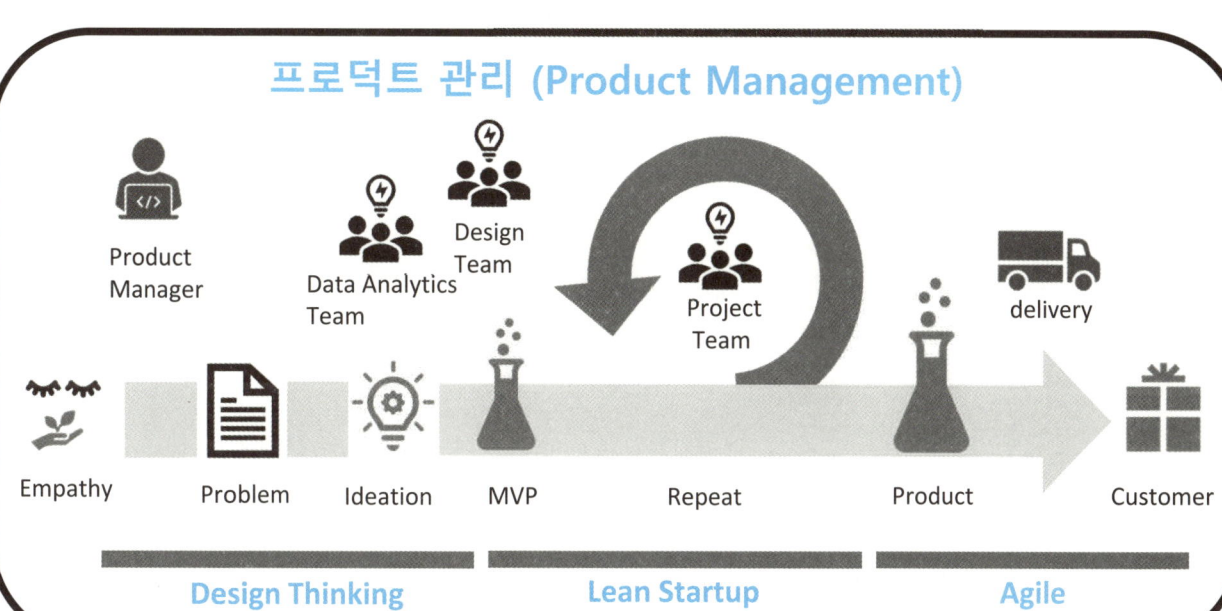

| Design Thinking | Lean Startup | Agile |

Product Artifacts

시장분석
- 기술의 이해
- 요구사항 분석
- 사용자 리서치
- 제품 데이터 분석
- 벤치마킹

전략수립
- 제품 비전 제시
- 제품 개발 전략
- 제품 마케팅 전략
- 제품 디자인 전략

제품개발
- Product Roadmap
- Product Backlog
- 제품가치 검수
- 완료의 정의

제품관리
- 서비스 기획
- 제품 마케팅
- Sales 관리
- Customer Service

Product Team

Product Manager

Data Analytics Team
- Data Analyst
- Data Scientist
- Data Engineer

Design Team
- Product Designer
- UX Designer
- UX Researcher
- UX Writer
- UI Designer

Agile Project Team
- Product Owner
- Scrum Master
- Developers

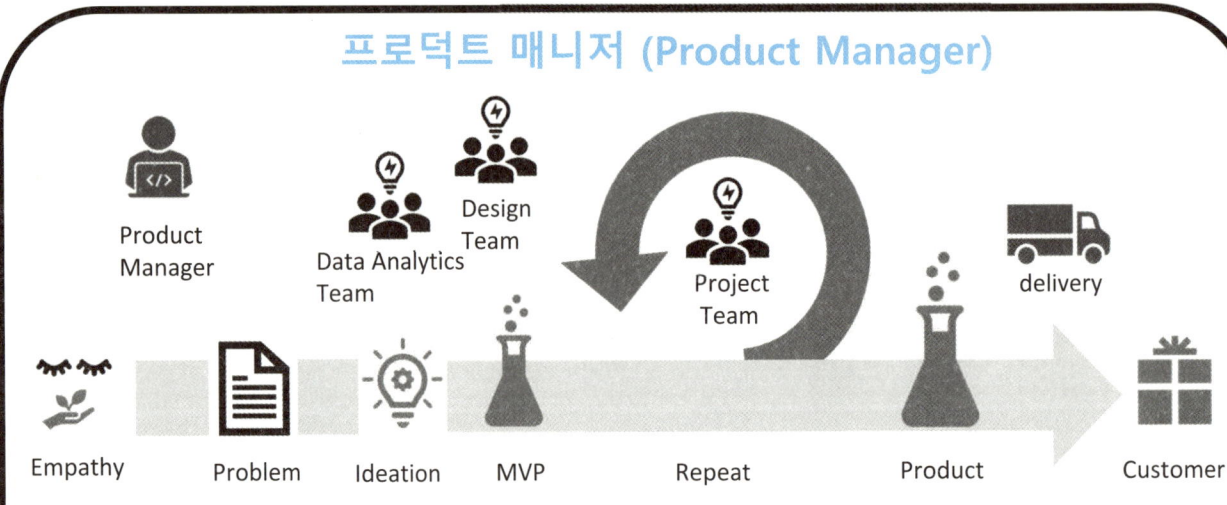

프로덕트 매니저 (Product Manager)

Product / Artifacts

시장분석
- 기술의 이해
- 요구사항 분석
- 사용자 리서치
- 제품 데이터 분석
- 벤치마킹

전략수립
- 제품 비전 제시
- 제품 개발 전략
- 제품 마케팅 전략
- 제품 디자인 전략

제품개발
- Product Roadmap
- Product Backlog
- 제품가치 검수
- 완료의 정의

제품관리
- 서비스 기획
- 제품 마케팅
- Sales 관리
- Customer Service

Product Manager

- Market Research
- Idea Creation
- Developing Product Strategy
- Creating & Maintaining Product Roadmap
- Communication
  - Product Team
  - Stakeholder
  - Users
- Ability
  - Analytical
  - Technical
  - Cultural

프로덕트 전략 (Product Strategy)

 Product Manager
 Data Analytics Team
 Design Team

 Project Team
 delivery

 Empathy
 Problem
 Ideation
 MVP
Repeat
 Product
 Customer

Product

 시장분석

 전략수립

제품개발

제품관리

Analysis

 3C 분석

 STP 전략

 4P 믹스

 고객채널 관리전략

Artifacts

- Company
- Competitor
- Customer

- 시장 세분화
- 타겟
- 포지셔닝

- Product
- Price
- Place
- Promotion

- CRM
- SCM
- 디지털 마케팅
- 구매관리

Strategy Goal

Mission

▽

Vision

▽

기업전략

▽

사업전략

▽

제품전략

데이터 분석팀 (Data Analytics Team)

Product Manager

Data Analytics Team

Design Team

Project Team

delivery

 Empathy → Problem → Ideation →  MVP → Repeat → Product → Customer

Product
- 시장분석
- 전략수립
- 제품개발
- 제품관리

Analysis
- 기능설계
- 실험설계
- 데이터 수집
- 실험

Artifacts

기능설계
- 가설수립
- 데이터 확인
- 전략(KPI/OKR) 연관
- User 잠재패턴
- User 상관관계

실험설계
- 샘플 사이즈 결정
- 실험 기간 결정
- 지표정의
- 타 실험과 관계정의

데이터 수집
- 데이터 분류
- 수집 우선순위
- Assign 테이블
- 데이터 저장소

실험
- 분석 마일스톤 설정
- 목표/가드레일 지표
- 모니터링 방법
- 대시보드
- 성과분석

Data Analytics Team
- Data Analyst
- Data Scientist
- Data Engineer

프로덕트 디자인팀 (Product Design Team)

 Product Manager
 Data Analytics Team
 Design Team
 Project Team
 delivery

 Empathy →  Problem →  Ideation →  MVP → Repeat →  Product →   Customer

Product

 시장분석

 전략수립

제품개발

제품관리

Design / Artifacts

 Research
- 가설수립
- 목표설정
- 정량적 리서치
- 정성적 리서치
- 인사이트 획득

 UX/UI
- 문제정의
- 가설검증
- 스토리보드
- 사용자 페르소나
- 사용자 여정지도

 Design
- 화면 구조도/IA
- 와이어프레임
- UI Flow
- 알고리즘차트
- 프로토타입
- 디자인시스템

 Test
- 휴리스틱 평가
- A/B 테스트
- 사용성 테스트

Design Team

Product Designer

UX Researcher

UX Designer

UX Writer

UI Designer

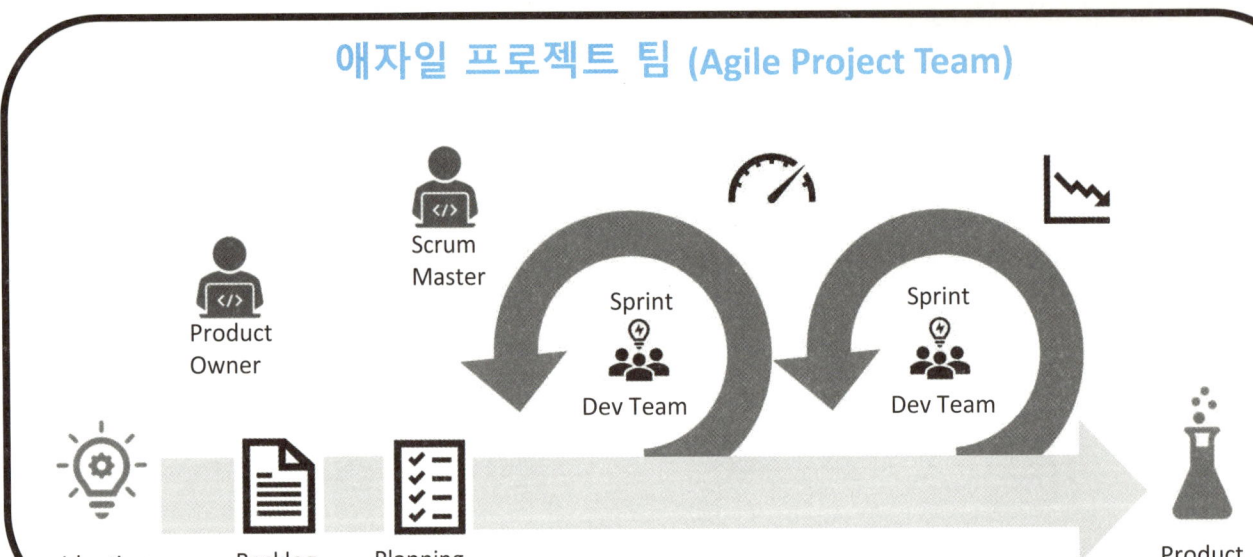

애자일 프로젝트 팀 (Agile Project Team)
Product Owner
Scrum Master
Sprint
Dev Team
Sprint
Dev Team
Ideation
Backlog
Planning
Product

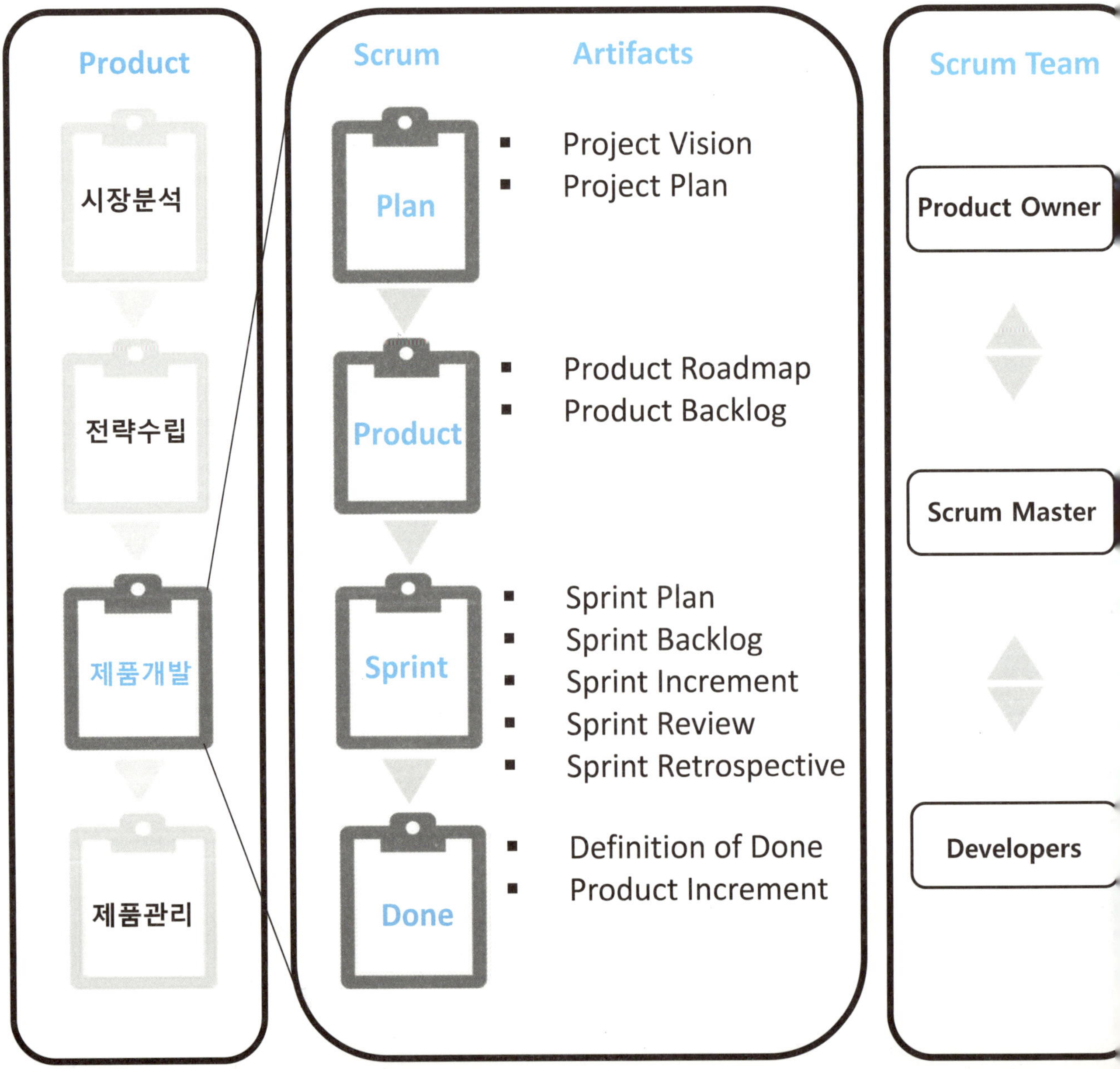

Product
시장분석
전략수립
제품개발
제품관리
Scrum
Artifacts
Plan
Product
Sprint
Done
Project Vision
Project Plan
Product Roadmap
Product Backlog
Sprint Plan
Sprint Backlog
Sprint Increment
Sprint Review
Sprint Retrospective
Definition of Done
Product Increment
Scrum Team
Product Owner
Scrum Master
Developers

PART 01

프로덕트 매니저 개론

Chapter 01 ― 프로덕트 관리 지식

Chapter 01 프로덕트 관리 지식

Product Management Process

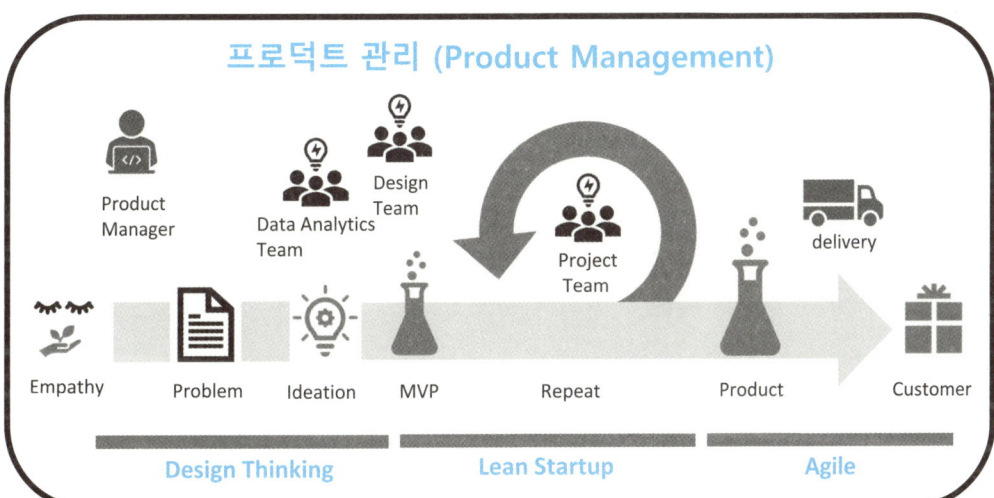

Product Artifacts

 시장분석
- 기술의 이해
- 요구사항 분석
- 사용자 리서치
- 제품 데이터 분석
- 벤치마킹

 전략수립
- 제품 비전 제시
- 제품 개발 전략
- 제품 마케팅 전략
- 제품 디자인 전략

 제품개발
- Product Roadmap
- Product Backlog
- 제품가치 검수
- 완료의 정의

 제품운영
- 서비스 기획
- 제품 마케팅
- Sales 관리
- Customer Service

Product Team

Product Manager

Data Analytics Team
- Data Analyst
- Data Scientist
- Data Engineer

Design Team
- Product Designer
- UX Designer
- UX Researcher
- UX Writer
- UI Designer

Agile Project Team
- Product Owner
- Scrum Master
- Developers

Part 1 프로덕트 매니저 개론

N.O.T.E

01 프로덕트의 이해

1-1. 프로덕트의 정의

이 책의 주제인 프로덕트 매니저의 역할과 책임 그리고 프로덕트 매니저가 알아야할 지식영역과 솔루션에 대해 파악하기 앞서 우선적으로 프로덕트 매니저의 업무기준이 되는 프로덕트(Product)의 의미에 대해 같이 생각해보자.

일반적으로 우리가 말하는 프로덕트(Product)는 "생산물", "상품", "제품" 등으로 번역되는 단어이다.

과거에는 제조 및 생산단계의 프로덕트(Product)를 "제품"으로 그리고 유통단계의 프로덕트(Product)를 "상품"으로 분류하기도 했다.

또한 유형의 프로덕트(Product)를 "제품"으로 그리고 무형의 프로덕트(Product)를 "서비스"라고 표현하기도 했다.

현재의 시점에서 우리가 말하는 프로덕트(Product)의 의미는 소비자가 자신의 필요와 욕구충족을 위해 구매하는 모든 것을 말하며, 특히 마케팅적인 측면에서 프로덕트의 의미는 "유무형의 제품, 서비스, 솔루션, 이벤트, 사람, 조직, 아이디어 혹은 이들의 결합물" 등 마케팅의 대상이 되는 모든 것을 의미한다.

다시 말해 프로덕트(Product)는 고객의 니즈를 충족시키기 위해 고객에게 제공되는 제품, 서비스, 사용 경험, 사람, 아이디어, 정보, 조직 등의 다양한 고객가치의 결합체를 의미한다.

앞에서 말한 프로덕트(Product)의 의미들을 모두 모아 좀 더 세련되게 정리해서 표현해 보면 "프로덕트(Product)란 고객이 원하는 가치와 UX(User Experience)를 제공하기 위해 만들어진 유무형의 제품, 상품, 서비스 혹은 그들의 결합체인 솔루션"이라 표현할 수 있다.

프로덕트 매니저의 역할

프로덕트 매니저의 역할은 프로덕트 런칭을 위한 프로덕트 팀을 빌딩하고 팀을 리딩 하며 프로덕트 비전과 아이디어를 도출하여 고객들의 문제를 해결하고, 도출된 문제해결 아이디어의 가설을 기반으로 프로덕트 구상을 검증하고 테스트를 하며 그를 바탕으로 데이터 수집 및 로드맵 구성을 하여 어떻게 프로덕트를 만들지에 대해 개발팀 그리고 디자인팀과 상의를 해서 개발계획을 짜고 실행하여 프로덕트를 만드는 역할을 수행한다.

UX(User Experience)

UX(User Experience)란 사용자가 프로덕트를 통해 경험할 수 있는 모든 것을 말하며 그러한 UX(User Experience)는 사용자관점에서 프로덕트를 기획하고 디자인하기 위한 가설을 세우고 검증하는 과정을 거쳐 설계된다.

1-2. 프로덕트 이해관계자 (Product Stakeholder)

프로덕트 관리(Product Management)를 이해하기 위해서는 프로덕트 이해관계자(Product Stakeholder)에 대하여 정확하게 알고 있을 필요가 있다.

프로덕트 이해관계자(Product Stakeholder)란 프로덕트에 적극적으로 관여하거나 프로덕트의 성과 또는 결과에 긍정적 또는 부정적인 영향을 받을 수 있는 개인이나 조직을 말하고 있다. 때문에 필자는 항상 프로덕트의 이해관계자란 프로덕트에 직·간접적으로 긍정적·부정적 영향력을 미칠 수 있는 대상이라고 정의한다. 또한 이해관계자의 사전적 정의(stake=이해관계, holder=붙잡는 사람)를 보면 쉽게 알 수 있듯이, 이해관계자는 프로덕트에 대해서 이해관계를 가지고 있기 때문에 프로덕트의 실패와 성공에 많은 영향을 주고받는 것이다.

실제의 프로덕트에는 수많은 이해관계자들이 존재한다. 고객, 경영진, 스폰서, 유통채널 관계자, 마케팅 담당자, 품질 담당자, UX/UI 디자이너, 데이터 분석가, 개발 기술자, 세일즈 담당자, 물류 담당자, 프로덕트 CS 담당자 등이 그들이다.

결국 프로덕트의 성공은 이해관계자(Product Stakeholder)의 요구사항을 만족시킬 수 있느냐 없느냐에 따라 결정된다고 볼 수 있다. 따라서 프로덕트 개발 및 런칭을 진행할 때 프로덕트 매니저(Product Manager)는 해당 프로덕트(Product)에 이해 관계를 갖고 있는 수많은 프로덕트 이해관계자(Product Stakeholder)들과 함께 늘 대화하고, 항상 프로덕트가 성공할 수 있는 방향으로 나아가도록 그들을 설득하고 관리해야 한다.

N.O.T.E

이해관계자(Stakeholder)

프로덕트 혹은 프로젝트 수행, 성공 여부와 관련하여 긍정적, 부정적으로 영향을 받는 개인 혹은 조직

이해관계자의 사전적 정의
※ 어원 : Stake(지주, 막대기) + Holder(떠받치는 사람) → Stakeholder(지주나 막대기가 무너지지 않게 떠받치는 사람들)

- 게임이나 경쟁에서 돈을 건 사람(One who holds the bets in a game or contest)
- 기업체와 같은 곳에서 이익이나 공유된 부분을 갖는 사람(One who has a share or an interest, as in an enterprise)

1-3. 고객은 누구인가?

프로덕트(Product)의 고객(Customer)은 누구인가?

고객(Customer)은 프로덕트(Product)의 가치를 지불하고 사용하게 될 개인 또는 조직을 포함한다.

고객(Customer)과 사용자(User)는 같을 수도 다를 수도 있는데, 만일 다른 경우라고 본다면 고객(Customer)은 프로덕트(Product)을 인수하는 주체이고, 사용자(User)는 이러한 프로덕트(Product)을 사용할 사람들이다.

프로덕트(Product)의 고객(Customer)은 외부고객과 내부고객으로 크게 나눌 수 있다.

외부고객은 프로덕트(Product)를 외부에서 구매하여 사용하는 개인이나 조직을 말하며, 내부고객은 프로덕트(Product) 개발에 비용을 지불하고 프로덕트(Product)의 가치나 기능을 얻고자 하는 기업 내부의 경영자나 스폰서 혹은 타조직 인력을 말한다.

특히, 프로덕트 고객관리에서 주의하여야 할 점은 프로덕트(Product) 관리시, 외부고객에 대한 마케팅 측면에 몰입하다 보면 놓치기 쉬운 것은 바로 영향력 있는 내부고객의 존재이며 이로 인하여 영향력 있는 내부 고객의 요구사항 파악에 실패하여 프로덕트(Product)개발의 방향성을 잃는 경우가 종종 발생하고 있다.

고객(Customer)의 개념을 좀 더 확장하여 사회 단위로 까지 보면, 프로덕트를 통해 고객가치를 달성한다는 것은 좋은 프로덕트를 우리가 속한 사회에 전달하여 사회에 긍정적이고 발전적인 선순환(善循環)적인 역할을 수행 한다고 볼 수 있다.

N.O.T.E

고객가치(Customer Value)

고객가치(Customer Value)란 한마디로 말하면 프로덕트(Product)가 고객에게 제공하는 가치를 말한다. 즉 고객이 프로덕트를 얻기 위해 지불한 비용 대비 얻은 실질적인 혜택 및 효과를 말한다.

1-4. 고객가치 (Customer Value)란 무엇인가?

프로덕트(Product)에 대한 고객가치(Customer Value)란 무엇을 말하는 것인가?

고객가치(Customer Value)란 한마디로 말하면 프로덕트(Product)가 고객에게 제공하는 가치를 말한다. 즉 고객이 프로덕트를 얻기 위해 지불한 비용 대비 얻은 실질적인 혜택 및 효과를 말한다.

프로덕트가(Product)가 고객에게 제공하는 가치를 편익(Benefits)중심으로 세분화하면 크게 다음과 같은 세 가지 관점으로 구분할 수 있다.

1) 프로덕트(Product)가 고객에게 제공하는 기능적 편익(Benefits)

-> 자동차가 있으면 먼거리를 빠르게 이동할 수 있다.

2) 프로덕트(Product)가 고객에게 제공하는 심리적 편익(Benefits)

-> 크고 튼튼한 자동차가 있으면 안전감을 느끼고 마음이 편하다.

3) 프로덕트(Product)가 고객에게 제공하는 사회적 편익(Benefits)

-> 특정 브랜드의 자동차가 있으면 브랜드사의 고객 이벤트 행사에 참여할 수 있으며 또한 특정 브랜드 자동차 클럽에 가입할 수 있다.

진정한 고객가치(Customer Value)는 우리가 제공하는 프로덕트(Product)가 타깃 마켓(Target Market)의 주요 고객 니즈를 파악하고 적합한 혜택과 효과를 고객에게 제공할 때 비로소 만들어지고 이루어진다.

고객은 프로덕트를 선택할 때 다수의 경쟁 프로덕트 중에서 고객가치(Customer Value)가 가장 큰 프로덕트를 선택하게 된다.

N.O.T.E

프로덕트 정의

현재의 시점에서 우리가 말하는 프로덕트(Product)의 의미는 소비자가 자신의 필요와 욕구충족을 위해 구매하는 모든 것을 말하며, 특히 마케팅 적인 측면에서 프로덕트의 의미는 "유무형의 제품, 서비스, 솔루션, 이벤트, 사람, 조직, 아이디어 혹은 이들의 결합물"등 마케팅의 대상이 되는 모든 것을 말한다.

프로덕트(Product)는 고객의 니즈를 충족시키기 위해 고객에게 제공되는 제품, 서비스, 사용 경험, 사람, 아이디어, 정보, 조직 등의 다양한 고객가치의 결합체를 의미한다.

앞에서 말한 프로덕트(Product)의 의미들을 모두 모아 좀 더 세련되게 정리해서 표현해 보면 "프로덕트(Product)란 고객이 원하는 가치와 UX(User Experience)를 제공하기 위해 만들어진 유무형의 제품, 상품, 서비스 혹은 그들의 결합체인 솔루션"라 표현할 수 있다.

1-5. Product-market Fit

Product-market Fit 이란 우리가 만든 혹은 만들고자 하는 프로덕트가 고객이 존재하는 타깃 마켓(Target Market)에서 타깃 고객이 원하는 프로덕트(Product)로써 적합한 프로덕트 인지를 측정하는 정도(程度)를 말한다.

Product-market Fit 한 정도(程度)가 높은 프로덕트(Product)란 고객의 불만(Pains) 해결, 기대(Gains) 창출, 고객활동(Customer Job)을 충분히 지원할 수 있는 가치를 가지고 있는 프로덕트(Product)를 말한다.

프로덕트 관리는 Product-market Fit한 정도(程度)가 높은 프로덕트를 얻기 위해 가설을 세우고 프로덕트를 개발하며 가설을 검증하는 반복적인 순환 과정의 연속이다.

Product-market Fit한 정도(程度)가 높은 프로덕트를 만들려면 고객의 Needs / Wants / Demands의 의미와 차이를 잘 이해하여야 한다.

고객의 Needs
고객이 진정으로 원하고 갈망하는 욕구의 원천
-> 더운 날씨에 갈증이 심한 상태라서 해소할 방법이 필요함.

고객의 Wants
고객이 Needs를 충족시킬 대상을 원하는 욕망
-> 얼음이 가득한 컵에 담긴 음료를 원함.

고객의 Demands
고객이 Needs와 Wants의 단계를 거치면서 구체화된 대상에 대한 구매능력이 뒷받침된 욕구
-> 카페에서 아이스 아메리카노를 주문.

프로덕트는 Needs를 해소하기 위한 수단이기에 Product-market Fit한 정도(程度)가 높은 프로덕트를 만들기 위해서는 겉으로 나타난 고객의 Wants나 Demands만을 바라보는 것이 아닌, 고객의 진정한 Needs를 정확히 파악하고 반영하여야 한다.

N.O.T.E

고객(Customer) 정의

고객(Customer)은 프로덕트(Product)의 가치를 지불하고 사용하게 될 개인 또는 조직을 포함한다.

고객(Customer)과 사용자(User)는 같을 수도 다를 수도 있는데, 만일 다른 경우라고 본다면 고객(Customer)은 프로덕트(Product)을 인수하는 주체이고, 사용자(User)는 이러한 프로덕트(Product)을 사용할 사람들이다.

프로덕트(Product)의 고객(Customer)은 외부고객과 내부고객으로 크게 나눌 수 있다.

외부고객은 프로덕트(Product)를 외부에서 구매하여 사용하는 개인이나 조직을 말하며, 내부고객은 프로덕트(Product) 개발에 비용을 지불하고 프로덕트(Product)의 가치나 기능을 얻고자 하는 기업 내부의 경영자나 스폰서 혹은 타조직인력을 말한다.

Chapter 1 프로덕트 관리 지식

2 프로덕트 관리란 무엇인가?

2-1. 프로덕트 관리의 이해

프로덕트 관리(Product Management)를 한마디로 정의하면 프로덕트의 탄생에서 소멸까지, 즉 프로덕트 라이프 사이클 전반에 걸쳐 프로덕트를 관리하는 행위를 말한다.

프로덕트 관리의 핵심 업무는 고객의 니즈를 채워줄 솔루션으로써 프로덕트(Product)를 기획하고 만드는 일을 기본으로 하여 대상 프로덕트가 고객에게 어떤 가치를 제공하는지 고민하며, 타깃 고객을 찾아 적절한 대가를 기반으로 원활하게 프로덕트의 가치와 사용 경험을 제공하는 업무를 포함한다.

프로덕트 관리의 중심에는 항상 프로덕트 매니저가 있다. 프로덕트 매니저는 시장을 탐색하고 아이디어를 창출하며 프로덕트 전략을 수립하는 역할을 수행한다.

이와 더불어 프로덕트 관리에는 데이터분석팀, 프로젝트 수행팀, 디자인 UX/UI팀이 프로덕트 매니저와 협업하며 프로덕트를 관리 수행한다.

N.O.T.E

Design Thinking

Design Thinking은 고객의 니즈를 최우선으로 생각하여 문제를 해결하는 과정이며 고객이 주변 환경요소와 상호 작용하는 방식을 공감하며 관찰하고 혁신적인 솔루션을 만들기 위해 아래와 같은 5단계의 프로세스를 수행하며, Design Thinking 5단계 프로세스는 반복적으로 이터레이션 된다.

Lean Startup

Lean Startup은 단기간 동안 프로덕트(MVP)를 만들고 성과를 측정해 프로덕트 개선에 반영하는 것을 반복하여 타깃 마켓에서의 프로덕트 성공 확률을 높이는 방법론이다.

애자일(Agile)

애자일(Agile)은 '재빠른', '민첩한'이라는 뜻의 형용사인데 일반적으로 프로젝트에서의 애자일 방식이란 환경 변화에 빠르고 민첩하게 반응하고 고객의 요구에 유연하게 대처하기 위한 짧은 개발주기의 반복형(Iterative) 개발방식과 요구사항, 범위 및 품질에 대한 증분형(Incremental) 개발방식을 혼용하는 적응형 개발방식의 방법론, 프레임워크, 개발방법을 총칭하는 포괄적 표현이다.

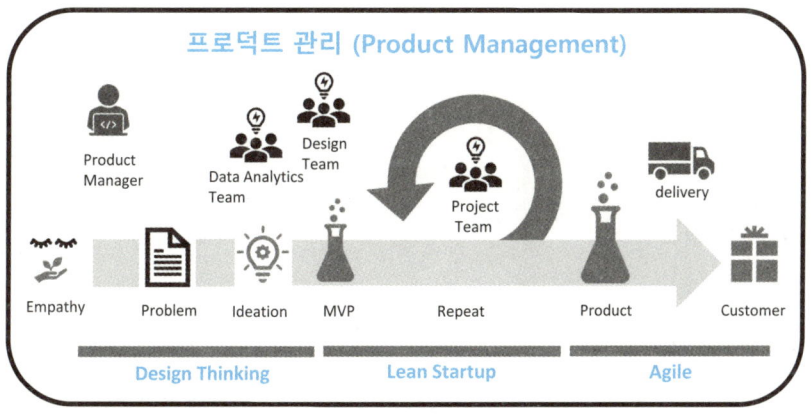

29

Part 1 프로덕트 매니저 개론

N.O.T.E

프로덕트 매니저의 업무를 세분화해서 나누어 보면 아래와 같다.

시장분석
기술의 이해, 요구사항 분석, 사용자 리서치, 제품 데이터 분석, 벤치마킹

전략수립
프로덕트 비전 제시, 프로덕트 개발 전략, 프로덕트 마케팅 전략, 프로덕트 디자인 전략

프로덕트 개발
Product Roadmap, Product Backlog, 제품가치 검수, 완료의 정의

프로덕트 운영
서비스 기획, 제품 마케팅, Sales 관리, Customer Service

프로덕트 로드맵 (Product Roadmap)

Product Roadmap은 프로덕트와 관련된 이해관계자의 요구사항이 어떻게 제품으로 만들어지는지 시간의 흐름에 따라 시각화한 도구이다.

프로덕트 백로그 (Product Backlog)

Product Backlog는 우선 순위가 있는 요구사항의 목록이다.

이해관계자의 요구사항은 제품, 서비스, 기능과 같이 다양한 항목들이다. 또한 Product Backlog는 이해관계자가 추구하는 기능적 비기능적 가치와 연결되어 있다.

Product Backlog는 Backlog Item으로 구성되어 있는데 Backlog Item은 제품기능, 제품결함, 기술적 작업, 관련 지식을 말한다.

2-2. 프로덕트 관리의 필요성

프로덕트의 상당수는 시장에 나오기도 전에 소멸한다. 또한 시장에 나온 수 많은 프로덕트들 조차도 역시 Product-market Fit한 정도가 낮아 고객에게 충분한 가치를 전달하지 못하고 짧은 기간에 사라지고 있다.

이러한 프로덕트의 주요 실패 요인으로는 ① 부정확한 시장 분석 ② 고객의 니즈에 대한 이해 부족 ③ 프로덕트 개발에 불충분한 기술 ④ 프로덕트 시장 진출시기 오류 ⑤ 포지셔닝의 문제 ⑥ 홍보 마케팅의 부족 ⑦ 불충분한 프로덕트 전략 등을 들 수 있다.

이는 체계적인 프로덕트 관리 부재에 따른 결과로, 프로덕트 매니저 개인의 경험과 노력만으로 모든 프로덕트가 성공하기 어렵다는 것을 단적으로 보여준다고 하겠다.

프로덕트 개발에서 중요한 것은 프로덕트에 대한 고객의 니즈가 무엇인지 정확히 파악하고 프로덕트 전략을 효율적으로 수립하여 프로덕트 개발에 따른 수 많은 예기치 않은 상황과 시장의 반응에 프로덕트 매니저와 프로덕트 팀 전원이 능동적으로 대응하는 자세가 필요하다.

이것이 프로덕트 관리의 핵심이라고 할 수 있으며, 프로덕트 라이프 사이클 전체 단계에서 프로덕트 관리가 필요한 이유가 된다.

이에 따라 프로덕트 매니저는 자신의 역할을 충실히 이해하고 효과적인 프로덕트 관리 방법의 체계적인 습득을 통해 실제 프로덕트 현장에 적용함으로써 프로덕트의 성공을 높이고자 노력해야 할 것이다.

N.O.T.E

Product-market Fit

Product-market Fit 이란 우리가 만든 혹은 만들고자 하는 프로덕트가 고객이 존재하는 타깃 마켓(Target Market)에서 타깃 고객이 원하는 프로덕트(Product)로써 적합한 프로덕트인지를 측정하는 정도(程度)를 말한다.

프로덕트 매니저 (Product Manager)

프로덕트 매니저는 프로덕트 라이프 사이클 동안 프로덕트 관리를 수행하는 주체자이다.

프로덕트의 가치를 극대화하기 위해 고객 니즈를 파악하고 프로덕트에 어떤 특징과 기능을 구현할지 우선순위를 결정하며 프로덕트 제작 방향성을 제시하는 역할과 권한을 가진 프로덕트 성공과 실패의 최종 책임자이다.

2-3. 프로덕트 라이프 사이클(Product Life Cycle)

프로덕트 라이프 사이클(Product Life Cycle)이란 프로덕트가 기획되어 만들어지고 프로덕트가 소멸될 때 까지의 여러 단계(Phase)를 통합적으로 지칭하는 용어이다. 프로덕트 라이프 사이클(Product Life Cycle) 내에서 프로덕트의 매출과 이익은 증가하거나 감소하는 흐름을 보여준다.

라이프 사이클이 긴 프로덕트이든 짧은 프로덕트이든 모든 프로덕트는 일정한 생애주기 구조를 갖는다.

프로덕트는 일반적으로 도입 단계, 성장 단계와 성숙 단계 그리고 쇠퇴 단계의 라이프 사이클을 거치며, 각 단계의 개수는 프로덕트의 복잡성이나 그것의 산업 특성에 의존한다.

이처럼 프로덕트가 진행되는 모든 단계를 프로덕트 라이프 사이클(Product Life Cycle)이라고 한다. 프로덕트 라이프 사이클(Product Life Cycle)은 업종, 타깃 시장, 경쟁 상황에 따라 모두 다르며 프로덕트 라이프 사이클(Product Life Cycle)을 정확히 이해하는 것은 프로덕트 경쟁우위 선점과 투자 우선순위 결정에 매우 중요한 역할을 한다.

다시 말해 프로덕트 라이프 사이클(Product Life Cycle)과 프로덕트 관리(Product Management)의 관계는 프로덕트 관리의 중요한 의사결정, 예를 들면 프로덕트 포지셔닝 및 투자 우선순위 결정에 있어서 반드시 프로덕트 라이프 사이클(Product Life Cycle)을 지속적으로 모니터링하면서 이루어져야 한다는 점이 중요하다.

N.O.T.E

프로덕트 정의

현재의 시점에서 우리가 말하는 프로덕트(Product)의 의미는 소비자가 자신의 필요와 욕구충족을 위해 구매하는 모든 것을 말하며, 특히 마케팅 적인 측면에서 프로덕트의 의미는 "유무형의 제품, 서비스, 솔루션, 이벤트, 사람, 조직, 아이디어 혹은 이들의 결합물"등 마케팅의 대상이 되는 모든 것을 말한다.

프로덕트(Product)는 고객의 니즈를 충족시키기 위해 고객에게 제공되는 제품, 서비스, 사용 경험, 사람, 아이디어, 정보, 조직 등의 다양한 고객가치의 결합체를 의미한다.

앞에서 말한 프로덕트(Product)의 의미들을 모두 모아 좀 더 세련되게 정리해서 표현해 보면 "프로덕트(Product)란 고객이 원하는 가치와 UX(User Experience)를 제공하기 위해 만들어진 유무형의 제품, 상품, 서비스 혹은 그들의 결합체인 솔루션"라 표현할 수 있다.

프로덕트 관리(Product Management)

프로덕트 관리(Product Management)를 한마디로 정의하면 프로덕트의 탄생에서 소멸까지, 즉 프로덕트 라이프 사이클 전반에 걸쳐 프로덕트를 관리하는 행위를 말한다.

2-4. 프로덕트 라이프 사이클 단계별 특징

프로덕트 라이프 사이클은 일반적으로 도입 단계, 성장 단계, 성숙 단계, 쇠퇴 단계를 거치며 각 단계별 특징은 아래와 같다.

도입 단계

프로덕트 도입 단계는 프로덕트가 만들어지고 타깃 마켓에 도입되면서 판매가 서서히 증가하는 단계이며 프로덕트 판매에 따르는 매출은 발생하나 이익은 전혀 나지 않는 단계이다. 이익이 발생하지 않는 이유는 도입 단계에서는 프로덕트 디자인 및 기능개발에 따르는 투자와 마케팅 홍보 비용이 증가하고 유통망 구축을 위한 집중 투자가 이루어지기 때문이다. 특히, 시장 선도적인 새로운 프로덕트인 경우 대부분 도입 단계에서 프로덕트가 소멸되는 경우가 많다. 이러한 경우가 발생하는 원인은 새로운 프로덕트인 경우 우선 고객에게 낯설고, 다른 형태이지만 이미 고객에게는 더 익숙한 기존 프로덕트가 존재하는 경우가 많기 때문이다.

성장 단계

프로덕트가 성장 단계에 돌입하면 프로덕트에 대한 인지도가 높아가며 타깃 마켓의 수용성이 늘어가고 프로덕트 매출과 이익이 증가한다. 이 단계에서 프로덕트에 대한 얼리어답터(Early Adopter)고객의 증가와 얼리어답터(Early Adopter)를 따르는 고객이 늘어난다. 성장 단계에서는 프로덕트에 대한 타깃 시장은 점차 확장되고 세분화 되어 가며 이에 따라서 가격 혹은 디자인 및 기능적 다양성을 무기로 한 다수의 경쟁 프로덕트가 출현하게 된다.

N.O.T.E

프로덕트 구매에 관련된 역할

Initiator - 프로덕트 구매를 위한 탐색자
Decider - 탐색된 프로덕트 대안 중 최종 결정자
Influencer - 결정자는 아니나 선택에 영향 주는 자
Purchaser - 프로덕트 구매자
Uses - 프로덕트의 소비자.

성숙 단계

프로덕트 라이프 사이클의 성숙 단계에서는 프로덕트 매출은 최고치에 다다르지만 성장세는 둔화되고 이익률의 하락과 유사 프로덕트와의 경쟁이 치열하게 된다. 기간적으로 볼 때 성숙 단계는 다른 단계에 비해 길고 또한 성숙 단계 내에서도 프로덕트 매출이 늘거나, 정체되거나, 쇠퇴하는 모습을 보인다. 한정된 타깃 마켓을 두고 프로덕트간 치열한 경쟁이 일어나며 이러한 경쟁에서 우위를 점하기 위해 지속적인 프로덕트 품질 및 기능 개선이 이루어진다.

쇠퇴 단계

프로덕트 라이프 사이클의 쇠퇴 단계에서는 프로덕트 매출과 이익이 급격히 하락한다. 새로운 형태의 프로덕트 출현으로 타깃 마켓은 대폭 좁아지며 경쟁하던 유사 프로덕트들도 사라지기 시작한다. 쇠퇴 단계에서는 대다수의 프로덕트들이 홍보 및 마케팅 비용을 줄이고 원가 절감 노력을 기울인다. 프로덕트가 마지막 시점으로 돌입하면 마켓 철수 혹은 Reverse Positioning 전략을 구사한다.

N.O.T.E

Reverse Positioning

Reverse Positioning은 기업이 마케팅을 통해 프로덕트를 구매하도록 유도하는 정통적인 마케팅 방식을 반대로 설계하여 브랜드 또는 인지도에 대한 소비자의 평가를 높이어서 고객이 필요할 때 기업의 프로덕트를 찾도록 유도하는 마케팅 전략이다.

Reverse Positioning을 사용하는 주된 이유는 프로덕트가 프로덕트 라이프 사이클 상에서 성숙기 단계에서 쇠퇴기로 진입 하려할 때, 기업 브랜드에 새로운 가치를 제공하여 성숙기 단계에서 성장기 단계로 역성장 시키기 위함이다.

Reverse Positioning의 구현 프로세스는 첫단계로 프로덕트가 성숙기 단계에서 고객이 당연히 기대하는 가치 제공을 하지 않는 것과 같은 특별한 변화를 준다. 두번째 단계에서는 고객이 예상하거나 기대하지 못하는 독특한 새로운 가치를 제공하여 브랜드의 새롭고 고유한 가치를 창조하고 제안하는 방법이다.

2-5. 프로덕트의 성공 지향 관점

프로덕트를 성공시키기 위한 기업들의 프로덕트 관리 지향 관점은 아래와 같이 다양하다.

프로덕트 생산 지향적 관점

프로덕트 생산에 대한 효율성을 높이고 그를 통해 고객의 프로덕트 구매비용을 낮추어 타깃 고객의 프로덕트 선호도를 높이는 것이 프로덕트 성공을 이루게 하는 핵심 포인트라 생각하는 관점
-> 성공 포인트 : 생산 최적화, 대량 생산 및 유통

프로덕트 제품 지향적 관점

프로덕트 자체의 품질과 성능이 우수하면 고객의 프로덕트 선호도가 높아져 프로덕트 성공에 이를 수 있다고 생각하는 관점
-> 성공 포인트 : 우수한 프로덕트 개발, 지속적 개선 작업

프로덕트 판매 지향적 관점

프로덕트에 대한 적극적인 영업과 마케팅, 판매촉진 활동이 프로덕트 성공의 중요한 핵심 포인트라 생각하는 관점
-> 성공 포인트 : 효과적인 광고 마케팅, 판매촉진 활동

프로덕트 고객 지향적 관점

고객에게 가치를 전달하는 것이 프로덕트의 궁극적인 목표이며 고객가치의 전달이 잘 된 프로덕트가 성공할 수 있고 고객의 프로덕트 선호도가 높아져 프로덕트 성공에 이를 수 있다고 생각하는 관점
-> 성공 포인트 : 고객 중심주의, 고객가치 전달

앞에서 설명한 기업들의 프로덕트 관리 지향 관점은 시간의 흐름에 따라 생산 지향적 관점 -> 제품 지향적 관점 -> 판매 지향적 관점 -> 고객 지향적 관점으로 변하는 성향을 가지고 있다.

또한 생산 지향적 관점, 제품 지향적 관점, 판매 지향적 관점이 프로덕트를 만드는 기업 내부 중심적인 관점이라면 고객 지향적 관점은 기업 외부 중심적인 관점이라는 특징을 갖는다.

N.O.T.E

프로덕트 정의

현재의 시점에서 우리가 말하는 프로덕트(Product)의 의미는 소비자가 자신의 필요와 욕구충족을 위해 구매하는 모든 것을 말하며, 특히 마케팅 적인 측면에서 프로덕트의 의미는 "유무형의 제품, 서비스, 솔루션, 이벤트, 사람, 조직, 아이디어 혹은 이들의 결합물"등 마케팅의 대상이 되는 모든 것을 말한다.

프로덕트(Product)는 고객의 니즈를 충족시키기 위해 고객에게 제공되는 제품, 서비스, 사용 경험, 사람, 아이디어, 정보, 조직 등의 다양한 고객가치의 결합체를 의미한다.

앞에서 말한 프로덕트(Product)의 의미들을 모두 모아 좀 더 세련되게 정리해서 표현해 보면 "프로덕트(Product)란 고객이 원하는 가치와 UX(User Experience)를 제공하기 위해 만들어진 유무형의 제품, 상품, 서비스 혹은 그들의 결합체인 솔루션"라 표현할 수 있다.

고객가치(Customer Value)

고객가치(Customer Value)란 한마디로 말하면 프로덕트(Product)가 고객에게 제공하는 가치를 말한다. 즉 고객이 프로덕트를 얻기 위해 지불한 비용대비 얻은 실질적인 혜택 및 효과를 말한다.

03 프로덕트 팀

3-1. 프로덕트팀 구성

프로덕트 팀 인력구성은 프로덕트 매니저, 프로덕트 디자인 팀, 데이터 분석 팀, 애자일 수행 프로젝트 팀으로 일반적으로 구성되며 프로덕트 팀은 각자의 역할 구성원들의 공동 협업으로 진행되는 협업 방식이다. 프로덕트 팀 구성원 모두는 가치있는 프로덕트 제작에 대한 공동 책임을 진다.

프로덕트 팀의 의사소통은 투명하고 광범위하게 이루어져야 하며 구성원 모두 프로덕트 팀 목표에 집중하고 팀에 헌신하여야 한다.

> **N.O.T.E**
>
> **Motivation**
>
> 개인이나 집단이 자발적, 적극적으로 책임을 지고 일을 하고자 하는 의욕이 생기도록 행동 방향에 영향력을 제시하는 것이다. 일반적으로 동기 유발, 동기 참여, 혹은 동기화라고 하는데, 산업에서 노동의 동기 유발로서 임금 체계나 지불 방법을 정하는 경우에 쓰인다. 자발적인 업무 수행 노력을 촉진하여 개인의 직무 만족과 생산력을 높이고 나아가 조직 유효성을 제고시키는 데 기여한다는 점에서 중요성이 강조되고 있다.
>
> **자기조직화 팀(Self-organizing project team)**
>
> 자기조직화 팀(Self-organizing project team)은 구성원들이 스스로 조직을 만들수 있는 능력을 가지고 있으며 자율적으로 행동하고 변화에 대한 적응력 그리고 오류 발생시 자기 수정 능력을 가진 팀을 말한다.

Product Team

- **Product Manager**

- **Data Analytics Team**
  - Data Analyst
  - Data Scientist
  - Data Engineer

- **Design Team**
  - Product Designer
  - UX Designer
  - UX Researcher
  - UX Writer
  - UI Designer

- **Agile Project Team**
  - Product Owner
  - Scrum Master
  - Developers

3-2. 프로덕트 매니저 (Product Manager)

프로덕트 매니저는 프로덕트 라이프 사이클 동안 프로덕트 관리를 수행하는 주체자이다.

프로덕트의 가치를 극대화하기 위해 고객 니즈를 파악하고 프로덕트에 어떤 특징과 기능을 구현할지 우선순위를 결정하며 프로덕트 제작 방향성을 제시하는 역할과 권한을 가진 프로덕트 성공과 실패의 최종 책임자이다.

프로덕트 매니저의 주요 역할과 책임을 정리하면 아래와 같다.

시장분석

아이디어 창출

Roadmap 작성 및 관리

프로덕트 기획문서 작성

프로덕트 전략 개발

마케팅 팀과 협업

디자인 팀과 협업

데이터 분석팀과 협업

애자일 개발팀과 협업

세일즈 팀과 협업

이해관계자 요구사항 관리

N.O.T.E

프로덕트 매니저의 역할

프로덕트 매니저의 역할은 프로덕트 런칭을 위한 프로덕트 팀을 빌딩하고 팀을 리딩 하며 프로덕트 비전과 아이디어를 도출하여 고객들의 문제들을 해결하고, 도출된 문제 해결 아이디어의 가설을 기반으로 프로덕트 구상을 검증하고 테스트를 하며 그를 바탕으로 데이터 수집 및 로드맵 구성을 하여 어떻게 프로덕트를 만들지에 대해 개발팀, 디자인팀과 상의를 해서 개발계획을 짜고 실행하여 프로덕트를 만드는 역할을 수행한다.

프로덕트 로드맵 (Product Roadmap)

Product Roadmap은 프로덕트와 관련된 이해관계자의 요구사항이 어떻게 제품으로 만들어지는지 시간의 흐름에 따라 시각화한 도구이다.

N.O.T.E

프로덕트 매니저의 대표적인 역량을 정리하면 아래와 같다.

분석적 사고능력

기술 구현능력

문화적 이해능력

의사소통 능력

리더십

리더십은 조직의 비전과 전략을 개발하여 전략의 실행과 비전의 실행을 위해 적합한 사람들을 배치하고 그들 각자에게 권한과 책임을 위임하는 활동을 통해 조직의 목표를 달성하는 지도력이라고 할 수 있다. 리더십은 목표 달성의 성과를 통해 평가받을 수 있으며 이는 프로덕트 매니저의 평가요소와 일치한다.

Product Manager

- Market Research
- Idea Creation
- Developing Product Strategy
- Creating & Maintaining Product Roadmap
- Communication
  - Product Team
  - Stakeholder
  - Users
- Ability
  - Analytical
  - Technical
  - Cultural

3-3. 데이터 분석 팀 (Data Analytics Team)

데이터 분석팀은 고객과 마켓의 정보를 이용하여 고객 니즈를 파악하고, 필요한 데이터를 수집하여 사용 가능한 데이터로 정재하는 역할을 한다. 이렇게 정제된 데이터를 기반으로 다양한 분석 기법을 활용하여 프로덕트 팀에게 최적의 인사이트를 제공하는 역할을 한다.

데이터 팀의 구성과 역할은 아래와 같다.

Data Analyst
데이터 분석, 처리 및 비즈니스에 유의미한 결과 창출 분석 도구를 활용해서 데이터 보고서 설계 및 작성

Data Scientist
과거 패턴으로 부터 미래 예측 비즈니스에 여러 알고리즘을 적용시켜 새로운 분석 모델 및 머신 러닝 모델 수정/개발

Data Engineer
데이터 웨어 하우스, 데이터베이스 구축 및 관리, 데이터 파이프라인 구축, SQL튜닝, 대용량/실시간 시스템 개발

N.O.T.E

프로덕트 데이터 분석

프로덕트에서 수집되는 데이터는 프로덕트 개발 사이클이 원활하게 옳은 방향으로 나아가게 하는 원동력이면서 동시에 잘 가고 있는지 알려주는 나침반 역할을 수행해 준다.

Part 1 프로덕트 매니저 개론

N.O.T.E

3-4. 프로덕트 디자인팀 (Product Design Team)

프로덕트 UX/UI 구현 책임을 지는 디자인팀의 구성은 아래와 같다.

Product Designer

업무범위는 UX디자인과 UI디자인을 동시에 수행한다. 사용자 리서치를 실시하며 빠르게 문제를 발견하고 디자인 작업을 수행한다. 모든 업무를 기술 엔지니어 및 프로덕트 매니저와 같이 협업한다. 그래픽 디자인 기술 및 레이아웃 감각을 가지고 프로덕트와 고객 데이터를 분석하여 디자인에 반영하는 능력을 가지고 있다. 프로덕트 디자이너는 디자인 전문가인 동시에 회사의 비전과 미션, 사업전략을 이해하고 프로덕트 매니저의 파트너로서의 역할을 수행한다.

UX Researcher

사용자 리서치 전문가이며 사용자를 이해하고 그들의 니즈를 파악하기 위한 리서치 활동을 수행한다. 가설을 기반으로 사실과 데이터를 변환시키는 과정에서 가설에 대한 리스크는 줄이고 가설에 대한 정확도는 늘려간다. 설정된 가설을 기반으로 긍정적인 기회와 발생 가능한 문제점을 파악하며 설문조사, 사용자 1-n-1 인터뷰, 포커스 그룹, A/B 테스트, 사용자 테스트, 고객 모델 개발을 수행한다.

UX Designer

사용자 리서치에 직접 진행하거나 깊이 관여하며 UX를 설계한다. 유저 플로우, AI, 와이어 프레임 등 Lo & Mid-Fi Prototype 디자인을 담당한다. UX 디자이너의 역할은 사용자 중심 관점에서 프로덕트에 대한 유익하고 편리한 사용 경험을 사용자에게 제공하는 것이다.

UX Writer

UX관련된 글을 쓰는 일을 전문으로 한다. 사용자 경험 혹은 UI에서 사용자에게 제공되는 모든 글을 체계화하고 작성하는 작업을 담당한다.

UI Designer

Hi-Fi(High Fidelity) Prototype, UI디자인 최종 산출물 및 비주얼 디자인 제작을 담당한다.

A/B 테스트

A/B Test는 지표분석을 위한 통계적인 표본 가설검증 실험기법이다.

두 개의 변수 A와 B의 인과관계를 확인하기 위해 사용하는 종합 대조실험(controlled experiment)이며 버킷 테스트 혹은 분할 실행 테스트라고도 한다.

A/B Test를 실시하기 위해 사전 설계가 필요한 사항은 실험 가설, Treatment Group, Control Group, 독립변수, 종속변수, 통제변수, 목표지표, 가이드레일 지표, 진단용 지표, 표본 추출방법, 표본 추출 사이즈, 신뢰구간, 결과 검증 방법 등 다양한 데이터 분석 정보가 필요하다.

A/B Test는 프로덕트 마케팅에서 비즈니스 의사결정을 위한 정보를 추출하고 검증하는 주요한 수단이며 데이터 분석팀의 데이터 분석을 위한 도구이다.

3-5. 애자일 프로젝트 팀 (Agile Project Team)

일반적인 애자일 팀 구성은 프로덕트 오너, 팀 리더, 팀원으로 구성되나 프로젝트의 특성과 효율성을 고려하여 자유롭고 유연성 있게 구성하면 된다.

애자일 스크럼 팀을 기준으로 팀 구성을 설명하며 아래와 같다.

프로덕트 오너
프로덕트의 가치를 극대화하기 위해 프로덕트에 어떤 특징과 기능을 구현할지와 우선순위를 결정하며 프로덕트 제작 방향성을 제시하는 역할과 권한을 가진 프로덕트 제작 성공의 최종 책임자이다.
이해관계자와의 협업을 통한 프로덕트 방향성 제시
프로덕트 목표 정의
프로덕트 백로그 작성
프로덕트 목표와 백로그에 대한 명확한 의사소통
비즈니스 의사결정에 필요한 정보제공
작업 우선순위 정보제공

스크럼 마스터 (Scrum Master)
스크럼 마스터 (Scrum Master)는 자율적으로 일하는 스크럼 팀의 봉사형 리더이며 코치이자 퍼실리테이터 (Facilitator)이다.
섬김형 리더쉽 발휘
스크럼 프로세스 및 이벤트 관리
스크럼 팀과 조직에 대한 스크럼 코칭
작업에 집중할 수 있도록 장애물 제거 및 보호 역할 수행
작업이 긍정적이고 생산적으로 진행될 수 있도록 역할 수행

스크럼 팀원
목표한 프로덕트를 만들 수 있는 자율적이고 능동적인 해당 부문의 전문가들이다.
스프린트 계획수립, 스프린트 백로그 작성
스프린트 수행 및 품질관리
자율적이고 능동적인 업무수행, 전문가로서 협업

N.O.T.E

애자일(Agile)
애자일(Agile)은 '재빠른', '민첩한'이라는 뜻의 형용사인데 일반적으로 프로젝트에서의 애자일 방식이란 환경 변화에 빠르고 민첩하게 반응하고 고객의 요구에 유연하게 대처하기 위한 짧은 개발주기의 반복형(Iterative) 개발방식과 요구사항, 범위 및 품질에 대한 증분형(Incremental) 개발방식을 혼용하는 적응형 개발방식의 방법론, 프레임워크, 개발방법을 총칭하는 포괄적 표현이다.

스크럼 (Scrum)
스크럼은 사람과 팀, 조직이 어렵고 복잡한 문제를 해결하기 위해 선택하는 행동방식과 해법을 연구하여 프로젝트 관리에 적용할 수 있도록 만들어진 애자일 개발 프레임 워크이다

스프린트 (Sprint)
스프린트 (Sprint)는 제한된 기간 동안 정해진 Product Backlog Item을 구현하기 위한 스크럼 팀 이벤트이다.
스프린트 (Sprint)는 약 2주에서 4주정도의 기간으로 수행하는 스크럼 팀단위의 그룹화된 작업수행 행위를 말한다.

4 프로덕트 관리 프로세스

4-1. 시장분석

시장분석은 프로덕트 타깃 시장의 관련된 시장의 상황을 파악하고 분석하는 행위이며 세부적으로 검토할 내용은 타깃 시장의 규모와 성장 가능성과 고객의 시장에서의 기존 프로덕트에 대한 구매 패턴 그리고 시장 세분화 분석 등이다.

시장 고객 분석에서는 프로덕트 구매에 따르는 의사결정단위(The Decision Making Unit) 즉, 누가 프로덕트 구매에 따르는 의사결정에 관여하는지, 그리고 구매행위에 관련된 고객들의 역할은 무엇인지 확인하여야 한다.

프로덕트 구매에 관련된 고객의 역할은 다음과 같이 구분된다.

Initiator – 프로덕트 구매를 위한 초기 프로덕트 탐색자
Decider – 탐색된 프로덕트 대안 중 최종 구매결정을 하는 사람
Intluencer – 결정자는 아니지만 구매선택에 영향을 미치는 사람
Purchaser – 프로덕트를 구매하는 사람
Uses – 프로덕트의 최종 소비자

프로덕트 경쟁 환경분석은 타깃 시장에서의 경쟁자가 누구인지를 파악하고 경쟁자 프로덕트 전략의 초점과 예측되는 전략의 움직임을 사전에 파악해야 한다. 그리고 경쟁자 대비 우리 프로덕트의 장점과 약점을 분석하여 전략을 수립해야 한다.

또한 프로덕트 개발에 따르는 경제적, 정치적, 사회적 흐름과 기회 그리고 위협을 분석하고 프로덕트에 대한 전략과 핵심역량, 투입 리소스 상황을 분석해야 한다.

시장분석 단계에서 주요 활동을 정리해보면 기술의 이해, 요구사항 분석, 사용자 리서치, 프로덕트 데이터 분석, 경쟁사 벤치마킹이다.

N.O.T.E

PEST

PEST (Political, Economic, Social and Technological analysis)는 마켓의 전략관리를 위해 분석하는 환경 요소 중 거시적 환경 요소를 분석 대상으로 한다.

프로덕트 시장 분석 시 사용되는 PEST은 기업이 통제할 수 없는 거시경제 요소에 대하여 기업이 의사결정을 하기 위해 사용하는 기법이며 시장 확대와 축소, 프로덕트 포지셔닝, 사업 방향 등을 파악하는 데 효과적으로 활용되는 도구이다.

4-2. 전략 수립

프로덕트와 관련된 전략은 기업의 Mission -> Vision -> 기업전략 -> 사업전략 -> 프로덕트 전략 순으로 연계되며 또한 프로덕트 전략은 프로덕트 개발 전략, 프로덕트 마케팅 전략, 프로덕트 디자인 전략으로 구성된다.

프로덕트 전략에서 대표적인 프로덕트 마케팅 전략은 3C 분석(Customer, Cost, Convenience) -> STP 전략 수립(시장 세분화, 타깃, 포지셔닝) -> 4P Mix 전략 수립(Product, Price, Place, Promotion) 순으로 진행되며 이외에도 CRM 전략 수립, SCM 전략 수립, 디지털 마케팅 전략 수립, 브랜딩 전략 수립이 포함된다.

프로덕트 마케팅 전략 수립 단계를 자세히 나열하면 다음과 같다.

마케팅 환경분석
프로덕트 타깃 시장의 전반적인 상황분석
기업의 성과(매출, 시장 점유율, 이익 등), 고객 분석, 경쟁자 분석, 공급자, 거시적 환경(인구 통계학적 환경, 경제적 환경, 사회적 환경, 기술적 환경, 법률적 환경)에 대한 상황분석
3C분석, SWOT분석, 5Force분석

세분시장 마케팅 분석
시장을 세분화하여 가장 적합한 시장을 찾아내고 마케팅을 집중하기 위하여 시장 세분화. 지리적 요소, 인구통계적 요소, 심리적 요소, 행동적 요소 등으로 시장을 세분화 분석

N.O.T.E

STP 분석 전략

STP는 마켓 세분화(Segmentation), 타깃 마켓 선정(Targeting), 포지셔닝(Positioning)의 약어이다.

현재의 마켓은 광범위하며 소비자층도 다 분화되었다. 그래서 효율적인 마케팅을 하기 위하여 마켓에 대한 선택과 집중이 필요하며 타깃 마켓을 정한 후에도 고객에게 프로덕트의 이미지를 선명히 인식시켜 지속적으로 애용하게 만들어야 한다. 또한 선정된 타깃 마켓에 대해 마케팅 역량의 선택과 집중을 하기 위해선 어떤 부분을 공략할 것인가에 대해 미리 정해 놓는 것이 중요하며 앞에서 언급한 이러한 모든 마케팅 행위를 수행하기 위해서는 마켓팅 가이드 라인 설정이 반드시 필요하다.

STP를 한마디로 말하면 마켓을 세분화하여 타깃을 정하고 고객의 마음에 프로덕트를 포지셔닝 하여 이를 유지하는 전략이다.

4P MIX

프로덕트를 성공시키기 위해서는 4P MIX 전략, 즉 이 4P(Product, Price, Place, Promotion)에 대하여 서로 간 최적화된 형태로 조화를 이룬 전략적 마케팅을 실시해야 한다.

Part 1 프로덕트 매니저 개론

N.O.T.E

타깃시장
세분화된 타깃시장을 선정하여 마케팅 실시

포지셔닝
프로덕트가 고객의 마음을 차지하고 경쟁사 프로덕트 대비 차별적으로 자리 잡도록 전략수립.

마케팅 4P MIX
마케팅 목표를 달성하기 위하여 마케팅 활동에서 사용되는 4P를 전체적으로 마케팅에 유리하도록 조정 및 구성하는 작업.
4P : 프로덕트(Product) / 가격(Price) / 유통(Place) / 촉진(Promotion)

4P MIX

프로덕트를 성공시키기 위해서는 4P MIX 전략, 즉 이 4P(Product, Price, Place, Promotion)에 대하여 서로 간 최적화된 형태로 조화를 이룬 전략적 마케팅을 실시해야 한다.

프로덕트(Product)는 기능, 품질, 디자인 등의 차별화를 통해 고객의 가치를 제공하는 데 큰 역할을 한다. 특히 디자인은 기업이나 프로덕트, 브랜드의 이미지에 가치를 제공함으로써 다른 프로덕트나 기업과 차이점을 만들어 내는 역할을 할 수 있다.

가격(Price)은 고객이나 기업 모두에게 민감한 요소이며 기업은 프로덕트의 가격을 낮추거나 높이는 것만으로도 새로운 부가가치를 만들어 낼 수 있다. 가격을 책정할 때는 프로덕트 품질과 연관성을 반드시 고려해야 한다. 또한 고객이 프로덕트 가격과 브랜드의 가치를 연관 짓는 경우가 있어 반드시 다른 마케팅 전략과 균형을 생각해 가격을 설정해야 한다.

유통(Place)은 소비자와 접점이 되는 부분이다. 특히 판매장소의 이미지, 프로덕트의 전시 방법, 포장 디자인은 마케팅에서 매우 중요한 요소로 작용하고 있으며 차별되고 쾌적한 매장의 인테리어 디자인이나 레이아웃 그리고 온라인 쇼핑몰이나 자사 홈페이지, 홈쇼핑 등 디지털 쇼핑 네트워크를 잘 구축해 고객들의 소비 행동을 촉진하는 데 유용한 방법으로 사용하고 있다.

프로모션(Promotion)은 프로덕트의 차별성을 고객에게 전달하는 방법이다. 기업들은 광고나 이벤트, DM, 제품 포장 등 여러가지 미디어들을 프로모션에 사용해 왔으며 현재에는 디지털화 된 SNS, 메타버스와 같은 새로운 매체와 방식을 이용하여 소비자의 라이프스타일에 맞는 홍보 메시지를 제작하며 소비자와 접근을 시도하고 있다.

4-3. 프로덕트 개발

프로덕트 개발방식의 대표적인 방식은 애자일 방식으로 애자일 프로젝트 관리 방식에는 다양한 방법론과 프레임워크가 존재하고 있다.

애자일(Agile)은 '재빠른', '민첩한' 이라는 뜻의 형용사인데 일반적으로 프로젝트에서의 애자일 방식이란 환경 변화에 빠르고 민첩하게 반응하고 고객의 요구에 유연하게 대처하기 위한 짧은 개발 주기의 반복형(Iterative) 개발방식과 요구사항, 범위 및 품질에 대한 증분형(Incremental) 개발방식을 혼용하는 적응형 개발방식의 방법론, 프레임워크, 개발방법을 총칭하는 포괄적 표현이다.

프로덕트 개발에서 가장 일반적으로 쓰이는 개발방식은 스크럼이다. 스크럼은 사람과 팀, 조직이 어렵고 복잡한 문제를 해결하기 위해 선택하는 행동방식과 해법을 연구하여 프로젝트 관리에 적용할 수 있도록 만들어진 애자일 개발 프레임 워크이다.

스크럼(Scrum)의 스크럼 팀 인력 구성은 프로덕트 오너 1명, 스크럼 마스터 1명, 복수의 개발자들로 구성되며 스크럼은 이 세가지 역할 구성원들의 공동 협업으로 진행되는 애자일 방식이다.

스크럼 수행 절차는 프로덕트 오너가 프로덕트 백로그를 정리한 후 스크럼 마스터의 코치를 받으며 개발자들이 2주 혹은 3주 단위의 스프린트(스프린트는 제한된 기간 동안 정해진 Product Backlog Item을 구현하기 위해 수행하는 스크럼 팀 단위의 그룹화된 작업수행을 위한 스크럼팀 이벤트를 말한다)를 반복적으로 실시하여 프로덕트 백로그를 처리하여 프로덕트를 완성하는 비교적 간단한 프로세스이다.

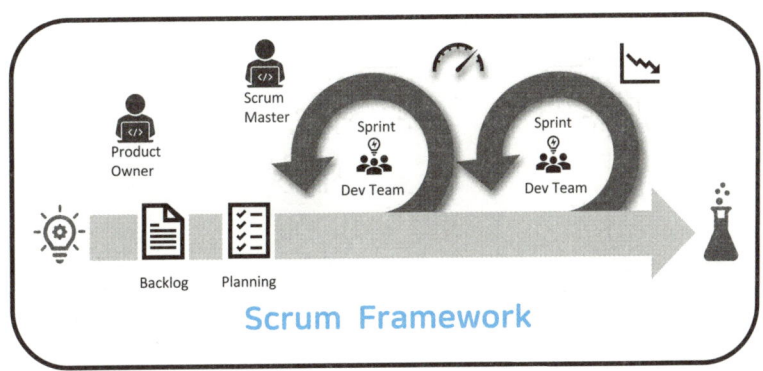
Scrum Framework

N.O.T.E

애자일 프로젝트 관리 방식의 종류

- 스크럼(Scrum)
- 칸반(Kanban)
- 스크럼반(ScrumBan)
- XP(eXtreme Programming)
- FDD(Feature Driven Development)
- AUP(Agile Unified Process)
- DSDM(Dynamic Software Development Method)
- SoS(Scrum of Scrum)
- SAFe(Scaled Agile Framework)
- Less(Large Scale Scrum)
- DA(Disciplined Agile)

스프린트 (Sprint)

스프린트 (Sprint)는 제한된 기간 동안 정해진 Product Backlog Item을 구현하기 위한 스크럼 팀 이벤트이다.
스프린트 (Sprint)는 약 2주에서 4주 정도의 기간으로 수행하는 스크럼 팀 단위의 그룹화된 작업수행 행위를 말한다.

프로덕트 백로그 (Product Backlog)

Product Backlog는 우선 순위가 있는 요구사항의 목록이다.

이해관계자의 요구사항은 제품, 서비스, 기능과 같이 다양한 항목들이다. 또한 Product Backlog는 이해관계자가 추구하는 기능적 비기능적 가치와 연결되어 있다.

Product Backlog는 Backlog Item으로 구성되어 있는데 Backlog Item은 제품기능, 제품 결함, 기술적 작업, 관련 지식을 말한다.

4-4. 프로덕트 운영

프로덕트 운영는 프로덕트가 개발된 후 연계되는 프로덕트 런칭 홍보 마케팅과 프로덕트 세일즈, 고객 서비스(Customer Service)로 구성된다.

프로덕트 런칭 홍보 마케팅은 일반적으로 충성 고객에게 알리기, 홍보 영상 준비, 인플런서 도움받기, 프로덕트 탄생 스토리 준비, 출시 프로모션, 온라인 이벤트, 프로덕트 정보 제공 콘텐츠 준비, 고객 체험단 모집 등을 일반적으로 실시한다.

고객 서비스(Customer Service)는 프로덕트를 구입한 고객에게 제공하는 사후 관리 서비스를 말한다. 고객 서비스는 모든 종류의 프로덕트에 필수적인 요소이며, 기능 추가, 설치, 점검, 수선 서비스 등을 들 수 있다.

고객 만족도가 높을수록 고객은 계속 거래할 가능성이 높다. 이는 수익에 도움이 되며, 마케팅 비용 측면에서도 새로운 고객을 유치하는 것 보다 현재 고객을 유지하는 것이 비용이 적게든다.

고객 서비스는 유사한 제품이나 서비스를 제공하는 경쟁업체와 브랜드를 차별화 시키는 대표적인 요소이기도 하다.

N.O.T.E

Branding

Brand란 프로덕트를 마켓에서 타 기업 혹은 타 프로덕트와 구분 시키고 차별화하기 위한 이름, 상징, 디자인 혹은 이들의 결합물을 말한다.

Branding은 타깃 마켓에서 Brand를 고객의 마음 속에서 위치시켜 Brand에 상징적 가치를 부여하는 전략을 말하며 이러한 기업이 수행하는 Branding을 통해 기업의 프로덕트에 Brand 파워를 부가해 줄 수 있다.

Brand는 기본적으로 기업 혹은 프로덕트를 기반으로 하지만 고객이 자신의 마음 속에 기억하는 심리적인 것이기에 결국 Branding은 이름, 로고, 디자인을 통해 Brand의 의미를 창조하여 고객에게 기업 혹은 프로덕트의 이미지를 전달하는 행위라고 볼 수 있다.

성공적인 프로덕트 브랜딩의 최종적인 목표는 타깃 마켓에서 기업의 프로덕트에 브랜드 파워를 부가해 경쟁 프로덕트들에 대한 마켓 진입장벽을 구축하는 것이다.

Chapter 1 프로덕트 관리 지식

Summary

POINT 1 프로덕트의 개념과 고객가치 (Customer Value)
- 프로덕트(Product)란 고객이 원하는 가치와 UX(User Experience)를 제공하기 위해 만들어진 유무형의 제품, 상품, 서비스 혹은 그들의 결합체인 솔루션을 말한다.
- 고객가치(Customer Value)란 한마디로 말하면 프로덕트(Product)가 고객에게 제공하는 가치, 즉 고객이 프로덕트를 얻기 위해 지불한 비용대비 얻은 실질적인 혜택 및 효과를 말한다.

POINT 2 프로덕트 관리의 개념과 필요성
- 프로덕트 관리(Product Management)를 한마디로 정의하면 프로덕트의 탄생에서 소멸까지, 즉 프로덕트 라이프 사이클 전반에 걸쳐 프로덕트를 관리하는 행위를 말한다.
- 프로덕트 관리의 핵심 업무는 고객의 니즈를 채워줄 솔루션으로써 프로덕트(Product)를 기획하고 만드는 일을 기본으로 하여 대상 프로덕트가 고객에게 어떤 가치를 제공하는지 고민하며, 타깃 고객을 찾아 적절한 대가를 기반으로 원활하게 프로덕트의 가치와 사용경험을 제공하는 업무를 포함한다.
- 프로덕트의 주요 실패 요인으로는 ① 부정확한 시장 분석 ② 고객의 니즈에 대한 이해 부족 ③ 프로덕트 개발에 불충분한 기술 ④ 프로덕트 시장 진출시기 오류 ⑤ 포지셔닝의 문제 ⑥ 홍보 마케팅의 부족 ⑦ 불충분한 프로덕트 전략 등을 들 수 있다.

POINT 3 프로덕트 라이프 사이클(Product Life Cycle)
- 프로덕트 라이프 사이클(Product Life Cycle)이란 프로덕트가 기획되어 만들어지고 프로덕트가 소멸될 때까지의 여러 단계(Phase)를 통합적으로 지칭하는 용어이다.
- 프로덕트는 일반적으로 도입 단계, 성장 단계와 성숙 단계 그리고 쇠퇴 단계의 라이프 사이클을 거치며, 각 단계의 개수는 프로덕트의 복잡성이나 그것의 산업 특성에 의존한다.

Key Word
- 프로덕트, 프로덕트 관리
- 프로덕트 라이프 사이클
- 이해관계자(Stakeholder)
- 프로덕트 관리 프로세스

PART 01

프로덕트 매니저 개론

Chapter 02 프로덕트 매니저 실무

Chapter 02 프로덕트 매니저 실무

Product Management **Process**

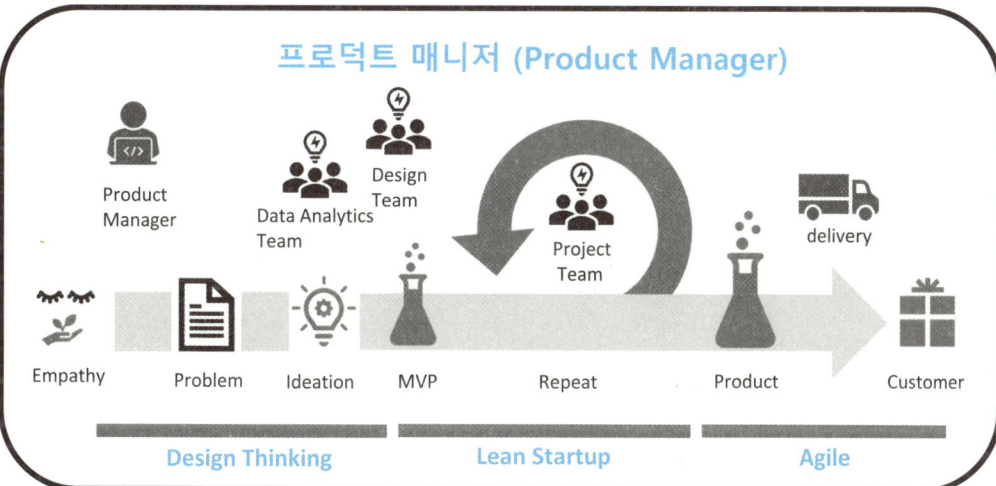

Product / Artifacts

 시장분석
- 기술의 이해
- 요구사항 분석
- 사용자 리서치
- 제품 데이터 분석
- 벤치마킹

 전략수립
- 제품 비전 제시
- 제품 개발 전략
- 제품 마케팅 전략
- 제품 디자인 전략

 제품개발
- Product Roadmap
- Product Backlog
- 제품가치 검수
- 완료의 정의

 제품운영
- 서비스 기획
- 제품 마케팅
- Sales 관리
- Customer Service

Product Manager

- Market Research
- Idea Creation
- Developing Product Strategy
- Creating & Maintaining Product Roadmap
- Communication
  - Product Team
  - Stakeholder
  - Users
- Ability
  - Analytical
  - Technical
  - Cultural

Part 1 프로덕트 매니저 개론

N.O.T.E

05 프로덕트 매니저 (Product Manager)

5-1. 프로덕트 매니저 정의

프로덕트 정의

현재의 시점에서 우리가 말하는 프로덕트(Product)의 의미는 소비자가 자신의 필요와 욕구충족을 위해 구매하는 모든 것을 말하며, 특히 마케팅 적인 측면에서 프로덕트의 의미는 "유무형의 제품, 서비스, 솔루션, 이벤트, 사람, 조직, 아이디어 혹은 이들의 결합물"등 마케팅의 대상이 되는 모든 것을 말한다.

프로덕트(Product)는 고객의 니즈를 충족시키기 위해 고객에게 제공되는 제품, 서비스, 사용 경험, 사람, 아이디어, 정보, 조직 등의 다양한 고객가치의 결합체를 의미한다.

앞에서 말한 프로덕트(Product)의 의미들을 모두 모아 좀 더 세련되게 정리해서 표현해 보면 "프로덕트(Product)란 고객이 원하는 가치와 UX(User Experience)를 제공하기 위해 만들어진 유무형의 제품, 상품, 서비스 혹은 그들의 결합체인 솔루션"라 표현할 수 있다.

자신이 담당하는 프로덕트에 대하여 그 기획에서 부터 생산, 판매, 광고에 이르기까지 모든 책임을 지고 수행하는 매니저이다.

프로덕트의 시장분석, 전략수립, 제작에 따르는 계획 수립과 집행, 예산집행, 각종 이벤트 및 프로그램 집행 등 프로덕트와 관련된 모든 중요한 일과 의사결정을 하며 프로덕트가 세상에 나오도록 도와주는 일을 한다.

프로덕트 매니저는 프로덕트 라이프 사이클 전체를 관리하는 프로덕트 매니지먼트를 수행하며 프로덕트의 성공과 실패에 따른 모든 책임을 진다.

흔히 프로덕트 매니저와 혼용되어 사용하고 있는 명칭인 상품 혹은 서비스 기획자, 스크럼 프로덕트 오너와는 명확히 다른 역할이며 프로덕트 매니저의 역할 범위가 앞에서 말한 상품 혹은 서비스 기획자, 스크럼의 프로덕트 오너의 역할 범위보다 훨씬 넓고 다양하다.

Product Life Cycle

프로덕트 라이프 사이클(Product Life Cycle)이란 프로덕트가 기획되어 만들어지고 프로덕트가 소멸될 때까지의 여러 단계(Phase)를 통합적으로 지칭하는 용어이다. 프로덕트 라이프사이클(Product Life Cycle) 내에서 프로덕트의 매출과 이익은 증가하거나 감소하는 흐름을 보여준다.

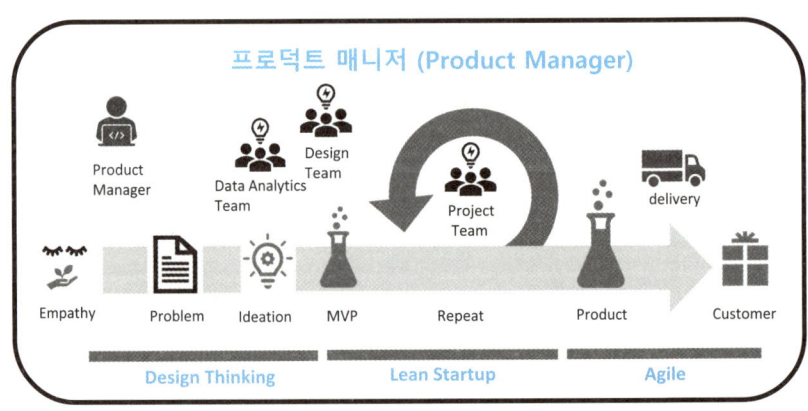

5-2. 프로덕트 매니저의 역할

프로덕트 매니저의 역할은 프로덕트 런칭을 위한 프로덕트 팀을 빌딩하고 팀을 리딩 하며 프로덕트 비전과 아이디어를 도출하여 고객들의 문제를 해결하고, 도출된 문제해결 아이디어의 가설을 기반으로 프로덕트 구상을 검증하고 테스트를 하며 그를 바탕으로 데이터 수집 및 로드맵 구성을 하여 어떻게 프로덕트를 만들지에 대해 개발팀 그리고 디자인팀과 협업을 해서 개발계획을 짜고 실행하여 프로덕트를 만드는 역할을 수행한다.

프로덕트 출시를 위한 사전작업을 수행하며 미리 장애요소를 파악하여 사전에 필요한 조치를 취하여 프로덕트가 마켓에 순조롭게 런칭하도록 한다.

프로덕트 매니저는 프로덕트 관리를 위한 협업을 이루어 내기 위하여 프로덕트와 관련된 여러 팀과 상시 지속적인 커뮤니케이션이 필요한 역할이다.

프로덕트 매니저의 주요 역할과 책임을 정리하면 아래와 같다.

시장분석
아이디어 창출
Roadmap 작성 및 관리
프로덕트 기획 문서 작성
프로덕트 전략 개발
마케팅 팀과 협업
디자인 팀과 협업
데이터 분석팀과 협업
애자일 개발팀과 협업
세일즈 팀과 협업
이해관계자 요구사항 관리

N.O.T.E

이해관계자(Stakeholder)

프로덕트 혹은 프로젝트 수행, 성공 여부와 관련하여 긍정적, 부정적으로 영향을 받는 개인 혹은 조직

이해관계자의 사전적 정의
※ 어원 : Stake(지주, 막대기) + Holder(떠받치는 사람) → Stakeholder(지주나 막대기가 무너지지 않게 떠받치는 사람들)

- 게임이나 경쟁에서 돈을 건 사람(One who holds the bets in a game or contest)
- 기업체와 같은 곳에서 이익이나 공유된 부분을 갖는 사람(One who has a share or an interest, as in an enterprise)

갈등과 위험

프로덕트에 긍정적 영향과 부정적 영향을 모두 주는 요소에는 이해관계자, 위험, 갈등이 있다. 프로덕트 매니저는 서로 다른 요구사항을 가지고 있는 이해관계자를 조정하고, 위협요소와 기회요소에 따라 위험 을 관리하며, 갈등의 해결을 통해 프로덕트를 성공적으로 관리해야 한다.

Part 1 프로덕트 매니저 개론

N.O.T.E

5-3. 프로덕트 매니저 핵심 역량

프로덕트 매니저의 필요 역량을 하드스킬(Hard Skill)과 소프트 스킬(Soft Skill)로 나누어 정리하면 아래와 같다.

하드 스킬(Hard Skill)
분석적 사고 능력
기술/디자인 구현 능력
전략적 통찰 능력
데이터 처리 능력

소프트 스킬(Soft Skill)
공감 능력
의사소통 능력
문화적 이해 능력
창의적 능력

프로덕트 데이터 분석

프로덕트에서 수집되는 데이터는 프로덕트 개발 사이클이 원활하게 옳은 방향으로 나아가게 하는 원동력이면서 동시에 잘 가고 있는지 알려주는 나침반 역할을 수행해 준다.

Motivation

개인이나 집단이 자발적, 적극적으로 책임을 지고 일을 하고자 하는 의욕이 생기도록 행동 방향에 영향력을 제시하는 것이다. 일반적으로 동기 유발, 동기 참여, 혹은 동기화라고 하는데, 산업에서 노동의 동기 유발로서 임금 체계나 지불 방법을 칭하는 경우에 쓰인다. 사람석인 업무 수행 노력을 촉진하여 개인의 직무 만족과 생산력을 높이고 나아가 조직 유효성을 제고시키는 데 기여한다는 점에서 중요성이 강조되고 있다.

Product Manager
- Market Research
- Idea Creation
- Developing Product Strategy
- Creating & Maintaining Product Roadmap
- Communication
  - Product Team
  - Stakeholder
  - Users
- Ability
  - Analytical
  - Technical
  - Cultural

5-4. 프로덕트 매니저 리더십

리더십은 조직의 비전과 전략을 개발하여 전략의 실행과 비전의 실행을 위해 적합한 사람들을 배치하고 그들 각자에게 권한과 책임을 위임하는 활동을 통해 조직의 목표를 달성하는 지도력이라고 할 수 있다.

리더십은 목표 달성의 성과를 통해 평가 받을 수 있으며 이는 프로덕트 매니저의 평가 요소와 일치한다.

프로덕트 팀은 명확한 목적을 위해 일시적으로 모인 조직에 의해 수행된다. 따라서 프로덕트 매니저는 프로덕트 팀의 특성에 맞는 리더십으로 프로덕트 팀를 이끌어야 한다.

프로덕트 매니저의 리더십은 팀원들에게 봉사하고 섬기는 자세로 일하며 이를 바탕으로 팀원의 신뢰를 얻어 팀원과 조직간의 목표 동기화를 이루어 조직의 성과를 달성시키고 팀원들의 성장을 유도하는 섬김형 리더십이다.

섬김형 리더로서 팀원을 리딩 하는 원칙은 아래와 같다.

팀원과의 대화에서 경청을 기본으로 한 커뮤니케이션을 중시한다.
팀원을 존중하고 창의성을 발휘할 기회를 제공한다.
팀원의 성장을 돕고 팀을 하나의 공동체로 만든다.
팀원이 정신적으로나 육체적으로 지치지 않게 환경을 조성한다.
리더로서의 자기인식을 기반으로 올바른 행동을 한다.
팀원에게 봉사하며 지도와 통제 사이의 균형감을 유지한다.

N.O.T.E

리더십

리더십은 조직의 비전과 전략을 개발하여 전략의 실행과 비전의 실행을 위해 적합한 사람들을 배치하고 그들 각자에게 권한과 책임을 위임하는 활동을 통해 조직의 목표를 달성하는 지도력이라고 할 수 있다. 리더십은 목표 달성의 성과를 통해 평가받을 수 있으며 이는 프로젝트 관리자의 평가요소와 일치한다.

섬김형 리더쉽(servant leadership)

팀원들에게 봉사하고 섬기는 자세로 일하며 이를 바탕으로 팀원의 신뢰를 얻어 팀원과 조직간의 목표 동기화를 이루어 조직의 성과를 달성시키고 팀원들의 성장을 유도하는 리더십이다.

N.O.T.E

06 프로덕트 매니저의 주요 업무

6-1. 프로덕트 전략 수립

프로덕트와 관련된 전략은 기업의 Mission -> Vision -> 기업전략 -> 사업전략 -> 프로덕트 전략 순으로 연계된다.

프로덕트 전략은 프로덕트 개발 전략, 프로덕트 마케팅 전략, 프로덕트 디자인 전략으로 구성된다.

프로덕트 전략에서 대표적인 프로덕트 마케팅 전략은 3C 분석(Customer, Cost, Convenience) -> STP 전략 수립(시장 세분화, 타깃, 포지셔닝) -> 4P Mix 전략 수립(Product, Price, Place, Promotion) 순으로 진행되며 이외에도 CRM 전략 수립, SCM 전략 수립, 디지털 마케팅 전략 수립, 브랜딩 전략 수립이 포함된다.

프로덕트 전략

프로덕트 전략이란 기업이 어떤 고객에게, 어떤 프로덕트를 만들어, 어떤 가치를 제공하고 또 어떤 타깃 마켓에서 어떤 차별점으로 누구와 경쟁할 것인가를 결정하는 전략이다.

고객을 결정하는 일, 설정된 고객과의 공감을 통해 고객의 문제를 도출하여 가설을 수립하는 일, 고객의 문제를 해결할 솔루션을 찾아 프로덕트를 만드는 모든 행위는 수립된 프로덕트 전략을 기반으로 이루어 져야 한다.

또한 프로덕트 전략은 기업 사업 전략의 하위 개념이기 때문에 반드시 사업 전략의 테두리 안에서 수립되어야 한다는 점을 주의해야 한다.

프로덕트 전략이 잘못되면 프로덕트는 실패할 수 밖에 없기 때문에 프로덕트 성공을 위해 프로덕트 매니저는 프로덕트 전략 수립에 다각도의 노력과 최선을 다해야 한다.

6-2. 프로덕트 데이터 분석

프로덕트 데이터는 프로덕트 개발 사이클이 원활하게 옳은 방향으로 나아가게 하는 원동력이면서 동시에 잘 가고 있는지 알려주는 깃발 역할을 한다. 이러한 프로덕트 데이터의 가치를 가장 잘 이끌어내는 역할이 프로덕트 데이터 분석 팀이다.

프로덕트 매니저는 데이터 분석 팀과 프로덕트 팀에서 함께 프로덕트 라이프 사이클 전체 기간 동안 협업하며, 프로덕트에 발생한 문제를 공동으로 해결해 나아간다.

프로덕트 매니저와 연관된 데이터 분석 업무는 아래와 같다.

데이터 기반의 프로덕트 기획
지표 설정과 데이터 분석 도구 활용
데이터 기반으로 고객을 추적(Growth Hacking) 활동
데이터에서 프로덕트와 관련된 인사이트 추론
조직의 프로세스를 이해하고 후행적 분석이 아닌 선행적 데이터 분석 활동으로 찾아낸 여러 인사이트를 바탕으로 프로덕트를 지속적으로 개선활동

N.O.T.E

Growth Hacking

Growth Hacking은 성장(growth)과 해킹(hacking)의 합성어이며 미국의 Marketer 션 엘리스(Sean Ellis)가 최초로 제안한 개념으로 Cross-functional 한 직군의 멤버들이 모여 비즈니스 목표를 달성할 수 있는 핵심지표의 확장성과 지속성을 높일 수 있는 가설과 아이디어를 만들어 실제 적용 가능한지 실험과 학습행위를 반복적으로 수행하는 방법으로 비즈니스를 성장시켜 비즈니스 목표를 달성시키는 프로세스 중심의 디지털 마케팅 기법을 말한다.

6-3. 프로덕트 UX & UI 디자인

UX의 창시자로 알려진 Donald Norman은 "우리가 친숙하지 않은 물건을 처음부터 노력을 들이지 않고 아무 어려움 없이 사용할 수 있다면, 이것은 우연의 산물이 아니라 누군가 세심한 신경을 써서 잘 디자인한 덕분이다."란 표현으로 프로덕트에서 디자인의 중요성을 잘 설명해 주었다.

프로덕트 개발 시, 디자이너가 아닌 사용자에 촛점을 맞추는 UX에 대하여 프로덕트 매니저는 반드시 잘 알고 이해해야 한다. 그 이유는 프로덕트의 고객 가치에서 사용자 경험이 점점 더 큰 비중을 차지하고 있기 때문이다.

프로덕트 관리에서 UX의 중요도는 현재 매우 크다.

프로덕트 매니저가 반드시 알아야 할 UX/UI 관련 내용은 아래와 같다.

UX - IxD(Interaction Design), Wireframe, Lo-Fi (Low Fidelity) Prototype, Mid-Fi(Mid Fidelity) Prototype, IA(Information Architecture), 사용자 조사, 유저 플로우, User Persona, 카피라이팅, 접근성

UI - 비주얼 UI 디자인, Hi-Fi(High Fidelity) Prototype, 컬러, 그래픽 디자인, 레이아웃, Typography, Design System, Icon, 일러스트레이션, 브랜딩

N.O.T.E

UX(User Experience)

UX(User Experience)란 사용자가 프로덕트를 통해 경험할 수 있는 모든 것을 말하며 그러한 UX(User Experience)는 사용자 관점에서 프로덕트를 기획하고 디자인하기 위한 가설을 세우고 검증하는 과정을 거쳐 설계된다.

UI(User Interface)

UI(User Interface)는 사용자가 프로덕트를 사용하기 위해 사용자와 프로덕트 사이에 상호소통이 가능하도록 만든 물리적 혹은 가상적 매체인 프로덕트의 인터페이스를 디자인하는 것이다.

6-4. 프로덕트 애자일 프로젝트 관리

프로덕트 매니저는 프로덕트 제작을 위하여 프로덕트 제작 프로젝트 관리 방법을 알아야 한다. 프로덕트 제작 프로젝트 기법 중, 현재 대표적인 것은 애자일 프로젝트 관리 기법이다.

애자일 프로젝트 관리 기법 중에서도 많이 쓰이는 스크럼은 사람과 팀, 조직이 어렵고 복잡한 문제를 해결하기 위해 선택하는 행동 방식과 해법을 연구하여 프로젝트 관리에 적용할 수 있도록 만들어진 애자일 개발 프레임 워크이다.

스크럼(Scrum)의 스크럼 팀 인력 구성은 프로덕트 오너 1명, 스크럼 마스터 1명, 복수의 개발자들로 구성되며 스크럼은 이 세가지 역할 구성원들의 공동 협업으로 진행되는 애자일 방식이다.

스크럼 수행 절차는 프로덕트 오너가 프로덕트 백로그를 정리한 후 스크럼 마스터의 코치를 받으며 개발자들이 2주 혹은 3주 단위의 스프린트(스프린트는 제한된 기간동안 정해진 Product Backlog Item을 구현하기 위해 수행하는 스크럼 팀 단위의 그룹화된 작업 수행을 위한 스크럼팀 이벤트를 말한다.)를 반복적으로 실시하여 프로덕트 백로그를 처리하여 프로덕트를 완성하는 비교적 간단한 프로세스이다.

> **N.O.T.E**
>
> **애자일 선언**
>
> 2001년 제프 서덜랜드외 16명의 SW개발자가 모여 작성된 선언문이며 애자일 원칙을 아래와 같이 제시하고 있다.
>
> '우리는 소프트웨어를 개발하고, 또 다른 사람의 개발을 도와주면서 소프트웨어 개발의 더 나은 방법들을 찾아가고 있다. 이 작업을 통해 우리는 다음을 가치 있게 여기게 되었다.
>
> 공정과도구보다 개인과상호작용을 포괄적인문서보다 작동하는소프트웨어를 계약협상보다 고객과의협력을
> 계획을따르기보다 변화에대응하기를
>
> 가치 있게 여긴다. 이 말은, 왼쪽에 있는 것들도 가치가 있지만, 우리는 오른쪽에 있는 것들에 더 높은 가치를 둔다는 것이다.'

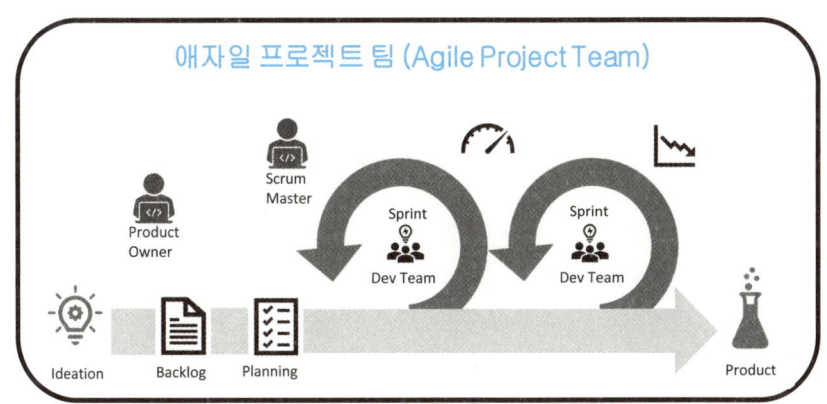

07 프로덕트 매니저의 솔루션

7-1. Design Thinking

Design Thinking은 고객의 니즈를 최우선으로 생각하여 문제를 해결하는 과정이며 고객이 주변 환경 요소와 상호 작용하는 방식을 공감하며 관찰하고 혁신적인 솔루션을 만들기 위해 아래와 같은 5단계의 프로세스를 수행하며, Design Thinking 5단계 프로세스는 반복적으로 이터레이션 된다.

공감하기(Empathize)
프로덕트 매니저는 고객의 니즈 그리고 니즈를 유발시킨 문제와 프로덕트가 어떻게 상호 작용하거나 영향을 받는지 이해하기 위해 고객을 관찰한다. 관찰은 공감과 함께 이루어져야 하며, 이는 고객의 니즈에 대한 어떠한 선입견도 가지지 말고 행해져야 한다. 프로덕트 매니저가 공감을 통해 관찰하는 것은 고객 자신도 가지고 있는지 조차 몰랐거나 혹은 고객 스스로 표현할 수 없는 문제를 더 쉽게 발견할 수 있게 해준다.

문제정의(Define)
공감을 통해 이해하게 된 해결하려는 고객의 문제를 정의하기 위해 첫 번째 단계에서 관찰한 내용을 수집한다. 고객이 극복하고 있는 어려움과 반복적으로 어려움을 겪고 있는 것들, 혹은 고객이 문제의 영향을 받는 방식을 통해 얻은 정보에 대해 생각해 본다. 이러한 고찰의 결과를 종합하면 고객이 직면한 문제를 정의할 수 있다.

아이디어 도출(Ideate)
아이디어 도출은 식별한 문제를 해결하는 방법에 대한 아이디어를 브레인스토밍 하는 것이다. 이러한 아이디어 세션은 팀이 창의성과 협업을 장려하는 특정한 공간에 모이는 그룹으로 진행하거나 단독으로 진행할 수 있다. 가장 중요한 부분은 다양한 아이디어를 도출하는 것이다.

N.O.T.E

Ideation

Ideation은 확보된 데이터를 기반으로 아이디어를 도출하는 과정을 의미한다.

Ideation에서는 Design Research를 통해 얻은 데이터를 기반으로 사용자에 대한 이해를 증진 시켜 종국적으로 사용자의 니즈를 추론해 문제를 정의하고 가설을 검증하는 단계를 수행한다.

Ideation을 수행해 사용자의 문제를 해결할 솔루션을 도출한다.

Ideation 수행 시 많이 사용하는 도구는 아래와 같다.

Brain Storming
Brain Writing
Idea mapping
Reverse brainstorming
The 5 Whys technique
Pugh matrix
Morphological analysis
6 thinking hats
Scamper
The method of loci

프로토타입 구현(Prototype)

도출된 아이디어를 실제 솔루션으로 구현하는 단계이다. 완벽한 프로토타입을 만들고자 하는 것이 아니며 프로토타입 제작의 핵심은 도출된 아이디어의 구체적인 버전을 신속하게 제시하여 고객의 반응을 확인하는 것이다.

시험(Test)

고객에게 프로토타입을 제공한 후에는 고객과 프로덕트가 어떻게 상호 작용하는지 관찰해야 한다. 이 테스트 단계는 수행 작업에 대한 피드백을 수집하는 단계이다.

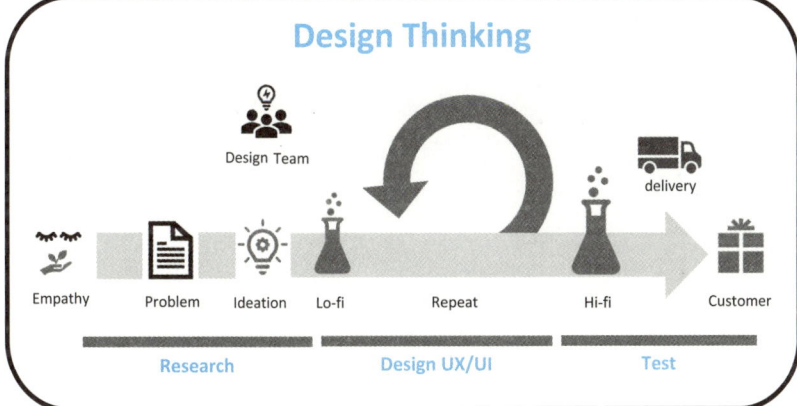

> **N.O.T.E**
>
> **Prototype**
>
> Prototype은 프로덕트의 기능 및 사용성 테스트를 위해 제작되는 동적인 모형을 말한다.
>
> Prototype은 사용성 테스트나 디자이너와 개발자, 프로덕트 매니저 간의 시각적인 커뮤니케이션 툴로 활용된다.
>
> 디자인에서 사용하는 Prototype의 종류는 아래와 같다.
>
> Lo-Fi (Low Fidelity) Prototype
>
> 간단한 스케치로 작성한다. 핵심에 집중할 수 있고 빠른 제작과 실행, 반복에 편리하며 프로덕트 제작 초기단계에서 커뮤니케이션에 활용하기 좋은 도구이다.
>
> Mid-Fi(Mid Fidelity) Prototype
>
> 유저 플로우와 사용성 테스트 시나리오를 확인할 경우 많이 사용하며 Wireframe, 텍스트, 버튼 등의 화면 구성에 대해 정의하고 화면 간의 플로우를 표현한다. 최종버전인 UI디자인 결과물에 비해 빠른 수정이 가능하고 이해관계자와의 커뮤니케이션에 좋은 도구이다.
>
> Hi-Fi(High Fidelity) Prototype
>
> 사용자가 실제로 사용하게 될 최종 단계의 높은 퀄리티를 가지고 있는 디자인 산출물에 가까운 형태이며 프로덕트 디자인에 색, 폰트, 폰트 사이즈, 아이콘 등의 세부 디자인 사항이 적용 되고 실제에 가까운 기능을 구현한다.

7-2. Lean Startup

Lean Startup은 단기간 동안 프로덕트 MVP를 만들고 성과를 측정해 프로덕트 개선에 반영하는 것을 반복하여 타깃 마켓에서의 프로덕트 성공 확률을 높이는 방법론이다.

단기간에 만들어진 MVP(Minimum Viable Product)를 제작하여 마켓에 내놓고 반응을 살펴 프로덕트를 수정해 나가는 것이 핵심이다.

일본 도요타자동차의 린 제조 방식을 본뜬 것으로 미국의 벤처기업가 Eric Ries 가 만들어 낸 개념이다.

Lean Startup의 프로세스는 아래와 같다.

Ideas > Build > Product > Measure > Data > Learn

프로덕트 매니저에게 Lean Startup은 '제작 -> 측정-> 학습'의 과정을 반복하면서 타깃 마켓의 반응에 신속히 적응 및 혁신하여 최상의 프로덕트를 만들어 타깃 시장에서 프로덕트를 성공에 이르게 할 수 있는 솔루션이다.

N.O.T.E

MVP (Minimum Viable Product)

MVP (Minimum Viable Product)는 최소 실행 가능한 제품을 의미하며 제품 개발시에 목표로 하는 요구 기능이 실제 실행하려는 비즈니스에 적합하고 올바르게 동작하는지 확인하기 위해 최소한의 기능을 구현하여 만든 제품을 의미한다.

MVP (Minimum Viable Product) 개발을 통해 최소의 필요한 기능을 구현한 제품을 빠르게 고객에게 제공함으로써 개발된 제품에 대한 신속한 피드백을 고객으로 부터 받을 수 있는 장점이 있다.

MVP (Minimum Viable Product) 개발 및 제공 그리고 고객 피드백을 반복적으로 수행하여 제품의 완성도 및 비즈니스 요구사항에 대한 충족도를 높인다.

도요타생산방식 (Toyota Production System)

도요타 자동차가 개발한 생산방식을 말한다. 도요타 생산방식은 생산현장의 낭비를 제거하고 다품종소량 생산체제를 위한 적시생산(JIT)과 자동화 생산이라는 개념으로 구성된다.

7-3. Agile Project Management

애자일(Agile)은 '재빠른', '민첩한'이라는 뜻의 형용사인데 일반적으로 프로젝트에서의 애자일 방식이란 환경 변화에 빠르고 민첩하게 반응하고 고객의 요구에 유연하게 대처하기 위한 짧은 개발주기의 반복형(Iterative) 개발방식과 요구사항, 범위 및 품질에 대한 증분형(Incremental) 개발방식을 혼용하는 적응형 개발방식의 방법론, 프레임워크, 개발방법을 총칭하는 포괄적 표현이다.

애자일 프로젝트 관리의 좀 더 정확한 표현은 '애자일 방식의 프로젝트 관리'이다.

애자일 프로젝트 관리방식은 기존의 예측형 방식과 과거부터 여러 형태로 공존하던 방식이며 불확실성이 강하고 늘 변화하는 프로젝트 환경 속에서 단기간내에 프로젝트를 신속히 진행하려는 이해관계자의 요구사항과 프로젝트 팀의 필요성에 의해 선택되고 사용하던 방식이다.

애자일 프로젝트 관리가 주목받기 시작한 것은 급격히 증가하고 있는 IT 분야 프로젝트에서 소프트웨어 개발 엔지니어들이 애자일 선언을 발표한 시점이라 볼 수 있다.

애자일 프로젝트 관리를 위한 스크럼과 같은 다수의 애자일 방법론 및 프레임워크 그리고 이를 손쉽게 구현할 수 있는 다양한 기술과 TOOL의 등장 또한 애자일 프로젝트 관리 방식이 빠르게 확산하게 된 이유이다.

N.O.T.E

예측형 개발방식(Predictive Approach)

예측형 개발방식은 과거 유사한 프로젝트 수행의 반복으로 프로젝트 이력정보와 수행경험이 축적된 경우 많이 사용하는 방식이다.

프로젝트 초기에 명확한 요구사항 정의와 범위 및 품질수준에 대한 목표정의가 되어 예측 가능하며 정확한 프로젝트 계획수립 및 수행이 가능한 프로젝트에 적용된다.

IT 프로젝트 SW개발방법론인 폭포수 모델(Waterfall Model)이 예측형 개발방식의 대표적 유형이다.

혼합형 개발방식 (Hybrid Approach)

혼합형 개발방식은 말그대로 예측형 개발방식과 적응형 개발방식을 프로젝트 내에서 혼합하여 사용하는 방식이다.

혼합형 방식의 사례는 전체 프로젝트 진행은 예측형 방식으로 하되 일부 모듈 개발은 적응형 방식으로 진행하는 사례와 프로젝트의 복수의 서브프로젝트를 예측형 방식과 적응형 방식으로 각각 나누어 진행하는 사례가 있다.

또 다른 사례로 업무적으로 불확실하거나 변동가능성이 높은 업무는 적응형 방식으로, 확실하거나 변동가능성이 적은 업무는 예측형 방식으로 분리하여 진행하는 사례도 있다.

IT 개발프로젝트에서는 단계별 수행 및 고객과의 의사소통은 예측형 방식인 폭포수 모델 (Waterfall) 개발방법론을 사용하면서 개발단계 부문만 적응형 방식인 애자일 프레임워크를 사용하는 Water-Scrum-Fall (ScrumFall) 같은 혼합형 개발방식도 존재한다.

| N.O.T.E | 애자일 프로젝트 관리 방식에는 다양한 방법론과 프레임워크가 존재하고 있다.

대표적인 애자일 프로젝트 관리 방식은 다음과 같다.

칸반(Kanban)

작업의 완전한 투명성과 원활한 의사소통을 유도하기 위한 칸반보드를 사용하여 작업을 시각화하고, 이를 통하여 진행 중인 작업의 원활한 흐름을 유도하여 작업 효율성을 극대화 하는 것을 목표로 하는 애자일 관리 방법이다.

스크럼(Scrum)
칸반(Kanban)
스크럼반(ScrumBan)
XP(eXtreme Programming)
FDD(Feature Driven Development)
AUP(Agile Unified Process)
DSDM(Dynamic Software Development Method)
SoS(Scrum of Scrum)
SAFe(Scaled Agile Framework)
Less(Large Scale Scrum)
DA(Disciplined Agile)

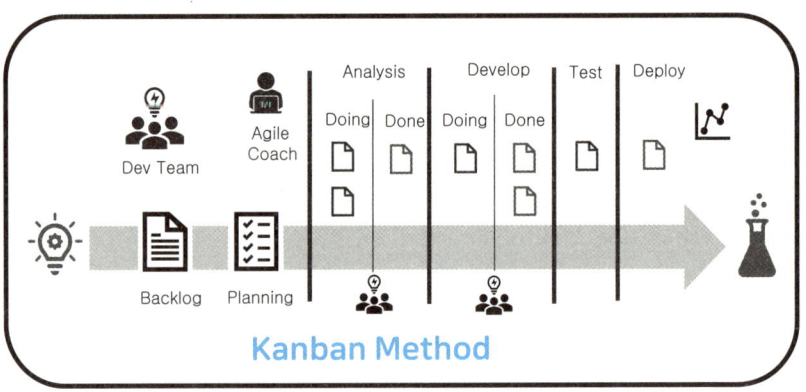

Kanban Method

8 프로덕트 팀 만들기

8-1. 프로덕트 팀 환경 구축

프로덕트 팀을 만들기 위해 사전에 구축해야할 팀 환경은 세 가지로 나눌 수 있다.

첫번째는 아래와 같은 프로덕트 팀 그라운드 룰 구축이다.
린 & 애자일 사고하기
린 & 애자일 접근 방식으로 행동하기
팀 구성원 모두 평등하게 대하고 존중하기
우선순위가 높은 일 중심으로 먼저하고 불필요한 일 하지말기
투명하고 효율적으로 일하기
모든 팀원의 의견을 공평하게 인정하고 경청하기
서로 협력하여 시너지를 창출하기

두번째는 아래와 같은 팀 작업공간 구축이다.
팀원 모두 같이 일할 수 있는 열린 협업 공간을 구축하라
팀원들이 조용히 사용할 수 있는 별도의 개별 공간을 구축하라
열린 공간과 개별 공간의 균형을 유지하라
분산 팀인 경우 온라인 환경에서 서로 같이 근무하는 형태의 Fishbowl Window을 활용하라
분산 팀인 경우 가상 공간과 물리적 작업 공간을 동시에 활용하라
분산 팀인 경우 주기적으로 직접 만나 신뢰를 구축하라

세번째는 아래와 같은 팀 운영 정보시스템 구축이다.
프로덕트 팀 커뮤니케이션 시스템 구축
프로덕트 팀 이슈관리 시스템 구축
프로덕트 팀 대시보드 구축
프로덕트 팀 관리 시스템 구축

N.O.T.E

기본 규칙 (Ground Rules)

기본 규칙이란, 프로젝트에 배치된 팀원들이 따라야 하는 지침을 말하는 것이다.

기본 규칙은 프로젝트의 시작부터 종료 시까지 적용되어야 하는 방침이자 룰이므로 빨리 수립될수록 긍정적인 효과를 가져온다.

가상팀(virtual team)

프로젝트 내부의 동일한 부분을 함께 실행하되, 원거리거나 다른 이유 등으로 대면하지 않고 프로젝트를 수행하는 팀

Fishbowl Window

분산팀원을 상시 볼 수 있는 지속적으로 연결되어 있는 화상회의 시스템을 말하며 물고기 어항에 비유한 표현

Part 1 프로덕트 매니저 개론

8-2. 프로덕트 팀 리더 되기

프로덕트 팀을 구축하기 전에 스스로 프로덕트 팀 리더로 역량을 확보해야 한다. 그래야만 팀 성과를 최대치로 만들 수 있으며 프로덕트 팀을 올바른 방향으로 이끌 수 있다.

프로덕트 매니저는 아래와 같이 행동하는 섬김형 리더(Servant Leader)이다.

> **섬김형 리더쉽(servant leadership)**
> 팀원들에게 봉사하고 섬기는 자세로 일하며 이를 바탕으로 팀원의 신뢰를 얻어 팀원과 조직간의 목표 동기화를 이루어 조직의 성과를 달성시키고 팀원들의 성장을 유도하는 리더십이다.

팀원과의 대화에서 경청을 기본으로 한 커뮤니케이션을 중시한다.
팀원을 존중하고 창의성을 발휘할 기회를 제공한다.
팀원의 성장을 돕고 팀을 하나의 공동체로 만든다.
팀원이 정신적으로나 육체적으로 지치지 않게 환경을 조성한다.
프로덕트 매니저로서의 자기인식을 기반으로 올바른 행동을 한다.
팀원에게 봉사하며 지도와 통제 사이의 균형감을 유지한다.

> **전략과 전술**
> 전략과 전술은 간단하게 정의하기 어려우나 한마디로 정의해 본다면 전략은 What(무엇을 할 것인가)에 대한 계획이고 전술은 전략을 달성하기 위한 How(어떻게 할 것인가)에 대한 계획으로 정의 할 수 있다.

프로덕트 매니저는 아래와 같은 역할을 수행한다.

팀원들에게 팀 코치로 활동한다.
팀원의 업무수행 시 장애요소를 제거하고 도와준다.
팀 외부로 부터의 방해에 대한 보호막이 되어준다.
프로덕트 프로세스 수행의 지휘자가 되어준다.
업무수행으로 인한 변화에 대한 저항을 극복한다.
고객에게 가치 있는 프로덕트를 제공한다.
경영진과 팀을 지원하며 가교 역할을 수행한다.

8-3. 프로덕트 팀 빌딩 절차

프로덕트 팀 빌딩을 위한 팀 빌딩 절차는 아래와 같이 7단계로 구분된다.

1) 필요 인력 요구 사항 결정
- 작업에 필요한 기술의 수준을 결정하고 팀 내에 해당 기술들을 어떻게 확보할 것인지에 대해 결정한다.

2) 팀 구성원 대상자에 대한 인터뷰
- 직접적인 기술 뿐만 아니라 팀웍, 개인의 소양, 업무적 희망 등을 인터뷰를 통해 알아낸다.

3) 팀원 선정
- 팀원의 선정을 통해 프로젝트에서 필요한 역량을 확보한다.

4) Kick-off Meeting의 개최
- 일관된 방향을 제시하기 위해서 팀원을 모아 착수 회의를 개최한다.

5) 팀원의 역할과 책임의 명확화
- 팀원들이 해야 하는 역할과 책임에 대해 제시한다.
- ✓ 역할 : 누가 무슨 업무를 수행하는가?
- ✓ 책임 : 누가 무엇을 결정하는가?

6) 프로덕트 개발 프로세스에 대한 팀 리더의 설명
- 어떻게 이슈를 관리할 것인지, 성과 측정은 어떻게 할 것인지, 보고의 주기는 얼마로 할 것인지 등 업무 프로세스에 대한 팀 리더의 진행 방안을 팀원들에게 설명하고 이해시킨다.

7) 의사소통 채널 수립
- 프로덕트 관리를 원활히 진행하려면 팀 리더와 팀원간에 평등하고 개방된 의사소통이 반드시 필요하다.

N.O.T.E

Team Building Activities
다양한 환경과 배경, 동기를 가진 프로젝트 구성원을 이끌어 프로젝트를 성공적으로 완수하기 위한 일련의과정

착수 회의(Kick-off Meeting)
착수 회의는 의사소통 채널과 작업 관계 수립, 팀의 목표와 목적의 수립, 프로젝트 최신 상황의 검토, 프로젝트 계획의 검토, 프로젝트 문제 영역의식별, 개인과 그룹의 책임과 역할 수립, 개인과 그룹의 Commitment 확보 등을 그 목적으로 한다.

Part 1 프로덕트 매니저 개론

N.O.T.E

8-4. 프로덕트 팀 구성

프로덕트 팀은 일반적으로 아래와 같이 여러 다른 역할을 가진 팀들의 연합된 형태의 구성을 가진다.

Team Building Activities

다양한 환경과 배경, 동기를 가진 프로젝트 구성원을 이끌어 프로젝트를 성공적으로 완수하기 위한 일련의 과정

프로덕트 매니저
프로덕트 관리를 담당

Data Analytics Team
고객과 마켓의 데이터를 분석하여 프로덕트 전략과 개발을 지원

Design Team
프로덕트 UX / UI Design 개발을 담당

Agile Project Team
프로덕트 제작을 담당

Tuckman의 팀 발달 5단계

① 형성기 (forming) : 리더의 인도와 지시에 의존하는 단계

② 혼돈기 (storming) : 의사결정이 잘 받아 들여지지 않으며 리더와 팀원, 또는 팀원 간에도 갈등이 발생하는 단계

③ 규범기 (norming) : 팀원간의 합의와컨센서스가 형성되면서 리더의 지원에 잘반응하는 단계

④ 성취기 (performing) : 팀이 전략적으로 깨어 있어서 해야 할 일과 이유를 잘알고 있고 비전을 공유하는 단계

⑤ 휴지기 (adjourning) : 임무가 성공적으로 완수되고 목적이 이루어져서 팀원들이 새로운 작업으로 이동하는 단계

```
┌─────────────────────────────┐
│      Product Team           │
│  ┌───────────────────────┐  │
│  │   Product Manager     │  │
│  └───────────────────────┘  │
│             ⬍               │
│  ┌───────────────────────┐  │
│  │  Data Analysis Team   │  │
│  │  • Data Analyst       │  │
│  │  • Data Scientist     │  │
│  │  • Data Engineer      │  │
│  └───────────────────────┘  │
│  ┌───────────────────────┐  │
│  │   Design Team         │  │
│  │  • Product Designer   │  │
│  │  • UX Designer        │  │
│  │  • UX Researcher      │  │
│  │  • UX Writer          │  │
│  │  • UI Designer        │  │
│  └───────────────────────┘  │
│  ┌───────────────────────┐  │
│  │  Agile Project Team   │  │
│  │  • Product Owner      │  │
│  │  • Scrum Master       │  │
│  │  • Developers         │  │
│  └───────────────────────┘  │
└─────────────────────────────┘
```

09 프로덕트 관리 주요 문서

9-1. MRD (Market Requirements Document)

MRD(Market Requirements Document)는 타깃 마켓의 정보, 예를 들면 시장 규모, 타깃 고객 유형, 마켓의 경쟁자 등을 설명하며 목표 프로덕트에 대한 시장의 요구 사항 또는 수요를 정의하는 데 도움이 되도록 프로덕트 매니저가 고객이 필요로 하는 니즈와 목표 프로덕트가 이를 제공하는 방법을 정의하여 작성하는 전략 문서이다.

MRD에는 일반적으로 제품의 비전, 경쟁 구도, 비즈니스 분석 및 수익 기회에 대한 정보와 기능 목록 또는 최소한 상위 수준의 기능 범주가 포함된다.

MRD(Market Requirements Document)는 잠재적인 시장 요구 사항을 식별하는 데 도움이 되는 전략적 내용을 담고 있다.

Part 1 프로덕트 매니저 개론

N.O.T.E   MRD(Market Requirements Document)의 주요 작성 목차는 아래와 같다.

MRD 요약
고객의 어떤 문제를 해결하는 가에 대한 MRD 내용 축약 설명

Product 비전
프로덕트의 차별성
프로덕의 핵심 본질
프로덕트의 방향성
프로덕트의 고객 제공 가치

타깃 시장
마켓의 기회
마켓의 규모
마켓의 추론/가정

사용자 페르소나
타깃 마켓의 기회 및 계획된 솔루션과 관련된 사람에 대한 페르소나

경쟁사 분석
경쟁사 대비 현재 대안분석
잠재 고객이 사용할 수 있는 다양한 옵션
프로덕트 차별화 경쟁 우위 방법

프로덕트 주요 기능
고객의 니즈를 해결하기 위한 기능 설명
프로덕트 운영 특성 및 작업 기능

프로덕트 지표 전략
프로덕트와 비즈니스 모델 연결
프로덕트 매출 창출 전략
프로덕트 가격정책
프로덕트 주요지표 제시

User Persona

User Persona란 어떤 프로덕트를 사용할 타깃 고객 집단 안에 있는 다양한 사용자 유형들을 대표하는 가상의 고객을 의미한다.

User Persona는 타깃 고객의 요구 사항을 나타내는 사용자 프로필이며 이러한 User Persona를 통해 이상적인 고객과 그들의 행동 패턴, 목표, 기술, 태도, 문제 및 배경 정보에 대한 심층 분석을 할 수 있다.

User Persona는 고객들 사이에서 주요 주제와 생각 패턴을 식별하는 데 도움이 되므로 프로덕트에 대한 더 나은 비즈니스 의사 결정을 내릴 수 있게 해주어 고객의 니즈에 맞는 프로덕트 제작에 도움을 준다.

Market Requirements Document Template

| 프로덕트 명 | | 작성자 | |

1. MRD 요약

2. Product 비전

3. 타깃 시장

4. 사용자 페르소나

5. 경쟁사 분석

6. 사용자 시나리오

7. 프로덕트 주요 기능

8. 프로덕트 지표 전략

9. 프로덕트 위험요소

10. 기타 고려 사항

N . O . T . E

9-2. PRD (Product Requirement Document)

N.O.T.E

PRD(Product Requirement Document)는 프로덕트에 포함되어야 하는 기능 및 주요 개발 요구사항을 개발 및 디자인 팀에 전달하기 위해 프로덕트 개발 프로세스에서 사용되는 문서이다.

PRD(Product Requirement Document)에 포함되어야 하는 기본 내용은 아래와 같다.

UX(User Experience)

UX(User Experience)란 사용자가 프로덕트를 통해 경험할 수 있는 모든 것을 말하며 그러한 UX(User Experience)는 사용자관점에서 프로덕트를 기획하고 디자인하기 위한 가설을 세우고 검증하는 과정을 거쳐 설계된다.

UI(User Interface)

UI(User Interface)는 사용자가 프로덕트를 사용하기 위해 사용자와 프로덕트 사이에 상호소통이 가능하도록 만든 물리적 혹은 가상적 매체인 프로덕트의 인터페이스를 디자인하는 것이다.

프로덕트 목적/목표

프로덕트를 개발하는 이유와 성취 목표

프로덕트 기능

기능에 대해 최소한 설명, 목표 및 사용 사례 포함

범위를 벗어난 항목과 같은 기능의 복잡성에 따른 추가 세부 정보

UX 흐름 및 디자인 참고 사항

UX 디자인 요구사항

사용자 작업 흐름 설명

시스템 및 환경 요구 사항

지원되는 최종 사용자 환경

가정, 제약 조건 및 종속성

사용자에게 기대되는 사항, 구현 시 알아야 할 제한 사항, 최종 솔루션이 작동하는 데 필요한 외부 요소

PRD(Product Requirement Document)의 주요 작성 목차는 아래와 같다.

제목
프로덕트에 고유한 이름을 지정.

변경 내역
누가 변경했는지, 언제 변경했는지, 무엇을 변경했는지 등 PRD에 대한 중요한 변경 사항 표기

개요
프로덕트 개요 설명

성공 지표
프로덕트 지표 설명

메시징
신규 고객과 기존 고객 모두에게 이 제품을 설명하기 위해 마케팅에서 사용할 제품 메시징

타임라인/출시 계획
프로덕트 개발 및 출시를 위한 전체 일정표

사용자 페르소나
타깃 페르소나 및 핵심 페르소나 설명

사용자 시나리오
페르소나 프로덕트 컨텍스트 부터 프로덕트를 사용하는 방법까지 설명

사용자 스토리/기능/요구 사항
기능에 대한 중요도 설명, 구현 우선 순위 설정

디자인
프로덕트 디자인 관련 사항 설명

프로덕트 위험요소
프로덕트 개발 진행 시 발생할 수 있는 위험요소 설명

기타 고려 사항
프로덕트 개발 시 고려 사항 표기.

N.O.T.E

Storyboard

Storyboard는 디자이너, 개발자가 참고하는 기획자의 최종적인 산출물이며, 정책, 프로세스, 컨텐츠, 와이어 프레임, 기능정의, DB연동등 서비스 구축을 위해 합의된 정보가 정리되어 있는 문서이다.

Storyboard 작성은 화면에 화면단위의 레이아웃을 설계하는 작업으로 화면 레이아웃에 화면 기능적인 측면도 표현하여 작성한다.

화면 수가 많은 경우 같은 메뉴의 계층별로 분류하여 작성하거나, 기능 구분으로 분류하여 작성하는 경우가 있다.

프로덕트 팀 혹은 이해관계자들과 레이아웃을 협의하거나 서비스의 간략한 흐름을 공유하기 위해 사용하며 화면의 UX, UI 설계를 기능을 포함한 Lo-Fi (Low Fidelity) Prototype 형태로 작성한다.

N . O . T . E

Product Requirement Document Template

| 프로덕트 명 | | 작성자 | |

1. 제목

2. 변경 내역

3. 성공 지표

4. 메시징

5. 일 정
   - 타임라인

   - 출시 계획

6. 사용자 페르소나

7. 사용자 시나리오

8. 사용자 스토리/기능/요구 사항

9. 디자인

10. 프로덕트 위험요소

11. 기타 고려 사항

9-3. Customer Journey Map

Customer Journey Map은 고객이 프로덕트와 어떤 지점에서 처음 그리고 지속적으로 만나고, 무슨 생각과 행동을 하는지, 니즈가 충족되었는지 등을 기록한 시간 축을 기준으로 작성된 가시화한 그래프를 말한다.

고객이 프로덕트를 구매하고 발생하는 사용자 경험에서 일어나는 모든 접점들을 시각화하기 때문에 전체 사용자 경험을 손쉽게 파악할 수 있는 장점이 있으며 또한 고객 접점과 함께 사용자 경험을 분석함으로써 프로덕트의 문제를 발견하거나 마케팅 기회를 탐색하는데 유용하다.

Customer Journey Map은 프로덕트 팀 뿐만 아니라 마케팅 팀이나 세일즈 팀, CS 팀 등 고객과 접점에 있는 모든 이해관계자들과 공동 작업으로 만들어 고객에 대한 인사이트를 함께 공유한다.

N.O.T.E

Part 1 프로덕트 매니저 개론

N.O.T.E

User Persona

User Persona란 어떤 프로덕트를 사용할 타깃 고객 집단 안에 있는 다양한 사용자 유형들을 대표하는 가상의 고객을 의미한다.

User Persona는 타깃 고객의 요구 사항을 나타내는 사용자 프로필이며 이러한 User Persona를 통해 이상적인 고객과 그들의 행동 패턴, 목표, 기술, 태도, 문제 및 배경 정보에 대한 심층 분석을 할 수 있다.

User Persona는 사용자가 누구인지, 그들이 프로덕트와 어떻게 상호 작용하고 사용하는지 잘 이해시켜준다. 이를 통해 프로덕트 팀은 프로덕트를 가장 잘 개선할수 있는 방법을 더 깊이 이해할 수 있다.

Customer Journey Map의 구성 요소는 아래와 같다.

고객 단계
고객 여정의 조회, 비교, 구매, 설치 등 고객 여정 단계 식별

고객 페르소나
마켓 세그먼트를 복합적으로 표현
페르소나를 활용하여 고객의 행동과 감정을 예측

고객 접점
고객 여정 지도 상의 고객 접점 표시

감정
고객의 감정과 느낌을 예측
프로덕트의 잠재적인 문제점과 성공요소 파악

9-4. Product Roadmap

프로덕트 로드맵 (Product Roadmap)은 스크럼 프레임워크에서 프로덕트와 관련된 이해관계자의 요구사항이 어떻게 프로덕트로 만들어지는지 시간의 흐름에 따라 시각화한 도구이다. Theme, Epic, User Story, Task로 구성되며 각각의 내용은 다음과 같다.

Theme
프로젝트에서 구현하고자 하는 프로덕트의 가장 큰 가치와 목표를 표현한다.
프로젝트가 조직의 전략적 방향과 일하는지 확인 시켜준다.
동일한 기능 영역에 존재하는 Epic의 집합체이다.

Epic
아직 구체화나 세분화되지 않은 상위레벨 요구사항의 묶음을 말한다. 큰 틀의 요구사항으로 Use Story로 세분화시켜 구현한다.
단일 스프린트로 구현할 수 없는 경우 여러 스프린트에 걸쳐 구현된다.

User Story
사용자 요구사항의 가장 작은 단위
User Story의 표현은 고정되어 있지 않으며 사용자가 편한 방식으로 기술된다.
독립적이고 협상 가능하며 가치 있고 추정 가능하며 작고 테스트 할 수 있어야 한다.

Task
User Story를 구현하는 작업이며 개발팀이 수행한다.
작업 담당자가 지정되어 있으며 작업 시간을 계산할 수 있다.
비즈니스 담당자가 작업 방법을 이해하기 어려울 정도의 기술영역이 될 수도 있다.
작업 시간과 비용을 정확히 산정하고, 담당자를 명확히 지정하며, 성과를 현실적으로 평가할 수 있어야 한다.

N.O.T.E

N.O.T.E Roadmap 작성 시 중요한 점은 이해관계자의 요구사항을 적절한 수준으로 분해하는 것과 Roadmap 전체를 통하여 분해 수준의 일관성을 가져가는 것이다.

● **Roadmap의 계층적 Level**

Level	이슈	설 명
1	Theme	프로덕트의 가치와 목표
2	Epic	큰 틀의 요구사항
3	User Story	사용자 세부 요구사항
4	Task	User Story 구체화 작업
5	Subtask	Task의 하위 작업
6	Activity	작업 수행 활동

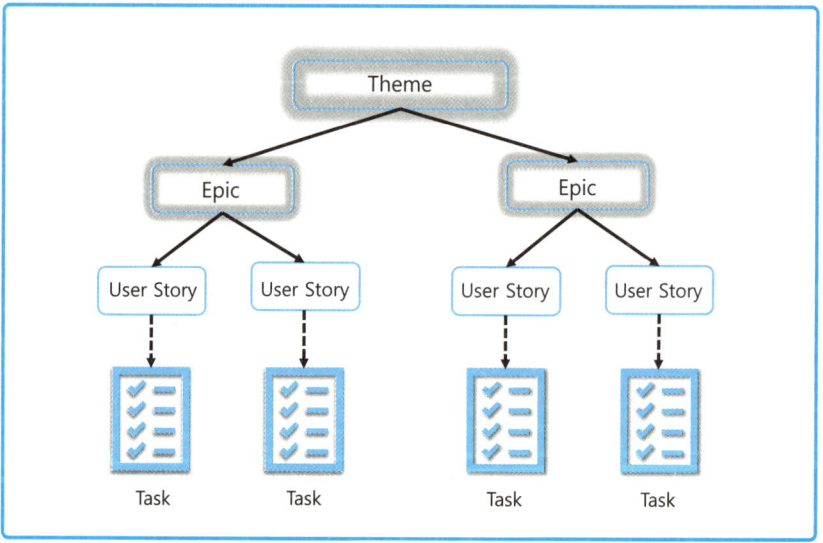

[Roadmap 계층도]

프로덕트 로드맵 (Product Roadmap) 작성 순서는 다음과 같다.

High Level Product Backlog에서 Epic을 도출한다.

도출된 Epic을 Roadmap에 배치시킨다.

User Story와 Task를 작성하여 Product Backlog에 등록한다.

Product Backlog Grooming을 실시하여 User Story와 Task를 확정한다.

확정된 User Story와 Task을 Roadmap의 Epic과 링크 시킨다.

스프린트 계획을 수립하고 스프린트 계획을 Roadmap에 등록한다.

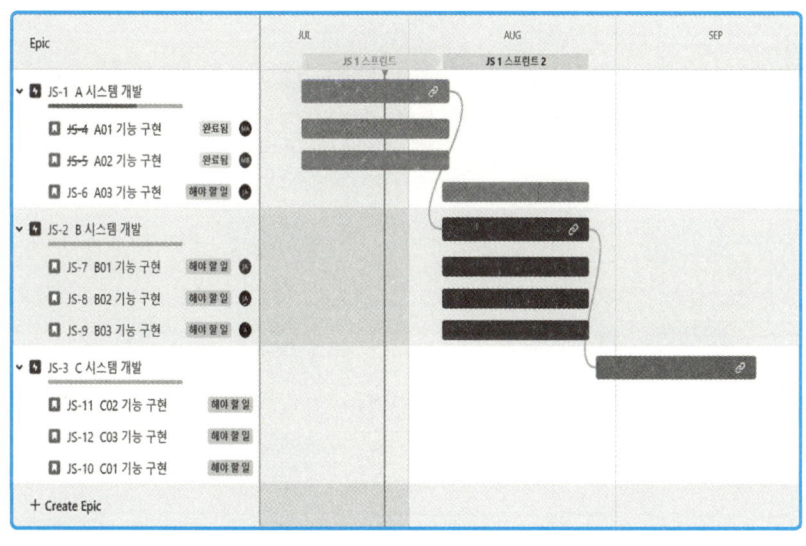

[JSC Project Roadmap]

Part 1 프로덕트 매니저 개론

N.O.T.E

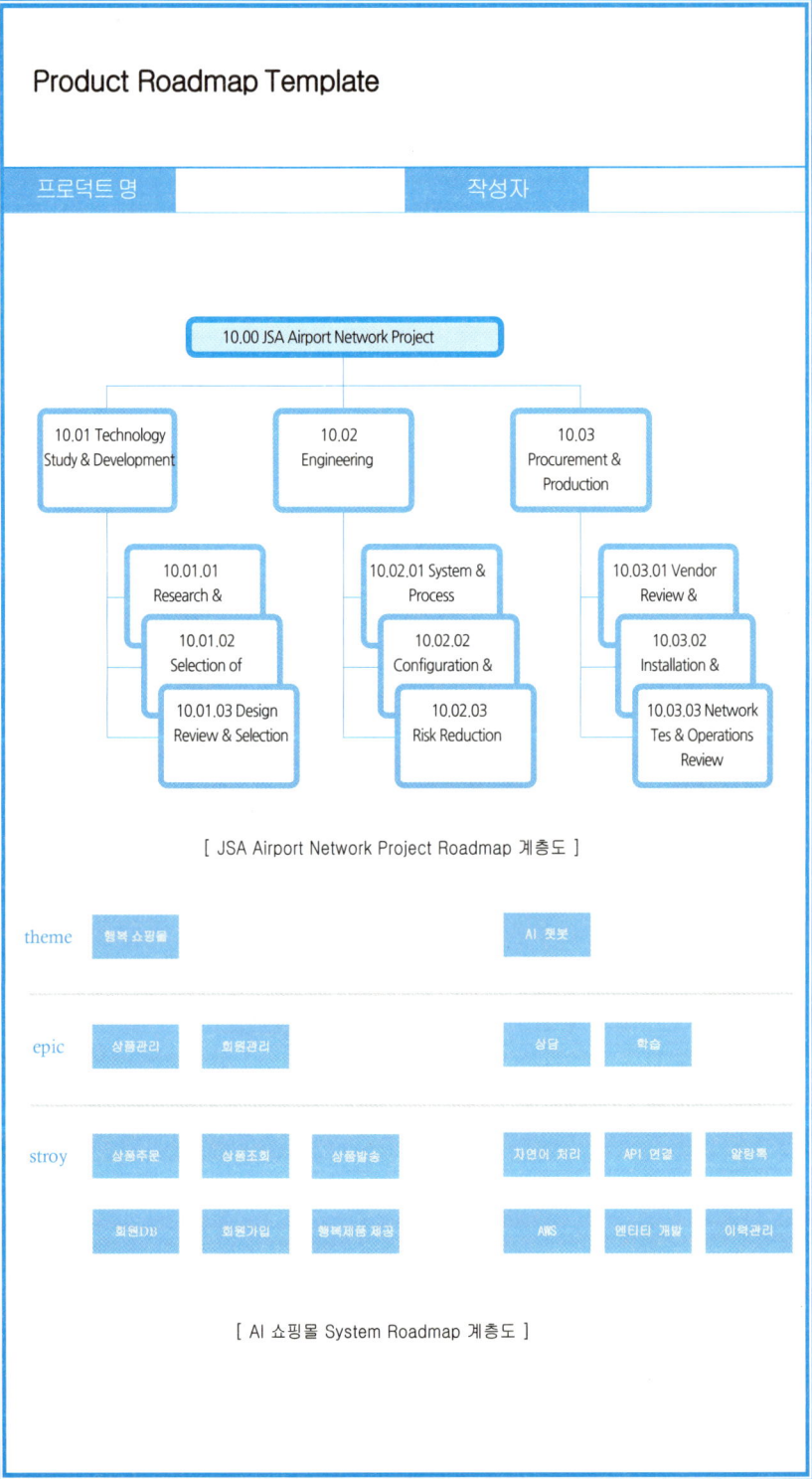

9-5. Product Backlog

Product Backlog는 우선순위가 있는 요구사항의 목록이다. 이해관계자의 요구사항은 제품, 서비스, 기능과 같이 다양한 항목들이다. 또한 Product Backlog는 이해관계자가 추구하는 기능적 비기능적 가치와 연결되어 있다. Product Backlog는 Backlog Item으로 구성되어 있는데 Backlog Item은 제품기능, 제품결함, 기술적 작업, 관련 지식을 말한다.

Product Backlog는 이해관계자의 요구사항이 프로젝트가 진행하면서 달라지는 것과 동일하게 Product 개발 과정에서 끊임없이 변화하면서 발전한다.

애자일 프로젝트에서는 Product Backlog의 개별 Backlog Item에 대한 사용자 요구사항은 사용자 스토리(User Story) 형식으로 작성된다. Product Backlog는 스프린트 혹은 제품 릴리즈를 위해 우선순위를 부여하고 작업량을 측정하기 위해 크기 추정을 한다. Product Backlog의 Source는 Product와 관련된 다양한 이해관계자로 부터 발생한다.

> **N.O.T.E**
>
> **사용자 스토리(User Story)**
>
> 사용자 스토리(User Story)는 사용자 관점에서 요구하는 제품 기능을 이야기하는 형태로 서술(written description)한 것을 말한다.
>
> 사용자스토리 작성 예를 들면 구현을 원하는 이마켓 플레이스 구축 요구사항 중 "제품검색" 기능이 있다면, 이를 사용자 스토리 형태로 써보면 "사용자는 사이트에서 제품을 검색할 수 있다"로 작성할 수 있다.
>
> 사용자 스토리를 사용하는 주된 이유는 요구사항 수집 시 요구하는 기능을 상세히 파악하는 것 보다 먼저 사용자가 원하는 기능에 대해 자연스럽게 표현하게 하여 사용자 관점에서 기능에 대해 사고(思考)하기 위함이다.
>
> 일반적으로 잘 작성된 사용자 스토리의 기준을 "빌 웨이크의 "NVEST"라 하는데, 이는 잘 작성된 스토리는 독립적이고 (Independent), 협상 가능하며 (Negotiable), 가치가 존재하고 (Valuable), 추정 가능하며 (Estimable), 적합한 사이즈로 작고 (Small), 확인 가능한 (Testable) 스토리라는 뜻이다.

N.O.T.E

프로덕트 백로그(Product Backlog)의 내용

제품기능, 결함수정, 변경요청, 기술적 개선, 수행지식과 관련된 세부 요구사항이다.

Product Backlog Item은 Product 이해관계자에게 실질적인 가치를 부여하는 세부 요구사항이며 Product 구현을 위해 사전에 파악되어 프로젝트 팀이 반드시 알아야 하는 내용이다.

프로덕트 백로그(Product Backlog)의 특징

지속적 갱신, 우선 순위 존재, 크기 추정, 점진적 발전, 다양한 Source

Product Backlog는 프로젝트 초기에는 단순하고 추상적이나 프로젝트가 진행되면서 점차적으로 구체화되고 발전한다.

스프린트 혹은 제품 릴리즈를 위해 우선순위를 부여하고 작업량을 측정하기 위해 크기 추정을 한다. Product Backlog의 Source는 Product와 관련된 다양한 이해관계자로 부터 발생한다.

프로덕트 백로그(Product Backlog) Grooming

내용을 다듬고, 우선순위와 크기 추정을 통해 Product Backlog를 정제하는 작업

초기 Product Backlog는 불완전 하며 추상적이다. 이를 정제하는 작업이 Product Backlog Grooming이다.

Product Backlog Grooming은 Product Backlog의 추상적인 내용은 상세화하고 우선순위를 부여하고 크기를 추정한다.

Product Backlog Grooming은 프로덕트 오너가 주관하고 스크럼 마스터, 개발팀 그리고 Product와 관련된 모든 이해관계자가 참여하는 공동작업이다.

프로덕트 백로그(Product Backlog)의 작성 시 고려사항

앞서도 언급했지만 프로젝트에서 Product Backlog는 이해관계자 요구사항의 집합체이며 모든 계획을 수립할 때, 중요한 의사 결정 도구이다.

스프린트 계획, Product 릴리즈 계획을 수립할 때 반드시 필요한 정보이기 때문에 Product Backlog를 작성할 때 세심한 주의가 필요하며 목적에 맞게 작성 되어야 한다.

일반적으로 스크럼 프로젝트의 Backlog는 Product Backlog와 스프린트 Backlog가 있다.

서로 비교해 보면 분명한 차이가 있는데, Product Backlog는 "what"을 표현 한다면 스프린트 Backlog는 "How"에 중점을 두고 작성된다는 점이다.

Product Backlog를 구성하는 Data 필드에는 우선 순위와 작업 크기 추정정보인 Story Point가 있는데 우선순위를 정할 때는 제품 자체 뿐 아니라 프로젝트 혹은 조직의 전략적인 부분도 고려하는 다각화된 시각이 프로젝트 팀에 반드시 필요하다.

작업 크기의 추정 시에도 절대적 크기의 추정이 아닌 상대적 크기의 추정을 실시해야 한다. 또한 추정 시 함께 고려할 것은 프로젝트의 규모, 구현 난이도이다.

N.O.T.E

> **N.O.T.E** 　**프로덕트 백로그(Product Backlog)의 작성절차**
>
> 스크럼 프로젝트에서는 Product Backlog를 작성하는 정형화된 표준 절차는 존재하지 않으나 아래와 같은 절차로 진행한다면 순도 높은 Product Backlog를 작성할 수 있다.
>
> 사전에 수립된 이해관계자 요구사항을 기반으로 초기 Product Backlog를 작성한다.
>
> 초기 Product Backlog를 대상으로 Product Backlog Grooming을 실시한다.
>
> Grooming 된 User story, Task, 버그를 확정한다.
>
> User Story와 Task, 버그 같은 이슈를 작성하여 Product Backlog에 등록한다.
>
> 등록된 이슈를 Road Map의 Epic과 연계시킨다.
>
> 이슈 별로 우선순위를 판별해서 우선순위를 부여한다.
>
> 이슈 별로 규모 추정을 실시하여 Story Point에 등록한다.

Product Backlog Template

| 프로덕트 명 | | 작성자 | |

Product Backlog

ID	Name	User Story	Story Point	우선순위
1	조회	시스템에서 사용자가 지난 1년 간의 로그를 조회할 수 있어야 한다.	2	2
2	확장성	시스템이 다양한 유형의 데이타베이스와 연동할 수 있어야 한다.	3	3
3	무결성	시스템은 24시간 데이터 무결성을 보장 해야 한다.	5	1

[Product Backlog 사례]

Part 1 프로덕트 매니저 개론

Summary

POINT 1   프로덕트 매니저의 정의

- 프로덕트 매니저는 자신이 담당하는 프로덕트에 대하여 그 기획에서부터 생산, 판매, 광고에 이르기까지 모든 책임을 지고 수행하는 매니저이다.
- 프로덕트의 시장분석, 전략수립, 제작에 따르는 계획 수립과 집행, 예산집행, 각종 이벤트 및 프로그램 집행 등 프로덕트와 관련된 모든 중요한 일과 의사결정을 하며 프로덕트가 세상에 나오도록 도와주는 일을 한다.
- 프로덕트 매니저는 프로덕트 라이프 사이클 전체를 관리하는 프로덕트 매니지먼트를 수행하며 프로덕트의 성공과 실패에 따른 모든 책임을 진다.

POINT2   프로덕트 매니저의 역할

- 프로덕트 매니저의 역할은 프로덕트 런칭을 위한 프로덕트 팀을 빌딩하고 팀을 리딩 하며 프로덕트 비전과 아이디어를 도출하여 고객들의 문제들을 해결하고, 도출된 문제해결 아이디어의 가설을 기반으로 프로덕트 구상을 검증하고 테스트를 하며 그를 바탕으로 데이터 수집 및 로드맵 구성을 하여 어떻게 프로덕트를 만들지 개발팀 그리고 디자인팀과 협업을 해서 개발계획을 짜고 실행하여 프로덕트를 만드는 역할을 수행한다.
- 프로덕트 매니저는 프로덕트 관리를 위한 협업을 이루어 내기 위하여 프로덕트와 관련된 여러 팀과 상시 지속적인 커뮤니케이션이 필요한 역할이다.
- 프로덕트 매니저는 프로덕트 출시를 위한 사전작업을 수행하며 미리 장애요소를 파악하여 사전에 필요한 조치를 취하여 프로덕트가 마켓에 순조롭게 런칭하도록 한다.

POINT4   프로젝트 관리자의 핵심역량

- 프로덕트 매니저의 필요 역량을 하드 스킬(Hard Skill)과 소프트 스킬(Soft skill)로 나누어 정리하면 아래와 같다.
- 하드 스킬(Hard Skill)은 분석적 사고능력, 기술/디자인 구현능력, 전략적 통찰능력, 데이터 처리능력
- 소프트 스킬(Soft skill) 공감능력, 의사소통 능력, 문화적 이해능력, 창의적 능력

◩ Key Word

- 프로덕트 매니저
- 프로덕트 매니저 리더십
- 프로덕트 매니저 역량
- 공감능력
- 의사소통 능력
- 창의적 능력

PART 02

프로덕트 매니저 필요지식

Chapter 03 프로덕트 전략 수립 지식

Chapter 03 프로덕트 전략 수립 지식

Product Management **Process**

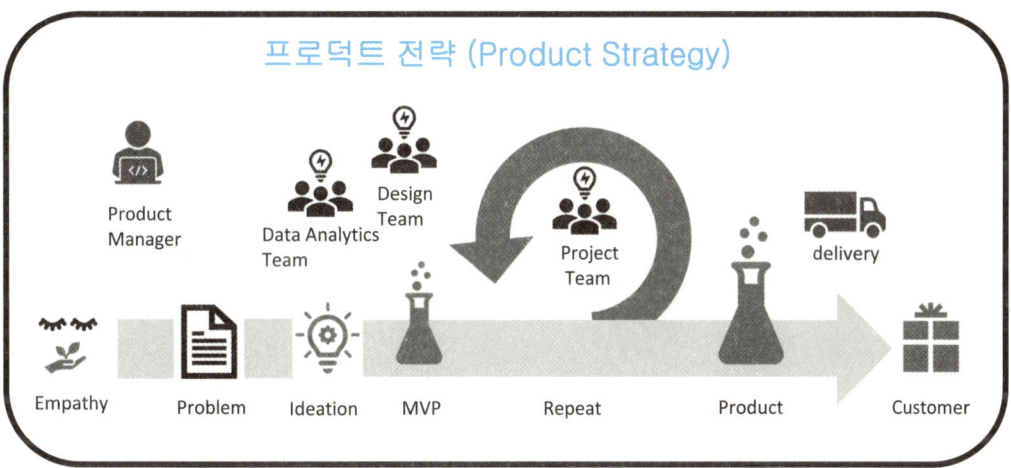

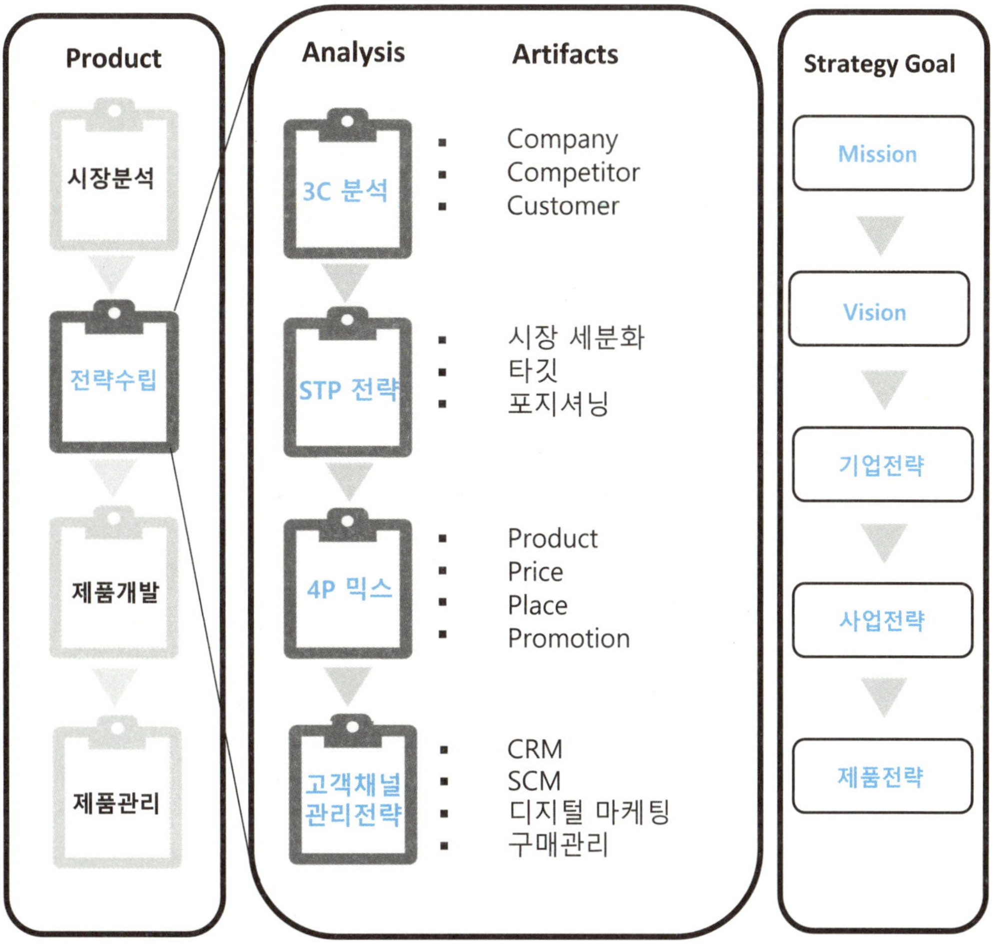

10. 프로덕트 전략(Product Strategy)

10-1. 프로덕트 전략의 이해

프로덕트 전략이란 기업이 어떤 고객에게, 어떤 프로덕트를 만들어, 어떤 가치를 제공하고 또 어떤 타깃 마켓에서 어떤 차별점으로 누구와 경쟁할 것인가를 결정하는 전략이다.

고객을 결정하는 일, 설정된 고객과의 공감을 통해 고객의 문제를 도출하여 가설을 수립하는 일, 고객의 문제를 해결할 솔루션을 찾아 프로덕트를 만드는 모든 행위는 수립된 프로덕트 전략을 기반으로 이루어져야 한다.

또한 프로덕트 전략은 기업 사업 전략의 하위 개념이기 때문에 반드시 사업 전략의 테두리 안에서 수립되어야 한다는 점을 주의해야 한다.

프로덕트 전략이 잘못되면 프로덕트는 실패할 수 밖에 없기 때문에 프로덕트 성공을 위해 프로덕트 매니저는 프로덕트 전략 수립에 다각도의 노력과 최선을 다해야 한다.

N.O.T.E

프로덕트 매니저의 역할

OKR는 Objective and Key Results를 말하는 것으로 '목표와 핵심 결과'라고 번역할 수 있으며, 소속원과 조직의 업무 목표와 업무 수행 결과를 정의하고 추적하기 위한 목표 설정 방법론이다.

Objective는 달성하고자 하는 목표이자 방향성이고, Key Results는 업무 결과이자 목표 대비 진행 상태를 의미한다.

10-2. 기업 전략과 프로덕트 전략의 관계

기업의 Mission은 기업이 사회로 부터 받은 소명이자 궁국적인 목적지이며 기업이 존재하는 이유이다. 이러한 Mission의 달성을 위해 조직이 원하는 미래의 모습이 Vision이다. 또한 Vision을 구현하기 위한 사업 목표가 Goal이며 Goal을 달성하기 위해 수립하는 것이 사업 전략이다.

이러한 연계를 가지고 있는 사업 전략 하단에 프로덕트 전략이 위치하고 있는 것이다.

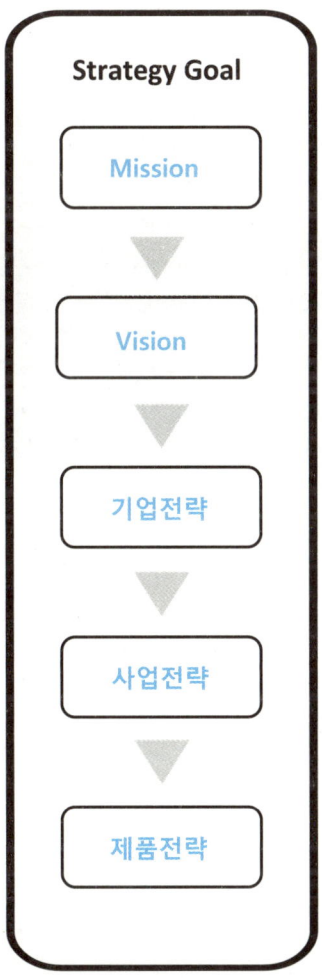

N.O.T.E

프로덕트 정의

현재의 시점에서 우리가 말하는 프로덕트(Product)의 의미는 소비자가 자신의 필요와 욕구충족을 위해 구매하는 모든 것을 말하며, 특히 마케팅 적인 측면에서 프로덕트의 의미는 "유무형의 제품, 서비스, 솔루션, 이벤트, 사람, 조직, 아이디어 혹은 이들의 결합물"등 마케팅의 대상이 되는 모든 것을 말한다.

프로덕트(Product)는 고객의 니즈를 충족시키기 위해 고객에게 제공되는 제품, 서비스, 사용 경험, 사람, 아이디어, 정보, 조직 등의 다양한 고객가치의 결합체를 의미한다.

앞에서 말한 프로덕트(Product)의 의미들을 모두 모아 좀 더 세련되게 정리해서 표현해 보면 "프로덕트(Product)란 고객이 원하는 가치와 UX(User Experience)를 제공하기 위해 만들어진 유무형의 제품, 상품, 서비스 혹은 그들의 결합체인 솔루션"라 표현할 수 있다.

Part 2 프로덕트 매니저 필요지식

N . O . T . E

OKR(Objective Key Results) 중심으로 앞의 내용을 다시 설명하면 Mission은 Ultimate Objective, Vision은 Long-term OKR 그리고 사업전략은 Annual OKR로 대치할 수 있다.

Annual OKR 연계 되어야 한다. 또한 Annual OKR의 실행 OKR인 Quarter OKR, Initiative로 실행되어야 한다.

그리고 OKR(Objective Key Results)과 KPI(Key Performance Indicator)를 동시에 운영중인 기업이라면 KPI(Key Performance Indicator)와도 반드시 프로덕트 전략은 연계되어야 한다.

OKR(Objective and Key Results)

프로덕트 매니저의 역할은 프로덕트 런칭을 위한 프로덕트 팀을 빌딩하고 팀을 리딩 하며 프로덕트 비전과 아이디어를 도출하여 고객들의 문제들을 해결하고, 도출된 문제 해결 아이디어의 가설을 기반으로 프로덕트 구상을 검증하고 테스트를 하며 그를 바탕으로 데이터 수집 및 로드맵 구성을 하여 어떻게 프로덕트를 만들지에 대해 개발팀 그리고 디자인팀과 상의를 해서 개발계획을 짜고 실행하여 프로덕트를 만드는 역할을 수행한다.

KPI(Key Performance Indicator)

KPI(Key Performance Indicator)는 '핵심성과지표'로 번역할 수 있다.
KPI(Key Performance Indicator)는 기업의 전략목표 달성에 대한 기여도를 측정하기 위해 소속원 혹은 조직의 성과 요소를 정량적으로 측정하는 지표이다.
KPI(Key Performance Indicator)를 통해 조직과 소속원들은 자신의 업무가 기업의 전략 목표 달성에 어떤 기여를 할 수 있는 지를 명확화 할 수 있다.

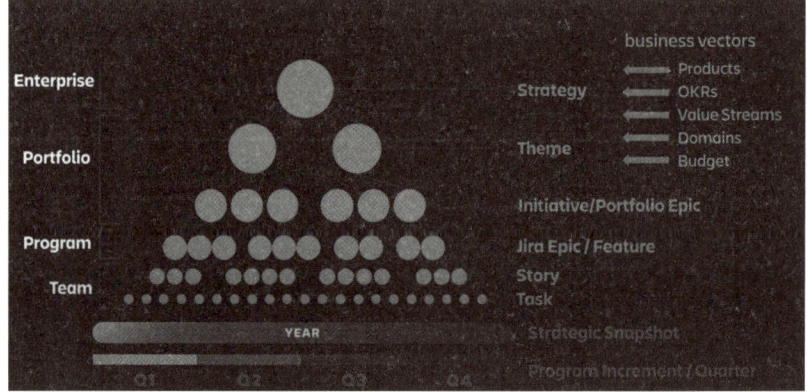

[Atlassian사의 Jira Align]

Chapter 3 프로덕트 전략 수립 지식

10-3. 프로덕트 전략의 구성

프로덕트와 관련된 기업 전략은 아래와 같은 순서로 전개된다.

Mission -> Vision -> 기업 전략 -> 사업 전략 -> 프로덕트 전략

또한 프로덕트 전략은 크게 나누면 프로덕트 개발 전략, 프로덕트 마케팅 전략, 프로덕트 디자인 전략으로 구성된다.

프로덕트 전략에서 대표적인 프로덕트 마케팅 전략은 3C 분석(Company, Competitor, Customer) -> STP 전략 수립(마켓 세분화, 타깃, 포지셔닝) -> 4P Mix 전략 수립(Product, Price, Place, Promotion) 순으로 진행되며 이외에도 CRM 전략 수립, SCM 전략 수립, 디지털 마케팅 전략 수립, 브랜딩 전략 수립이 포함된다.

N.O.T.E

STP 분석 전략

STP는 마켓 세분화(Segmentation), 타깃 마켓 선정(Targeting), 포지셔닝(Positioning)의 약어이다.

현재의 마켓은 광범위하며 소비자층도 다 분화되었다. 그래서 효율적인 마케팅을 하기 위하여 마켓에 대한 선택과 집중이 필요하며 타깃 마켓을 정한 후에도 고객에게 프로덕트의 이미지를 선명히 인식시켜 지속적으로 애용하게 만들어야 한다. 또한 선정된 타깃 마켓에 대해 마케팅 역량의 선택과 집중을 하기 위해선 어떤 부분을 공략할 것인가에 대해 미리 정해 놓는 것이 중요하며 앞에서 언급한 이러한 모든 마케팅 행위를 수행하기위해서는 마케팅 가이드 라인 설정이 반드시 필요하다.

STP를 한마디로 말하면 마켓을 세분화하여 타깃을 정하고 고객의 마음에 프로덕트를 포지셔닝 하여 이를 유지하는 전략이다.

- Company
- Competitor
- Customer

- 시장 세분화
- 타깃
- 포지셔닝

4P MIX

프로덕트를 성공시키기 위해서는 4P MIX 전략, 즉 이 4P(Product, Price, Place, Promotion)에 대하여 서로 간 최적화된 형태로 조화를 이룬 전략적 마케팅을 실시해야 한다.

- Product
- Price
- Place
- Promotion

- CRM
- SCM
- 디지털 마케팅
- 브랜딩 전략

> **N.O.T.E**　10-4. 프로덕트 전략 기본용어 정리

프로덕트 전략에 대해 본격적으로 설명하기 앞서서 독자의 이해를 돕기 위해 프로덕트 전략 관련 용어를 정리해 본다. 좀 더 자세한 내용은 [13. 프로덕트 전략 용어 해설]에서 설명한다.

13-1. KPI(Key Performance Indicator)
13-2. OKR(Objective and Key Results)
13-3. MBO(Management by objectives)
13-4. PEST(Political, Economic, Social and Technologi analysis)
13-5. CRM(Customer Relationship Management)
13-6. SCM(Supply Chain Management)
13-7. Portfolio Management
13-8. Marketing Myopia
13-9. IMC(Integrated Marketing Communication)
13-10. Value Proposition
13-11. High Involvement Product
13-12. Low Involvement Product
13-13. Market Segmentation
13-14. Branding
13-15. Brand Architecture
13-16. Market Positioning
13-17. POD(Point of Difference)
13-18. POP(Point of Parity)
13-19. Perceptual Map
13-20. Skimming Pricing
13-21. Market Penetration Pricing
13-22. Reference Price
13-23. Odd Pricing
13-24. Marketing Channel
13-25. Showrooming
13-26. Content Marketing
13-27. Digital Marketing
13-28. Product Line Stretching
13-29. Reverse Positioning
13-30. SEO(Search Engine Optimization)

11. 기업전략

11-1. Mission과 Vision

Mission은 기업의 존재 목적을 제시하며 조직이 존재하는 근본적인 목적과 기본 철학이다.

기업의 존재 이유가 이익 창출은 아니다. 기업의 이익은 결과 값이지 이익 실현이 존재 이유인 기업은 없다.

Mission은 기업이 사회에 제공하는 가치이자, 직원들이 일하는 의미이며 기업의 존재 목적, 사회적 사명, 조직 이념을 다 포함하고 있다.

Mission은 기업의 존재 목적이 되기 때문에 변하지 않아야 하고 또한 Mission은 기업 구성원 모두에게 자부심을 느끼게 하여 자신의 업무에 대한 동기를 부여하는 역할을 한다.

Vision을 한마디로 말하면 기업은 무엇이 될 것인가? 그리고 무엇을 이룰 것인가? 에 대한 궁극적인 답이다.

Vision은 기업 소속원 전체가 합의한 목표(Objective)이며 기업의 중장기적 미래상이다.

Vision은 추상적이지 않고 명확해야 하며 Mission과 사업 전략(Strategy)의 연관 관계를 설명할 수 있어야 한다.

Mission과 Vision의 중요성은 기업의 사업 전략, 프로덕트 전략 그리고 기업의 모든 의사결정의 기준이 되기 때문이다.

N.O.T.E

11-2. 포트폴리오 관리 (Portfolio Management)

포트폴리오(Portfolio)는 전략적 목표 달성을 위해서 프로젝트나 프로그램들을 효율적으로 관리할 수 있도록 적절히 묶어 놓은 그룹을 말한다.

이때 프로그램과 포트폴리오의 개념을 혼동하기 쉬운데, 간단하게 프로그램이 어떻게 유기적인 프로젝트들을 잘 관리할 것인가에 대한 관점이라면 포트폴리오는 어떻게 올바른 일을 선택할 것인가의 관점에 초점을 맞춘다는 점에서 차이가 있다.

프로젝트를 그룹화하여 포트폴리오로 관리하는 것은 모든 프로젝트에 대하여 조직 차원에서 조망할 수 있는 보고 자료나 통계 분석을 통하여 조직의 특정 목표를 달성하는 데에 중점을 두기 위함이다. 또한 조직의 전략적 목표에 부합하는 프로젝트를 수주하는 것이나, 반대로 부합하지 않는 프로젝트를 적시에 제외 시킴으로써 조직 전체의 전략적 목표 달성을 꾀하는 것이 포트폴리오 관리의 핵심 목표이다.

더불어 하나의 프로젝트가 다른 프로젝트에 미치는 영향을 분석하고 자원의 효율적인 사용을 위하여 복수 프로젝트가 하나의 인적 자원 집단(Resource Pool)에서 인적 자원들을 공유할 때의 자원 사용도를 측정하고 분석하는 것 등은 모두 포트폴리오 관리의 목표에 해당한다.

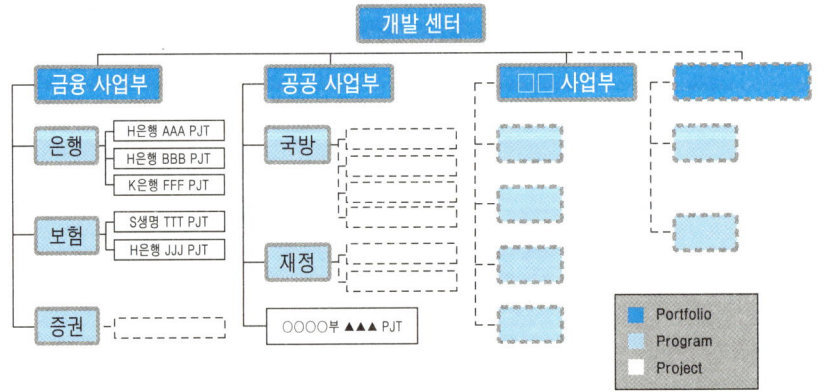

[프로젝트, 프로그램, 포트폴리오 예시]

11-3. KPI & OKR

KPI(Key Performance Indicator)는 '핵심 성과 지표'라고 번역할 수 있다.

KPI(Key Performance Indicator)는 조직의 전략 목표 달성에 대한 기여도가 높은 개인 혹은 조직의 요소 성과를 정량적으로 측정하는 지표이며 KPI(Key Performance Indicator)를 통해 조직과 소속원들은 자신의 업무가 기업의 전략 목표 달성에 어떻게 기여 할 수 있는지를 명확화 한다.

OKR은 Objective and Key Results를 말하는 것으로 '목표와 핵심 결과'라고 번역할 수 있다.

OKR(Objective and Key Results)은 개인과 조직의 목표와 그 결과를 정의하고 추적하기 위한 목표 설정 방법이다.

Objective는 달성하고자 하는 목표이자 방향성이고, Key Results는 업무 결과이자 목표 대비 진행 상태이다.

KPI(Key Performance Indicator)는 OKR(Objective and Key Results)의 KR(Key Results)과 유사하며 둘 간의 차이점은 KR(Key Results)은 정량적이거나 정성적일 수 있는 반면에 KPI(Key Performance Indicator)는 항상 수치화할 수 있어야 한다는 점이다.

12. 프로덕트 마케팅 전략

12-1. 프로덕트 시장분석 : 3C / PEST / SWOT

시장분석은 프로덕트 타깃 시장의 관련된 시장의 상황을 파악하고 분석하는 행위이며 세부적으로 검토할 내용은 타깃 시장의 규모와 성장 가능성과 고객의 시장에서의 기존 프로덕트에 대한 구매 패턴 그리고 시장 세분화 분석 등이다.

시장 고객 분석에서는 프로덕트 구매에 따르는 의사결정단위(The Decision Making Unit) 즉, 누가 프로덕트 구매에 따르는 의사결정에 관여하는지, 그리고 구매행위에 관련된 고객들의 역할은 무엇인지 확인하여야 한다.

프로덕트 구매에 관련된 역할은 다음과 같다.

Initiator - 프로덕트 구매를 위한 프로덕트 탐색자
Decider - 탐색된 프로덕트 대안 중 최종 결정을 하는 사람
Influencer - 결정자는 아니나 최종 선택에 영향을 미치는 사람
Purchaser - 프로덕트를 구매하는 사람
Uses - 프로덕트의 소비자

프로덕트 전략은 반드시 사업 전략 혹은 프로덕트 경쟁 환경 분석은 타깃 시장에서의 경쟁자는 누구인지를 파악하고 경쟁자의 프로덕트 전략의 초점과 예측되는 전략의 움직임을 파악해야 한다. 그리고 경쟁자 대비 프로덕트의 장점과 약점을 분석해야 한다. 또한 프로덕트 개발에 따르는 경제적, 정치적, 사회적 흐름과 기회 그리고 위협을 분석하고 프로덕트에 대한 전략과 핵심역량, 투입 리소스 상황을 분석해야 한다.

시장분석 단계에서 주요 활동과 솔루션을 정리해보면 주요 활동은 기술의 이해, 요구사항 분석, 사용자 리서치, 프로덕트 데이터 분석, 경쟁사 벤치마킹이며 솔루션은 3C, PEST, SWOT 분석이다.

3C 분석

3C는 Company, Competitor, Customer의 줄임말이며 기업 내부와 외부의 환경적인 요소를 분석하는 기법이다.

3C(Company, Competitor, Customer) 분석은 자사와 경쟁 기업의 강점과 약점을 분석하고 타겟 고객을 확인 하며 고객에게 전달할 가치를 찾는 것을 주요 분석 목표로 삼는다.

PEST

PEST (Political, Economic, Social and Technological analysis)는 마켓의 전략관리를 위해 분석하는 환경 요소 중 거시적 환경 요소를 분석 대상으로 한다.

프로덕트 시장 분석 시 사용되는 PEST은 기업이 통제할 수 없는 거시경제 요소에 대하여 기업이 의사결정을 하기 위해 사용하는 기법이며 시장 확대와 축소, 프로덕트 포지셔닝, 사업 방향 등을 파악하는 데 효과적으로 활용되는 도구이다.

12-2. 마케팅 가이드라인 제시 : STP 분석 전략

N.O.T.E

STP는 마켓 세분화(Segmentation), 타깃 마켓 선정(Targeting), 포지셔닝(Positioning)의 약어이다.

현재의 마켓은 광범위하며 소비자층도 다 분화되었다. 그래서 효율적인 마케팅을 하기 위하여 마켓에 대한 선택과 집중이 필요하며 타깃 마켓을 정한 후에도 고객에게 프로덕트의 이미지를 선명히 인식시켜 지속적으로 애용하게 만들어야 한다. 또한 선정된 타깃 마켓에 대해 마케팅 역량의 선택과 집중을 하기 위해선 어떤 부분을 공략할 것인가에 대해 미리 정해 놓는 것이 중요하며 앞에서 언급한 이러한 모든 마케팅 행위를 수행하기 위해서는 마케팅 가이드 라인 설정이 반드시 필요하다.

STP를 한마디로 말하면 마켓을 세분화하여 타깃을 정하고 고객의 마음에 프로덕트를 포지셔닝 하여 이를 유지하는 전략이다.

마켓 세분화(Segmentation)란 성격이 비슷한 집단으로 소비자들을 나누는 과정이며 단일 프로덕트로는 마켓의 모든 소비자를 만족시킬 수는 없지만 특정 소비층은 만족시킬 수는 있다는 사고가 출발점이다.

마켓 세분화(Segmentation) 작업은 일반적으로 인구적, 지리적, 심리적, 행위적 구분점 부터 시작해 나아갈 수 있으며, 마켓 세분화(Segmentation)를 진행하면서 어떤 프로덕트를 마켓에 내어 놓을 것인가 또 어떻게 마케팅을 진행할 것인지에 대해 선제적으로 고려하면 좀 더 효율적인 세분화가 가능하다.

타깃 마켓 선정(Targeting)은 세분화 시킨 마켓들 중에 목표로 할 마켓을 선정하는 것이다. 마켓의 특성을 고려하여 타깃 마켓을 결정하는 단계이다.

포지셔닝(Positioning)단계는 결정된 타깃 마켓에서 프로덕트를 소비자의 마음에 어떤 위치에 정착시킬까에 대한 고민을 하는 단계이다.

12-3. 마케팅 전략 수립 : 4P MIX

4P는 Product, Price, Place, Promotion의 약어이다.

프로덕트를 성공시키기 위해서는 4P MIX 전략, 즉 이 4P(Product, Price, Place, Promotion)에 대하여 서로간 최적화된 형태로 조화를 이룬 전략적 마케팅을 실시해야 한다.

4P MIX 전략을 자세히 설명하면 아래와 같다.

프로덕트(Product)는 기능, 품질, 디자인 등의 차별화를 통해 고객의 가치를 제공하는 데 큰 역할을 한다. 특히 디자인은 기업이나 프로덕트, 브랜드의 이미지에 가치를 제공함으로써 다른 프로덕트나 기업과의 차이점을 만들어 내는 역할을 할 수 있다.

가격(Price)은 고객이나 기업 모두에게 민감한 요소이며 기업은 프로덕트의 가격를 낮추거나 높이는 것만으로도 새로운 부가가치를 만들어 낼 수 있다. 가격을 책정할 때는 프로덕트 품질과 연관성을 반드시 고려해야 한다. 또한 고객이 프로덕트 가격과 브랜드의 가치를 연관 짓는 경우가 있어 반드시 다른 마케팅 전략과 균형을 생각해 가격을 설정해야 한다.

유통(Place)은 소비자와 접점이 되는 부분이다. 특히 판매장소의 이미지, 프로덕트의 전시 방법, 포장 디자인은 마케팅에서 매우 중요한 요소로 작용하고 있으며 차별되고 쾌적한 매장의 인테리어 디자인이나 레이아웃 그리고 온라인 쇼핑몰이나 자사 홈페이지, 홈쇼핑 등 디지털 쇼핑 네트워크를 잘 구축해 고객들의 소비 행동을 촉진하는 데 유용한 방법으로 사용하고 있다.

프로모션(Promotion)은 프로덕트의 차별성을 고객에게 전달하는 방법이다. 기업들은 광고나 이벤트, DM, 제품 포장 등 여러가지 미디어들을 프로모션에 사용해 왔으며 현재에는 디지털화 된 SNS, 메타버스와 같은 새로운 매체와 방식를 이용하여 소비자의 라이프스타일에 맞는 홍보 메시지를 제작하며 소비자와 접근을 시도하고 있다.

4P MIX를 성공하기 위해서는 Market Positioning 전략이 선제적으로 완성되어야 한다.

12-4. CRM 전략 수립

CRM은 Customer Relationship Management의 약어이다.

CRM(Customer Relationship Management)은 고객과 관련된 다양하고 종합적인 고객데이터 분석을 통하여 고객 중심 서비스와 서비스 자원 투입 효율성을 극대화하여 고객 특성에 맞게 마케팅 활동을 계획하고 지원하며 평가하는 솔루션이다.

CRM은 One-to-One Marketing, Relationship Marketing에서 진화한 요소들을 기반으로 하고 있다.

CRM은 고객 데이터를 기반으로 신규 고객 획득, 우수 고객 유지, 고객가치 확대증진, 잠재 고객 활성화, 지속 고객화와 같은 반복적인 마케팅을 이용하여 고객을 적극적으로 유치하고 관리한다.

CRM의 주요 개념으로는 고객 데이터를 분석하는 관점인 '고객 단일 시각(Customer single view)'과 고객 데이터를 수집하고 관리할 기준인 '데이터 정렬(Alignment)'이 있으며 CRM 구축에는 이러한 관점 개념 수립이 중요하다.

CRM 구축 프로세스는 고객 관계 획득 전략 수립 -> 고객 관계 유지 전략 수립 -> 고객 관계 강화 전략수립 -> CRM 솔루션 구축 순으로 진행된다.

CRM을 한마디로 표현하면 CRM은 고객 데이터를 기초로 고객을 세부적으로 분류하고 이를 기반으로 효과적인 마케팅 전략을 개발하는 경영 전반에 걸친 고객 관리 솔루션이다.

CRM을 구현하기 위해서는 우선적으로 Hadoop과 같은 Big Data Platform을 기반으로 한 고객 데이터 베이스가 구축돼야 하며 구축된 고객 데이터 베이스로 고객 구매패턴이나 취향 등을 분석해 선제적인 고객행동 예측을 통한 다양한 고객 서비스를 제공하고 이를 기반으로 고객과 관련 마케팅 채널을 연계시키는 것이 가장 중요하다.

N.O.T.E

고객(Customer) 정의

고객(Customer)은 프로덕트(Product)의 가치를 지불하고 사용하게 될 개인 또는 조직을 포함한다.

고객(Customer)과 사용자(User)는 같을 수도 다를 수도 있는데, 만일 다른 경우라고 본다면 고객(Customer)은 프로덕트(Product)을 인수하는 주체이고, 사용자(User)는 이러한 프로덕트(Product)을 사용할 사람들이다.

프로덕트(Product)의 고객(Customer)은 외부고객과 내부고객으로 크게 나눌 수 있다.

외부고객은 프로덕트(Product)를 외부에서 구매하여 사용하는 개인이나 조직을 말하며, 내부고객은 프로덕트(Product) 개발에 비용을 지불하고 프로덕트(Product)의 가치나 기능을 얻고자 하는 기업 내부의 경영자나 스폰서 혹은 타조직인력을 말한다.

N.O.T.E

12-5. 디지털 마케팅 전략 수립

디지털 마케팅 전략이란 크로스 채널, 다중 채널, 옴니 채널 마케팅과 같은 모든 디지털 채널과 다양한 디지털 디바이스에서 고객과 소통하는 마케팅 전략이다.

디지털 마케팅은 현재와 같이 콘텐츠 Native 마케팅, 개인화 마케팅, Concierge 마케팅이 중요한 시대에 적합한 마케팅 방법이다.

대표적인 디지털 마케팅의 종류를 정리해 보면 아래와 같다.

이메일 마케팅
미디어 광고
VOD 마케팅
SNS, 소셜 미디어 마케팅
SEO, PPC, SEM 마케팅
웹사이트 마케팅
디스플레이 광고
SMS 및 MMS, 문자 메시지 마케팅
콘텐츠 마케팅
제휴 마케팅

디지털 마케팅에서는 디지털 콘텐츠 활용 극대화를 위한 STDC(See, Think, Do, Care) 전략과 채널별 콘텐츠 활용 전략 그리고 디지털 마케팅 채널 활용 극대화를 위한 4C(Customer, Contents, Channeling, Copy) 전략 수립이 중요하다.

Omni Channel

Omni Channel은 라틴어인 "Omni"와 "Channel"의 합성어로 라틴어 "Omni"는 영어 "All"과 같은 뜻으로 Omni Channel을 해석하면 모든 채널이란 의미이다.

마케팅에서 Omni Channel의 의미는 고객과의 접점에 있는 모든 온, 오프 채널을 통합하여 일관된 홍보 메세지로 고객에게 다가가는 마케팅 전략을 말한다.

SEO(Search Engine Optimization)

SEO(Search Engine Optimization)은 디지털 마케팅의 핵심방법인 검색광고에서 광고 비용을 지불하지 않고 구글 및 네이버와 같은 검색 포털 혹은 검색 엔진의 검색 결과 페이지에서 더 높은 순위에 오르도록 웹사이트를 최적화 시키는 것을 말한다.

12-8. 브랜딩 전략 수립

프로덕트가 만드는 브랜딩은 고객 생각 속에서 형상화되는 프로덕트가 주는 이미지 속 가치이다.

고객은 자신이 선호하는 브랜드의 프로덕트를 사용할 때, 신뢰감, 충성도, 편안함 등의 감정을 느끼며 그런 감정들을 갖게 하는 프로덕트의 긍정적인 UX(User Experience)를 통해 또 다시 그 브랜드에 긍정적인 가치와 이미지를 부여하고 증폭시킨다.

브랜딩이란 긍정적인 UX(User Experience)를 통해 고객과 우호적인 관계를 발전시켜 나가는 과정 속에서 만들어지는 관계구축을 통해 이루어지며, 기업은 이러한 브랜딩 형성과정을 통하여 강력한 브랜드를 구축하고 고객의 브랜드 소속감을 유발시켜 구매로 이어지게 하는 것이다.

일반적인 브랜드 전략 및 실행 프로세스는 아래와 같다.

Brand Naming -> Brand Identity 수립 -> Brand Positioning -> Brand Loyalty 확립 -> Brand Extension 전략 수립

Brand Equity는 브랜딩 과정에서 고객과 강한 관계로 맺어진 결과이다. 그리고 Brand Identity을 확립하는 방법으로 많이 활용되는 것이 프로덕트 디자인이며 현재 마켓에서는 프로덕트의 디자인적 요소만으로 브랜드의 차별성을 성공적으로 제시하는 기업이 점차 많아지고 있다.

마케팅 전략을 기반으로 디자인 전략이 수립되고 디자인 전략을 기반으로 브랜딩이 완성되며 고객은 마케팅 전략과 디자인 전략을 기반으로 한 브랜딩 전략을 통해 브랜드의 가치와 철학을 경험한다.

결론적으로 브랜딩은 고객과의 관계 형성에서 시작해 브랜드와 고객이 가치를 공유하는 과정이며 또한 브랜드 전략의 궁극적 목적은 고객의 구매의사 결정에 긍정적인 영향을 주어 타깃 마켓에서 기업의 프로덕트를 선택하도록 유도하는 것이다.

13. 프로덕트 전략 용어 해설

13-1. KPI (Key Performance Indicator)

KPI(Key Performance Indicator)는 '핵심성과지표'로 번역할 수 있다.

KPI(Key Performance Indicator)는 기업의 전략 목표 달성에 대한 기여도를 측정하기 위해 소속원 혹은 조직의 성과 요소를 정량적으로 측정하는 지표이다.

KPI(Key Performance Indicator)를 통해 조직과 소속원들은 자신의 업무가 기업의 전략 목표 달성에 어떤 기여를 할 수 있는지를 명확화 할 수 있다.

일반적으로 기업에서는 KPI(Key Performance Indicator)를 연초에 수립하고 연말에 달성도를 평가한다.

KPI (Key Performance Indicator)가 포함된 성과 목표 달성 전략 수립 시 설정 항목은 아래와 같다.

전략방향
전략과제
핵심성과지표(KPI)
평가척도
KPI 산출식
목표수준
성과목표 내용
핵심 성공요인(Key Success Factor)
예상 장애요인
추진계획

13-2. OKR (Objective and Key Results)

OKR는 Objective and Key Results를 말하는 것으로 '목표와 핵심 결과'라고 번역할 수 있으며, 소속원과 조직의 업무 목표와 업무 수행 결과를 정의하고 추적하기 위한 목표 설정 방법론이다.

Objective는 달성하고자 하는 목표이자 방향성이고, Key Results는 업무 결과이자 목표 대비 진행 상태를 의미한다.

존 도어(L. John Doerr)는 OKR의 슈퍼파워(핵심 요소)에 대해 우선순위 집중, 팀의 정렬, 책임 추적, 최고를 향한 도전이라 이야기했다.

우선순위 집중 -> OKR은 목표 수를 제한하고 목표를 정하는 과정에서 포기할 줄도 알아야 한다. OKR은 반드시 특별한 가치와 우선순위가 있는 목표의 집합이어야 한다.

팀의 정렬 -> OKR은 소속원의 개인적인 목표가 조직의 목표와 같아야 한다는 것이다. 기업의 Ultimate Objective, Long-term OKR, Annual OKR 그리고 Annual OKR의 실행 OKR인 Quarter OKR, Initiative은 조직과 개인이 정렬되게 실행하여야 한다.

책임 추적 -> OKR은 수립, 지속적 추적, 목표 달성, 평가와 분석 순으로 진행되며 발전적 순환고리를 만들기 위해 OKR 성과에 대하여 추적할 수 있는 수치화, 자기평가가 중요하다.

최고를 향한 도전 -> OKR은 소속원 스스로 도전적인 목표를 자율적으로 정하고 참여함으로 진행된다. 목표를 정할 때 소속원의 내적 동기 요소를 기반으로 정해져야 하며 달성 가능한 수준의 100%를 넘는 수준으로 정하도록 한다. 그리고 절대로 평가와 연계되어서는 안된다.

OKR 수행 시, WHY -> HOW -> WHAT 관점을 제공하는 기준 요소는 다음과 같다.

WHY -> 미션, 비전, 목표, 우선순위
HOW -> 업무 프로세스, 주기적 미팅, OKR 1-on-1
WHAT -> OKR 시스템, 공유 템플릿, 교육훈련

13-3. MBO (Management by objectives)

MBO는 'Management by objectives'의 약어로 번역하면 '목표에 의한 관리'이다.

MBO(Management by objectives)란 조직 목표 달성을 위해 경영자와 조직 구성원들에게 개별적인 목표를 부여하고, 목표에 대한 구성원들의 동의를 기반으로 각 목표의 유기적 관리를 통해 최종적으로 기업 목표 달성에 이르게 하는 조직 관리의 전략이다.

좀 더 쉽게 MBO(Management by objectives)를 설명하면 회사의 비전과 경영전략 그리고 사업계획을 달성하기 위해서 모든 조직원들이 사전 협의를 통해 업무 목표와 달성 기준을 설정하고, 목표된 일정 시간 이후 그 결과를 평가하여 계획과 성과를 스스로 점검해 가는 목표 자기 관리 시스템이다.

MBO의 실행 프로세스는 아래와 같으며 주기적으로 반복된다.

계획 수립

계획 수립 시에는 모든 조직원들이 함께 생각하는 시간을 가져야 한다. 이 단계에서 조직의 구체적인 목표를 설정하고, 목표에 적합한 기준을 정하며, 업무의 중요도와 우선순위를 결정한다.

목표 실행

조직 구성원은 목표로 설정된 작업을 실행해 나가고, 관리자들은 이를 지원하는 실행의 단계이다. 실행이 올바르게 이뤄지고 있는지 여부는 조직 구성원들이 주기적으로 확인하며, 올바른 방향으로 유도한다.

성과 통제

일정한 평가 주기를 결정하고, 성과를 평가하는 단계를 말하며 조직 구성원들은 자신의 성과를 스스로 평가하고, 관리자는 실행 업무 내용을 평가한다. 평가 기간 내에 달성한 성과를 객관적으로 공정하게 평가하는 것이 MBO(Management by objectives)의 가장 중요한 기본 원칙이다.

13-4. PEST (Political, Economic, Social and Technological analysis)

PEST (Political, Economic, Social and Technological analysis)는 마켓의 전략관리를 위해 분석하는 환경 요소 중 거시적 환경 요소를 분석 대상으로 한다.

프로덕트 시장 분석 시 사용되는 PEST는 기업이 통제할 수 없는 거시경제 요소에 대하여 기업이 의사결정을 하기 위해 사용하는 기법이며 시장 확대와 축소, 프로덕트 포지셔닝, 사업 방향 등을 파악하는 데 효과적으로 활용되는 도구이다.

PEST의 분석 대상은 아래와 같다.

Political 환경요소 -> 시장 경제에 영향을 주는 정치적 환경 요소이다. 예를 들면 세금, 관세, 정치적 안정성, 노동법, 무역 제재, 환경규제 등을 포함한다. 글로벌한 현재 마켓에서는 정치적 환경 요소는 국내에 국한 되지 않으며 정치적으로 진흥 혹은 제재하고자 하는 다양한 프로덕트의 종류를 포함한다.

Economic 환경요소 -> 경제 성장률, 금리, 환율, 인플레이션 등 경제적 환경 요소이다. 경제적 환경 요소는 기업의 의사결정에 민감한 영향을 주며 대표적으로 환율, 수출입 및 수입가격 그리고 금리는 특히 많은 영향을 끼치는 경제적 환경 요소이다.

Social 환경 요소 -> 인구 수, 보건, 인구성장률, 연령대 분포, 직업, 안전 및 문화 관련 요소 등이 포함된다. 앞에서 말한 사회적 환경 요소에 따라서 기업 경영 방식이 영향을 받을 수도 있다.

Technological 환경요소 -> 기술혁신, R&D 활동, 자동화 등을 포함한다. 기술적 환경 요소는 진입장벽, 아웃소싱 등에 영향을 미치며 기술 투자와 품질, 비용 및 혁신에도 많은 영향을 끼치는 요소이다.

13-5. CRM (Customer Relationship Management)

CRM(Customer Relationship Management)은 고객과 관련된 다양하고 종합적인 고객 데이터 분석을 통하여 고객 중심 서비스와 서비스 자원 투입 효율성을 극대화하여 고객 특성에 맞게 마케팅 활동을 계획하고 지원하며 평가하는 솔루션이다.

CRM은 One-to-One Marketing, Relationship Marketing에서 진화한 요소들을 기반으로 하고 있다.

CRM은 고객 데이터를 기반으로 신규고객 획득, 우수고객 유지, 고객가치 확대 증진, 잠재고객 활성화, 지속 고객화와 같은 반복적인 마케팅을 이용하여 고객을 적극적으로 유치하고 관리한다.

CRM의 주요 개념으로는 고객 데이터를 분석하는 관점인 '고객 단일 시각(Customer single view)'과 고객 데이터를 수집하고 관리할 기준인 '데이터 정렬(Alignment)'이 있으며 CRM 구축에는 이러한 관점 개념 수립이 중요하다.

CRM 구축 프로세스는 고객 관계 획득 전략수립 -> 고객 관계 유지 전략수립 -> 고객 관계 강화 전략수립 -> CRM 솔루션 구축 순으로 진행된다.

CRM을 한마디로 표현하면 CRM은 고객 데이터를 기초로 고객을 세부적으로 분류하고 이를 기반으로 효과적인 마케팅 전략을 개발하는 경영 전반에 걸친 고객 관리 솔루션이다.

CRM을 구현하기 위해서는 우선적으로 Hadoop과 같은 Big Data Platform를 기반으로 한 고객 데이터베이스가 구축돼야 하며 구축된 고객 데이터베이스로 고객 구매 패턴이나 취향 등을 분석해 선제적인 고객 행동 예측을 통한 다양한 고객 서비스를 제공하고 이를 기반으로 고객과 관련 마케팅 채널을 연계시키는 것이 가장 중요하다.

13-6. SCM (Supply Chain Management)

SCM(Supply Chain Management)은 원자재 조달에서 프로덕트 배송에 이르기까지 프로덕트 데이터 및 프로덕트 물류의 흐름을 관리하는 것을 말하며 과거의 기업 내에 프로덕트 물류 최적화에서 탈피하여 공급망의 구성요소들 간에 이루어지는 전체 프로덕트 물류 프로세스 최적화를 달성하고자 하는 경영혁신 기법이며 프로덕트 물류 공급망 솔루션이다.

디지털 기반 SCM 체계에는 프로덕트 제작 및 주문 배송 정보 추적을 위한 모든 관련 원자재 공급자, 제조자, 도매업체, 운송 및 물류 공급 업체, 소매업체 데이터와 물류 정보시스템 솔루션이 포함된다.

SCM(Supply Chain Management)은 공급망 계획(Supply Chain Planning)과 공급망 실행(Supply Chain Execution)으로 이루어진다.

공급망 계획(Supply Chain Planning)은 프로덕트 수요를 예측하고, 그에 대한 조달계획 및 생산계획을 수립한다. 일정한 기간 안에 생산할 프로덕트 수를 결정하고 원자재에 대한 재고 수준을 설정하며 완성된 프로덕트의 보관장소 및 프로덕트 배송 운송 수단을 결정하는 등 기업이 프로덕트 물류 공급 및 관리에 대한 의사결정을 할 수 있도록 지원한다. 공급망 계획(Supply Chain Planning)에는 수요계획, 제조계획, 유통계획, 운송계획, 재고계획 수립 기능이 포함된다.

공급망 실행(Supply Chain Execution)은 프로덕트의 배송 및 보관을 위한 유통센터 및 유통창고를 거치는 프로덕트의 흐름을 관리하고 프로덕트의 상태 및 원자재에 대한 관리, 프로덕트 및 원자재 보관창고 및 수송에 대한 운영, 모든 관련 조직에 관한 재무 정보를 파악한다. 공급망 실행에는 주문관리, 생산관리, 유통관리, 물류관리 기능이 포함된다.

13-7. Portfolio Management

포트폴리오(portfolio)는 전략적 목표 달성을 위해서 프로젝트나 프로그램들을 효율적으로 관리할 수 있도록 적절히 묶어 놓은 그룹을 말한다.

이때 프로그램과 포트폴리오의 개념을 혼동하기 쉬운데, 간단하게 프로그램이 어떻게 유기적인 프로젝트들을 잘 관리할 것인가에 대한 관점이라면 포트폴리오는 어떻게 올바른 일을 선택할 것인가의 관점에 초점을 맞춘다는 점에서 차이가 있다.

프로젝트를 그룹화하여 포트폴리오로 관리하는 것은 모든 프로젝트에 대하여 조직 차원에서 조망할 수 있는 보고 자료나 통계 분석을 통하여 조직의 특정 목표를 달성하는 데에 중점을 두기 위함이다. 또한 조직의 전략적 목표에 부합하는 프로젝트를 수주하는 것이나, 반대로 부합하지 않는 프로젝트를 적시에 제외 시킴으로써 조직 전체의 전략적 목표 달성을 꾀하는 것이 포트폴리오 관리의 핵심 목표이다.

더불어 하나의 프로젝트가 다른 프로젝트에 미치는 영향을 분석하고 자원의 효율적인 사용을 위하여 복수 프로젝트가 하나의 인적 자원 집단(resource pool)에서 인적 자원들을 공유할 때의 자원 사용도를 측정하고 분석하는 것 등은 모두 포트폴리오 관리의 목표에 해당한다.

N.O.T.E

프로젝트 특징

1. 명확한 목적과 목표를 가진다.
2. 한시적이다(Temporary).
3. 유일하다(Unique).
4. 점진적으로 상세화 된다(Progressive Elaboration).
5. 변화를 수반한다.
6. 가치를 창출한다
7. 고유한 제품, 서비스, 결과물을 만든다.

13-8. Marketing Myopia

Marketing Myopia을 번역하면 마케팅 근시안이라 한다.

Marketing Myopia은 기업이 프로덕트 세일즈 및 마케팅에만 집중하여 고객의 진정한 니즈를 파악하지 못하고 마켓 전체를 바라보는 통찰력을 잃은 상태를 말한다.

쉽게 말하면 기업이 고객의 Wants, 프로덕트와 프로덕트 관련 기술 그리고 프로덕트에 대한 세일즈 및 마케팅 행위에만 집중해 진정한 고객의 니즈 파악에 실패하고 타깃 마켓에 대한 통찰력을 전혀 발휘 못해, 미래를 예상하지 못하고 코앞에 닥친 상황만 고려한 마케팅 행위를 말한다.

13-9. IMC (Integrated Marketing Communication)

IMC(Integrated Marketing Communication)을 번역하면 통합적 마케팅 커뮤니케이션이라 한다.

IMC(Integrated Marketing Communication)는 기업이 고객에 대한 판매촉진, PR 등을 위해 여러가지 커뮤니케이션 요소들을 활용함에 있어 마케팅 조직, 홍보 조직, 세일즈 조직, CRM 조직 등 다양한 조직들이 각자의 분산된 마케팅 메세지를 고객에게 전달하는 것을 막고 통합된 브랜드 메세지가 조화를 이룬 마케팅 커뮤니케이션 도구들을 통해 고객에게 전달하는 것을 목표로 하는 기업 마케팅 커뮤니케이션을 말한다.

IMC(Integrated Marketing Communication)을 위해서는 조직 내 커뮤니케이션 요소들의 정열과 고객 중심의 공동 목표를 정해야 하고, IMC(Integrated Marketing Communication)를 통해 기업 조직 내 통일된 브랜드 메시지를 고객에게 전달하는 것과 조직간 마케팅 시너지를 만드는 것이 중요하다.

13-10. Value Proposition

Value Proposition이란 기업이 고객에게 제공할 가치를 명확히 인식하고 타깃 마켓에서 고객 가치(Customer Value) 즉 고객에게 제공되는 프로덕트의 혜택과 효과를 약속하는 것을 말한다.

Value Proposition에서 말하는 고객 가치(Customer Value)란 프로덕트(Product)가 고객에게 제공하는 가치를 말한다. 즉 고객이 프로덕트를 얻기 위해 지불한 비용대비 얻은 실질적인 혜택 및 효과를 말하는 것이다.

프로덕트(Product)가 고객에게 제공하는 가치를 편익(Benefits) 중심으로 세분화하면 크게 다음과 같은 세 가지 관점으로 구분할 수 있다.

프로덕트(Product)가 고객에게 제공하는 기능적 편익(Benefits)

프로덕트(Product)가 고객에게 제공하는 심리적 편익(Benefits)

프로덕트(Product)가 고객에게 제공하는 사회적 편익(Benefits)

13-11. High Involvement Product

High Involvement Product을 번역하면 고관여 제품이라 한다.

High Involvement Product 소비자가 제품을 구입하는 과정에서 시간과 노력을 많이 들이는 제품을 말하며 가격이 비싸거나, 본인에게 중요한 가치가 있는 제품 혹은 구매 취소가 어려운 제품이 이에 해당된다.

High Involvement Product의 구매 경우는 아래와 같다.

프로덕트 구매 선택의 결과가 가시적이고 중대한 경우
대안이 있는 구매품이 있어 선택이 어려운 경우
복잡한 구매 과정을 거쳐야 하는 경우
친숙한 프로덕트가 아닌 경우

13-12. Low Involvement Product

Low Involvement Product을 번역하면 저관여 제품이라 한다.

Low Involvement Product 소비자가 제품을 구입하는 과정에서 시간과 노력을 많이 들이지 않는 제품을 말하며 가격이 싸거나, 본인에게 중요한 가치가 적은 제품 혹은 구매 취소가 쉬운 제품이 이에 해당된다.

Low Involvement Product의 구매 경우는 아래와 같다.

프로덕트 구매 선택의 결과가 비가시적이고 중대하지 않은 경우
대안이 없는 구매품인 경우
간략한 구매 과정을 거쳐야 하는 경우
정형화되거나 친숙한 프로덕트인 경우

13-13. Market Segmentation

Market Segmentation 프로덕트 마케팅을 위해 마켓을 세분화시켜 분석하는 방법을 말한다.

Market Segmentation의 기준은 기업에서 생산하는 혹은 생산하려는 프로덕트를 어떤 마켓에 제공할지가 아니다. 오히려 반대로 어떠한 고객들에게 프로덕트를 제공할지를 결정하는 것 부터 시작해야 한다. 즉 세분화의 기준은 프로덕트가 아니라 고객이 되어야 한다.

Market Segmentation의 기준이 고객이 되려면 고객이 프로덕트에 대해 원하는 가치 즉 고객의 니즈를 파악하고 Market Segmentation의 세분화 도구로 사용해야 한다.

Market Segmentation의 도구는 바로 고객의 니즈이며 이러한 고객 니즈를 파악할 때 필요한 것이 고객 데이터 분석이다.

고객 데이터 분석을 위해 필요한 고객 데이터는 고객 특성 데이터(고객 행동, 프로덕트 사용 방식, 프로덕트 구매 과정 등)이며 이러한 고객 특성 데이터를 이용하여 타깃 마켓의 고객을 전체 마켓 고객군에서 추출하여 Market Segmentation을 할 수 있다.

STP 분석 전략

STP는 마켓 세분화(Segmentation), 타깃 마켓 선정(Targeting), 포지셔닝(Positioning)의 약어이다.

현재의 마켓은 광범위하며 소비자층도 다 분화되었다. 그래서 효율적인 마케팅을 하기 위하여 마켓에 대한 선택과 집중이 필요하며 타깃 마켓을 정한 후에도 고객에게 프로덕트의 이미지를 선명히 인식시켜 지속적으로 애용하게 만들어야 한다. 또한 선정된 타깃 마켓에 대해 마케팅 역량의 선택과 집중을 하기 위해선 어떤 부분을 공략할 것인가에 대해 미리 정해 놓는 것이 중요하며 앞에서 언급한 이러한 모든 마케팅 행위를 수행하기위해서는 마케팅 가이드 라인 설정이 반드시 필요하다.

STP를 한마디로 말하면 마켓을 세분화하여 타깃을 정하고 고객의 마음에 프로덕트를 포지셔닝 하여 이를 유지하는 전략이다.

13-14. Branding

Brand란 프로덕트를 마켓에서 타 기업 혹은 타 프로덕트와 구분 시키고 차별화하기 위한 이름, 상징, 디자인 혹은 이들의 결합물을 말한다.

Branding은 타깃 마켓에서 Brand를 고객의 마음 속에 위치시켜 Brand에 상징적 가치를 부여하는 전략을 말하며 이러한 기업이 수행하는 Branding을 통해 기업의 프로덕트에 Brand 파워를 부가해 줄 수 있다.

Brand는 기본적으로 기업 혹은 프로덕트를 기반으로 하지만 고객이 자신의 마음 속에 기억하는 심리적인 것 이기에 결국 Branding은 이름, 로고, 디자인을 통해 Brand의 의미를 창조하여 고객에게 기업 혹은 프로덕트의 이미지를 전달하는 행위라고 볼 수 있다.

성공적인 프로덕트 브랜딩의 최종적인 목표는 타깃 마켓에서 기업의 프로덕트에 브랜드 파워를 부가해 경쟁 프로덕트들에 대한 마켓 진입 장벽을 구축하는 것이다.

N.O.T.E

프로덕트 정의

현재의 시점에서 우리가 말하는 프로덕트(Product)의 의미는 소비자가 자신의 필요와 욕구충족을 위해 구매하는 모든 것을 말하며, 특히 마케팅 적인 측면에서 프로덕트의 의미는 "유무형의 제품, 서비스, 솔루션, 이벤트, 사람, 조직, 아이디어 혹은 이들의 결합물"등 마케팅의 대상이 되는 모든 것을 말한다.

프로덕트(Product)는 고객의 니즈를 충족시키기 위해 고객에게 제공되는 제품, 서비스, 사용 경험, 사람, 아이디어, 정보, 조직 등의 다양한 고객가치의 결합체를 의미한다.

앞에서 말한 프로덕트(Product)의 의미들을 모두 모아 좀 더 세련되게 정리해서 표현해 보면 "프로덕트(Product)란 고객이 원하는 가치와 UX(User Experience)를 제공하기 위해 만들어진 유무형의 제품, 상품, 서비스 혹은 그들의 결합체인 솔루션"라 표현할 수 있다.

프로덕트 관리(Product Management)

프로덕트 관리(Product Management)를 한마디로 정의하면 프로덕트의 탄생에서 소멸까지, 즉 프로덕트 라이프 사이클 전반에 걸쳐 프로덕트를 관리하는 행위를 말한다.

13-15. Brand Architecture

Brand Architecture는 기업이 여러 브랜드를 가지고 있을 때 각 브랜드의 구조와 역할을 정의하고 기업 내 브랜드 간의 상호관계에 대한 Architecture를 정의한 것을 말한다.

Brand Architecture를 구현하는 Brand Architecture 모델은 브랜드와 프로덕트를 하나의 포괄적인 브랜드로 구성하는 전략으로 Branded House 모델, House of Brands 모델이 대표적으로 많이 사용되는 모델이다.

Branded House는 최고 계층의 브랜드인 마스터 브랜드를 구축하여 통일된 여러 하위 브랜드를 운영하는 모델이다.

Branded House는 마스터 브랜드의 하위 브랜드가 스스로 성장하고 마케팅할 수 있도록 하는 포괄적인 브랜드 전략이지만 브랜드 간에는 서로 독립적으로 운영되지 않으며 마스터 브랜드의 전반적인 지침과 전략을 준수한다.

구글, 애플, 페덱스가 대표적인 Branded House 모델 전략을 구현하는 기업이다.

House of Brands 브랜드 아키텍처 모델에서 조직 구성은 소비자들이 인식하거나 인식하지 못하는 모 브랜드 아래 하위 브랜드들이 각자의 고유한 브랜드 컬렉션을 소유하며 또한 각각의 고유한 브랜드 이름, 로고, 슬로건 및 판촉 전술을 사용하여 개별적으로 프로덕트 브랜드를 관리하고 마케팅을 하는 구조이다.

P&G(Procter & Gamble), Yum!, CocaCola등이 대표적인 Branded House 모델 전략을 구현하는 기업이다.

13-16. Market Positioning

Market Positioning은 타깃 마켓의 고객에게 기업의 프로덕트가 고객의 니즈를 달성시킬 수 있는 프로덕트라는 인식과 함께 기업의 브랜드를 효과적으로 타깃 마켓과 고객에게 정착 시키는 활동을 말한다.

Market Positioning은 타깃 마켓에서 주요 경쟁 프로덕트를 확인하는 것 부터 시작한다. 주요 경쟁 프로덕트를 확인한 후 자사 프로덕트의 장점과 차별성을 고객에게 홍보함으로써 고객의 마음 속에 경쟁 프로덕트와 비교할 수 있는 상대적인 기준을 제공하는 것이 중요하다.

Market Positioning의 최종적인 목표는 자사의 프로덕트를 변화하는 시간, 공간, 마켓 그리고 경쟁 프로덕트 속에서 고객의 니즈를 해결할 어떤 점을 강조해 고객 마음과 타깃 마켓에 성공적으로 Positioning 시키는 것이다.

Part 2 프로덕트 매니저 필요지식

N.O.T.E

13-17. POD (Point of Difference)

POD(Point of difference)을 번역하면 차별점이라 한다.

POD(Point of difference)는 자사의 브랜드가 경쟁사의 브랜드와 어떤 차별성을 가지고 있는가를 고객에게 홍보하기 위한 핵심 내용이다.

POD(Point of difference)는 브랜드만의 특징이 명확해야 하고 고객의 구매 가치에 대해 고객을 설득시킬 수 있는 내용이어야 한다.

POD(Point of difference)를 한마디로 정리하면 고객이 자사의 프로덕트 혹은 브랜드를 연상하는 특별한 가치나 혜택을 말한다.

우리가 흔히 대하는 홍보문구인 원조(元祖), 국내 최대, 최신 시설, 최저가 등의 내용이 POD(Point of difference)의 사례에 해당한다.

POD(Point of difference)를 만들기 위한 포지셔닝 전략은 Vertical Positioning 전략, Horizontal positioning 전략이 있다.

Vertical Positioning 전략은 경쟁 브랜드와의 공동 특성을 강조하면서 자사 브랜드의 경쟁 브랜드 대비 공동 특성에 대한 비교 우위를 POD로 하는 포지셔닝 전략이다.

Horizontal Positioning 전략은 자사의 프로덕트에 경쟁 브랜드가 가지고 있지 않은 프로덕트 가치나 특성을 추가하여 차별화 우위를 POD로 하는 포지셔닝 전략이다.

13-18. POP (Point of Parity)

POP(Point of Parity)을 번역하면 대등점이라 한다.

POP(Point of Parity)는 자사의 브랜드가 경쟁사의 브랜드와 어떤 유사성을 가지고 있는가를 고객에게 홍보하기 위한 내용이 핵심이다.

POP(Point of Parity)는 자사 브랜드를 고객이 이미 인지하고 있는 경쟁 브랜드가 구축한 프로덕트 군에 편입시키기 위한 공통 특성이 명확해야 하고 고객의 구매가치에 대해 경쟁 브랜드와 자사 브랜드가 동등함을 주장해 경쟁 브랜드의 POD(Point of difference)전략을 무력화시키고 고객을 설득 시킬 수 있는 내용이어야 한다.

POP(Point of Parity)를 한마디로 정리하면 고객이 자사의 프로덕트 혹은 브랜드를 경쟁 브랜드 혹은 경쟁 프로덕트와 동등한 카테고리 내에 있음을 연상시키는 가치나 혜택을 말한다.

13-19. Perceptual Map

Perceptual Map을 번역하면 지각도(知覺圖)라 하며 Perceptual Map에서 Perceptual의 의미는 고객의 프로덕트에 대한 인식을 말하는 지각의 의미이다.

Perceptual Map는 타깃 마켓 소비자가 마켓에서 경쟁 프로덕트의 포지셔닝을 이해하는 지점을 보여주기 위해 고안된 시각적 도표이다. 다시 쉽게 표현하면 Perceptual Map은 프로덕트에 대한 소비자의 포지셔닝 정보를 다이어그램 형태로 매핑하는 도구를 말한다.

Perceptual Map의 용도는 마켓에서의 자사 브랜드와 경쟁 브랜드의 위치를 비교 파악하고 타깃 마켓에서의 기회를 확인하는 데 사용 된다. Perceptual Map의 작성은 일반적으로 2차원 그래프로 그리며 프로덕트가 가지는 결정적인 속성 2가지로 X축, Y축을 구성한다.

[Perceptual Map 예시]

13-20. Skimming Pricing

Skimming Pricing은 새로운 프로덕트 구입을 위해 높은 가격을 감당할 수 있는 고객을 대상으로한 타깃 마케팅 방법으로 일반적인 경우 고가 가격 책정을 구사하는 전략을 말한다.

Skimming Pricing 정책을 성공적으로 적용한 후에 시간이 지나가면 새로운 프로덕트에 대한 타깃 마켓의 수요가 점차 포화 단계로 돌입하게 되며 이 후 부터는 단계적으로 프로덕트 가격을 점진적으로 낮추어 추가적인 타깃 마켓을 세분화하여 순차적으로 공략한다.

Skimming Pricing을 새로운 프로덕트에 적용하기 위한 사전 조건은 새로운 프로덕트에 대한 구매 의사가 있는 다수의 잠재 고객이 반드시 존재하여야 하며 또한 Skimming Pricing의 고가 정책에 대한 경쟁 브랜드 공격 가능성이 적고, 자사 브랜드 프로덕트의 품질과 기능에 대한 고객과 마켓의 인식이 호의적이어야 한다.

N.O.T.E

13-21. Market Penetration Pricing

Market Penetration Pricing은 새로운 프로덕트를 출시할 때, 타깃 마켓 점유율을 획기적으로 선점하기 위하여 사용하는 가격 정책으로 새로운 프로덕트에 대해 마켓이 예상하는 예상 가격보다 파격적인 저가로 책정하는 프로덕트 가격 책정 전략을 말한다.

Market Penetration Pricing을 새로운 프로덕트에 적용하기 위한 사전 조건은 우선 타깃 마켓에서 잠재 고객의 가격 민감도가 매우 높아야 하며 또한 어느 정도 규모가 있는 타깃 마켓이 존재하여야 한다.

Market Penetration Pricing은 초기에 경쟁 브랜드의 타깃 마켓 진입을 차단하는 효과가 높지만 반면에 프로덕트에 대한 효율적인 생산력과 공급력이 지속적으로 뒷받침되지 못한다면 실패할 가능성이 매우 높으며, Market Penetration Pricing 정책이 실패할 경우 프로덕트 차원을 넘어 기업 브랜드 이미지 실추로 이어질 가능성이 있다.

13-22. Reference Price

N . O . T . E

Reference Price을 번역하면 준거가격(準據價格)이라 한다.

Reference Price는 고객이 프로덕트를 구입하고자 할 때 심리적으로 비교 판단하는 기준 가격을 말하며 고객이 프로덕트 가격의 적정성을 판단하는 척도가 된다.

Reference Price가 Product Price보다 높다고 고객이 판단하면 프로덕트 구매로 이어질 가능성이 많아진다.

고객이 Reference Price를 결정하는 요인은 과거 유사 프로덕트 구매 경험과 프로덕트 탐색 시 발생한 여러가지 다양한 원인(매장 분위기, 판매자 혹은 동반자의 구매 조언, 포장 상태, 바겐세일, 판매자의 진정성 등)에 기인한다.

13-23. Odd Pricing

Odd Pricing을 번역하면 단수가격(端數價格)이라 한다.

Odd Pricing은 프로덕트 가격의 끝자리를 홀수(대부분 9) 혹은 고객의 어림 가격(Price of round number) 보다 낮게 제시하는 가격 정책을 말한다.

Odd Pricing을 하는 이유는 Odd Pricing 된 프로덕트 가격에 대하여 상당수의 고객은 저렴한 가격 혹은 바겐세일 가격으로 인지하며 특히 가격 민감도가 높은 마켓에서는 효과적인 가격 정책이다.

Odd Pricing이 가지고 있는 위험성은 Odd Pricing 때문에 프로덕트 가치가 낮다고 고객이 인식할 수 있기 때문에 적용 시 주의해야 한다.

13-24. Marketing Channel

Marketing Channel이란 기업이 생산한 프로덕트에 대한 고객 전달 과정에 존재하는 중계 방식의 기업, 조직, 서비스를 말하며 과거에는 도매상, 소매상 정도로 구분되었지만 현재는 다양한 형태의 On, Off 마케팅 채널이 마켓에 존재한다.

마켓에서의 Marketing Channel의 역할은 Demand Generation, Demand Fulfillment, After Sales Service, Market Feedback 등 다양한 역할을 수행한다.

Marketing Channel을 직접판매 및 간접판매 등 다양하게 설계하는 것을 Channel Design이라고 하며 일반적으로 Channel Design을 유통 채널 설계라고 표현한다.

N . O . T . E

13-25. Showrooming

Showrooming은 백화점 혹은 대형 쇼핑몰 같은 오프라인 매장에서 프로덕트를 살펴본 뒤 실제 구매는 홈쇼핑 혹은 쇼핑사이트와 같은 온라인 및 모바일 유통채널에서 가격을 비교해 구매하는 고객 행동 현상을 말한다.

이러한 고객들의 Showrooming 현상을 대비하기 위해서는 기업들이 온,오프 Marketing Channel을 통합하여 관리하는 Omni Channel을 구축하여 대응하는 것이 바람직 하다.

Omni Channel

Omni Channel은 라틴어인 "Omni"와 "Channel" 의 합성어로 라틴어 "Omni"는 영어 "All"과 같은 뜻으로 Omni Channel을 해석하면 모든 채널이란 의미이다.

마케팅에서 Omni Channel의 의미는 고객과의 접점에 있는 모든 온, 오프 채널을 통합하여 일관된 홍보 메세지로 고객에게 다가가는 마케팅 전략을 말한다.

13-26. Content Marketing

Content Marketing은 온라인에서 타깃 고객을 대상으로 흥미유발과 고객을 사로잡을 목적으로 콘텐츠를 제작, 게시 및 배포하여 고객에게 접근하는 마케팅 방법을 말한다.

Content Marketing의 고전적인 형태로는 서적출간을 통하여 고객에게 자사의 프로덕트를 알리는 것 부터 SNS, 팟케스트, Youtube, 웹툰 등을 많이 사용하고 있다.

Content Marketing은 디지털 마케팅 채널이 다양한 만큼 Content Marketing 방법과 방식도 다양해지고 있다.

Content Marketing 성공의 핵심은 고객에게 제공되는 Content에 대한 고객 관심 유무에 달려있다.

13-27. Digital Marketing

Digital Marketing이란 크로스 채널, 다중 채널, 옴니채널 마케팅과 같은 모든 디지털 채널과 디바이스에서 고객과 소통하는 마케팅이다.

현재와 같이 콘텐츠 Native마케팅, 개인화 마케팅, Concierge 마케팅이 중요한 시대에 적합한 마케팅 방법이다.

대표적인 Digital Marketing의 종류를 정리 해보면 아래와 같다.

이메일 마케팅

미디어 광고

VOD 마케팅

SNS, 소셜 미디어 마케팅

SEO, PPC, SEM 마케팅

웹사이트 마케팅

디스플레이 광고

SMS 및 MMS, 문자 메시지 마케팅

콘텐츠 마케팅

제휴 마케팅

13-28. Product Line Stretching

Product Line Stretching은 기업이 현재 유지하고 있던 기존 브랜드 혹은 프로덕트 라인에 새로운 브랜드나 프로덕트를 확장하여 프로덕트 라인 구성에 변화를 주는 것을 말한다.

Product Line Stretching은 방향성을 기준으로 Downward Product Line Stretching, Upward Product Line Stretching, Two-way Product Line Stretching으로 구분할 수 있다.

Downward Product Line Stretching은 기업이 고급 수준의 프로덕트를 보유하고 있을 때 하위 수준 프로덕트 마켓으로 확장하는 것을 말한다.

Upward Product Line Stretching은 Downward Product Line Stretching과 반대로 하위 프로덕트 마켓에 참여 중인 기업이 고급 프로덕트 마켓에 참여하는 것을 말한다.

Two-way Product Line Stretching은 브랜드가 동시에 하위 및 고급 시장을 모두 목표로 할 때 사용한다. Two-way Product Line Stretching의 목표는 모든 마켓을 점유하는 것을 목표로 삼는 것이다.

13-29. Reverse Positioning

Reverse Positioning은 기업이 마케팅을 통해 프로덕트를 구매하도록 유도하는 정통적인 마케팅 방식을 반대로 설계하여 브랜드 또는 인지도에 대한 소비자 평가를 높여 고객이 필요할 때 기업의 프로덕트를 찾도록 유도하는 마케팅 전략이다.

Reverse Positioning을 사용하는 주된 이유는 프로덕트가 프로덕트 라이프 사이클 상에서 성숙기 단계에서 쇠퇴기로 진입하려할 때, 기업 브랜드에 새로운 가치를 제공하여 성숙기 단계에서 성장기 단계로 역성장 시키기 위함이다.

Reverse Positioning의 구현 프로세스는 첫 단계로 프로덕트가 성숙기 단계에서 고객이 당연히 기대하는 가치 제공을 하지 않는 것과 같은 특별한 변화를 준다. 두번째 단계에서는 고객이 예상하거나 기대하지 못하는 독특한 새로운 가치를 제공하여 브랜드의 새롭고 고유한 가치를 창조하고 제안하는 방법이다.

13-30. SEO (Search Engine Optimization)

SEO(Search Engine Optimization)는 디지털 마케팅의 핵심 방법인 검색 광고에서 광고 비용을 지불하지 않고 구글 및 네이버와 같은 검색 포털 혹은 검색 엔진의 검색 결과 페이지에서 더 높은 순위에 오르도록 웹사이트를 최적화 시키는 것을 말한다.

SEO(Search Engine Optimization)의 중요성은 검색 엔진의 검색결과로 나타난 상위 웹사이트 1위는 모든 클릭의 약 30%를 얻는 다는 조사 결과가 있기 때문이다.

SEO(Search Engine Optimization)는 말그대로 검색 엔진 최적화를 말하며 검색 최적화를 이루기 위해서는 검색자의 의도를 파악하고 이에 맞춰 웹 페이지의 콘텐츠를 제공하여 검색 결과 페이지에서 잘 노출 되도록 웹페이지의 태그와 링크 구조를 개선하는 방법을 구현하는 것이다.

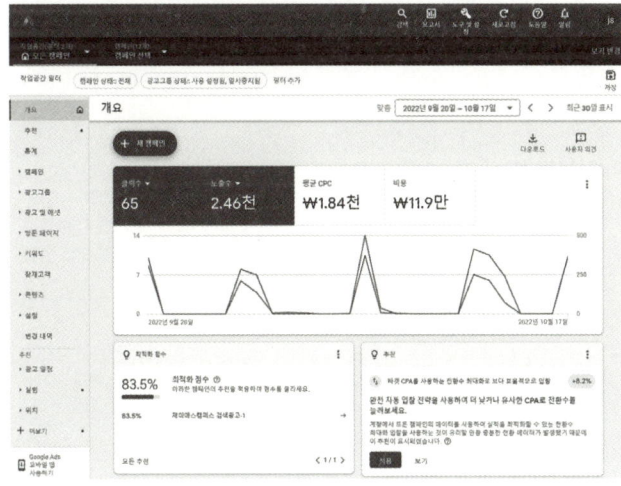

[Google Ads]

> **N . O . T . E**

SEO(Search Engine Optimization) 작업을 실시하여 웹사이트 검색 순위를 높이기 위해서는 구글 및 네이버와 같은 검색 포털 혹은 검색 엔진들이 Crawler를 사용하여 실시하는 Crawling 기법에 대한 이해가 필요하다.

Crawler란 웹사이트 및 웹페이지를 방문해 필요한 정보를 수집하는 용도로 작성된 자동화된 지능 에이전트 프로그램을 말한다.

Crawling은 Crawler를 사용하여 인터넷에서 찾은 웹사이트 및 웹페이지로 부터 텍스트, 이미지, 동영상 등 필요한 정보를 수집하는 행위를 말한다.

구글 및 네이버와 같은 검색 포털 혹은 검색 엔진들은 Crawling을 통하여 찾은 웹사이트의 정보로 검색 순위를 결정하고 조정한다.

결론적으로 SEO(Search Engine Optimization) 작업을 성공시키기 위해서는 구글 및 네이버와 같은 검색 포털 혹은 검색 엔진들의 Crawling이 쉽도록 사이트의 여러 요소들을 작성하고 배치시켜 웹사이트의 검색 순위가 올라가도록 웹사이트를 최적화 시켜야 한다.

Chapter 3 프로덕트 전략 수립 지식

Summary

POINT 1 프로덕트 전략

- 프로덕트 전략이란 기업이 어떤 고객에게, 어떤 프로덕트를 만들어, 어떤 가치를 제공하고 또 어떤 타깃 마켓에서 어떤 차별점으로 누구와 경쟁할 것인가를 결정하는 전략이다.
- 고객을 결정하는 일, 설정된 고객과의 공감을 통해 고객의 문제를 도출하여 가설을 수립하는 일, 고객의 문제를 해결할 솔루션을 찾아 프로덕트를 만드는 모든 행위는 수립된 프로덕트 전략을 기반으로 이루어져야 한다

POINT2 프로덕트 전략의 구성

- Mission -> Vision -> 기업 전략 -> 사업 전략 -> 프로덕트 전략
- 프로덕트 전략은 크게 나누면 프로덕트 개발 전략, 프로덕트 마케팅 전략, 프로덕트 디자인 전략으로 구성된다.
- 프로덕트 마케팅 전략은 3C 분석(Customer, Cost, Convenience) -> STP 전략 수립(마켓 세분화, 타깃, 포지셔닝) -> 4P Mix 전략 수립(Product, Price, Place, Promotion) 순으로 진행되며 이외에도 CRM 전략 수립, SCM 전략 수립, 디지털 마케팅 전략 수립, 브랜딩 전략 수립이 포함된다.

POINT3 기업 전략과 프로덕트 전략의 관계

- 기업의 Mission은 기업이 사회로 부터 받은 소명이자 궁국적인 목적지이며 기업이 존재하는 이유이다. 이러한 Mission의 달성을 위해 조직이 원하는 미래의 모습이 Vision이다. 또한 Vision을 구현하기 위한 사업 목표가 Goal이며 Goal을 달성하기 위해 수립하는 것이 사업 전략이다.
- OKR(Objective Key Results) 중심으로 설명하면 Mission은 Ultimate Objective, Vision은 Long-term OKR 그리고 사업전략은 Annual OKR로 대치할 수 있다.

Key Word

- 프로덕트 전략
- 3C 분석(Customer, Cost, Convenience)
- STP 전략 수립
- 4P Mix 전략 수립
- OKR(Objective Key Results)
- 기업 전략

PART 02

프로덕트 매니저 필요지식

Chapter 04 ˹ 프로덕트 데이터 분석 지식

Chapter 04　프로덕트 데이터 분석 지식

Product Management **Process**

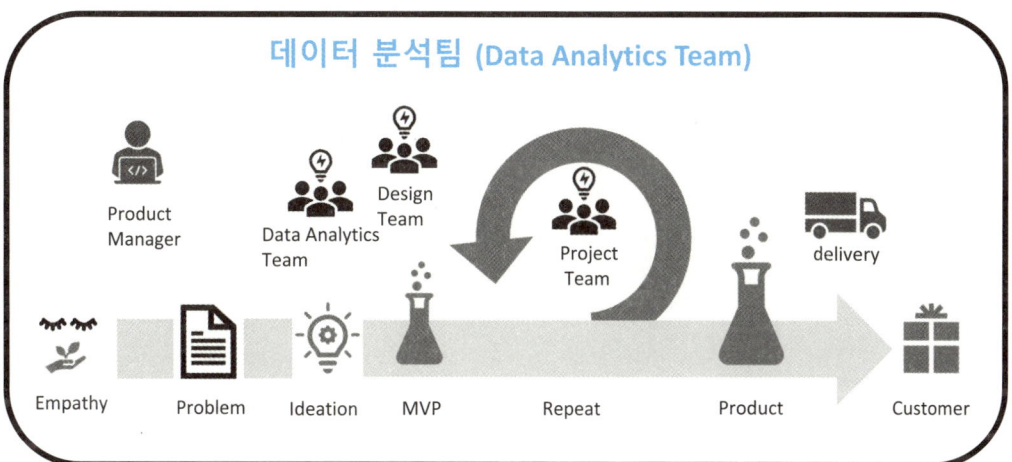

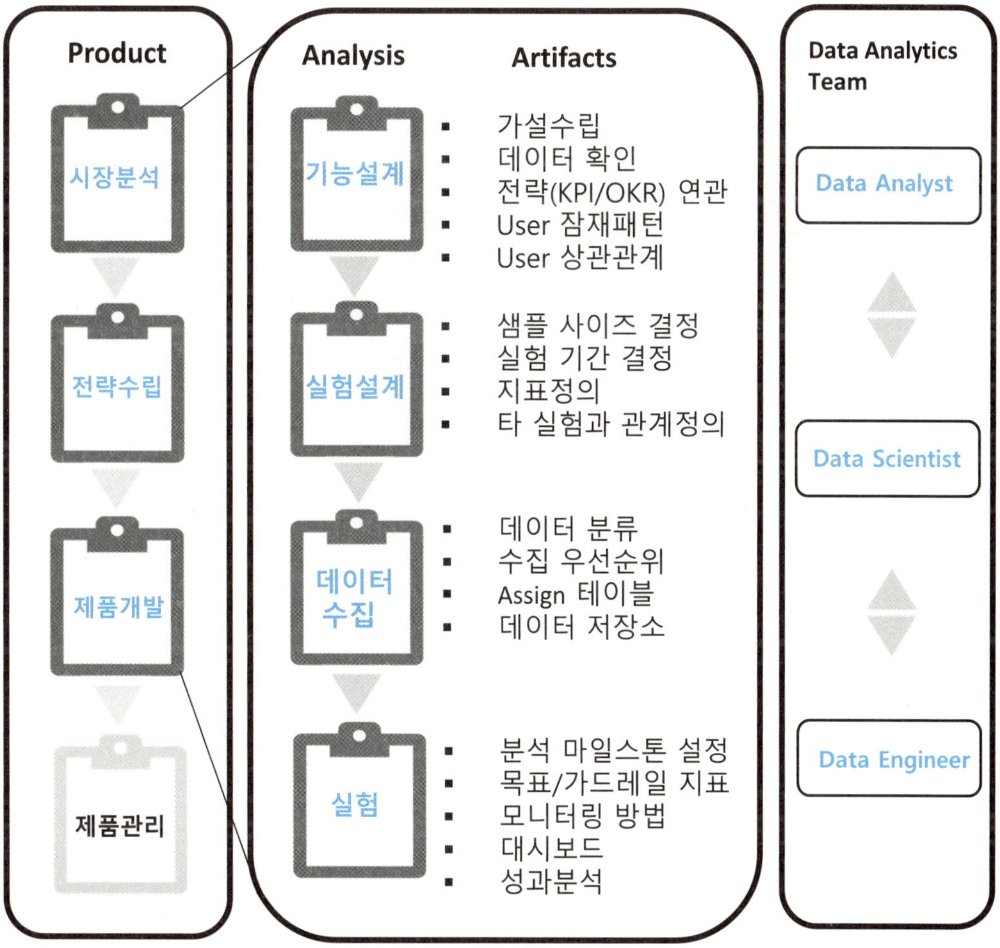

Part 2 프로덕트 매니저 필요지식

N.O.T.E

14. 프로덕트 데이터 분석 (Data Analytics)

14-1. 프로덕트 데이터 분석의 이해

프로덕트에서 수집되는 데이터는 프로덕트 개발 사이클이 원활하게 옳은 방향으로 나아가게 하는 원동력이면서 동시에 잘 가고 있는지 알려주는 나침반 역할을 수행해 준다. 이러한 프로덕트 데이터가 알려주는 정보에서 필요한 가치를 가장 잘 이끌어내는 역할이 데이터 분석팀이다.

데이터 분석팀은 Data Analyst, Data Scientist, Data Engineer 로 구성된다.

데이터 분석팀이 프로덕트 팀에 참여하여 협업할 때, 프로덕트 개발 사이클의 전단계에서 자신들의 역량을 잘 발휘 할 수 있으며 프로덕트 라이프 사이클에서 발생하는 문제들을 프로덕트 팀이 해결할 수 있게 도와줄 수 있다.

프로덕트 데이터 분석팀의 역할과 책임은 아래와 같다.

데이터 기반의 서비스 기획
프로덕트 지표 설정과 분석
데이터 분석 도구 활용
데이터 기반으로 고객을 추적(Growth Hacking)하고 프로덕트 검증
프로덕트 데이터 인사이트 도출
데이터에서 찾아낸 여러 인사이트를 바탕으로 프로덕트 지속개선
조직과 프로덕트 팀의 데이터 기반 성장에 기여

Product Life Cycle

프로덕트 라이프 사이클(Product Life Cycle)이란 프로덕트가 기획되어 만들어지고 프로덕트가 소멸될 때까지의 여러 단계(Phase)를 통합적으로 지칭하는 용어이다. 프로덕트 라이프사이클(Product Life Cycle) 내에서 프로덕트의 매출과 이익은 증가하거나 감소하는 흐름을 보여준다.

Growth Hacking

Growth Hacking은 성장(growth)과 해킹(hacking)의 합성어이며 미국의 Marketer 션 엘리스(Sean Ellis)가 최초로 제안한 개념으로 Cross-functional 한 직군의 멤버들이 모여 비즈니스 목표를 달성할 수 있는 핵심지표의 확장성과 지속성을 높일 수 있는 가설과 아이디어를 만들어 실제 적용 가능한지 실험과 학습행위를 반복적으로 수행하는 방법으로 비즈니스를 성장시켜 비즈니스 목표를 달성시키는 프로세스 중심의 디지털 마케팅 기법을 말한다.

14-2. 프로덕트 전략 수립을 위한 데이터 분석

기업의 전사 목표가 설정되면 그를 기준으로 프로덕트 전략 목표를 설정할 수 있다.

프로덕트 전략 수립을 위해 데이터 도출 및 분석 프로젝트를 수행한다.

데이터 분석 프로젝트 진행 순서는 아래와 같다.
데이터 실험 기획
데이터 디자인
데이터 실험 설계
데이터 개발
데이터 설계 검증
데이터 배포 및 모니터링
데이터 결과 분석
데이터 가설 검증
데이터 실험 후속 계획 도출

기업 데이터 분석에 관련된 조직 의사결정 계층은 아래와 같다.

기업 비전 > 사업 전략 > 프로덕트 전략 > 프로젝트 전략 > 세부 가설

상위계층의 의사결정 단계에서 데이터 분석을 활용 할수록 훨씬 대단위의 중요도 높은 의사결정과 변화를 만들어 낼 가능성이 높다.

프로덕트 전략 수립 시 데이터 분석의 사례는 아래와 같다.

Retention 및 유저 사이클 분석 -> 분기 프로덕트 전략 설정에 기여

UX 리서치 및 유저 퍼소나 분석 -> 서비스 핵심가치 및 타깃 정의 기여

주요 지표 예측 분석 -> 경영층의 사업 정책 및 전략 수립에 기여

N.O.T.E

프로덕트 전략

프로덕트 전략이란 기업이 어떤 고객에게, 어떤 프로덕트를 만들어, 어떤 가치를 제공하고 또 어떤 타깃 마켓에서 어떤 차별점으로 누구와 경쟁할 것인가를 결정하는 전략이다.

고객을 결정하는 일, 설정된 고객과의 공감을 통해 고객의 문제를 도출하여 가설을 수립하는 일, 고객의 문제를 해결할 솔루션을 찾아 프로덕트를 만드는 모든 행위는 수립된 프로덕트 전략을 기반으로 이루어져야 한다.

또한 프로덕트 전략은 기업 사업전략의 하위 개념이기 때문에 반드시 사업전략의 테두리 안에서 수립되어야 한다는 점을 주의해야 한다.

프로덕트 전략이 잘못되면 프로덕트는 실패할 수 밖에 없기 때문에 프로덕트 성공을 위해 프로덕트 매니저는 프로덕트 전략 수립에 다각도의 노력과 최선을 다해야 한다.

14-3. Growth Hacking

Growth Hacking은 성장(growth)과 해킹(hacking)의 합성어이며 미국의 Marketer 션 엘리스(Sean Ellis)가 최초로 제안한 개념으로 Cross-functional 한 직군의 멤버들이 모여 비즈니스 목표를 달성할 수 있는 핵심지표의 확장성과 지속성을 높일 수 있는 가설과 아이디어를 만들어 실제 적용 가능한지 실험과 학습행위를 반복적으로 수행하는 방법으로 비즈니스를 성장시켜 비즈니스 목표를 달성시키는 프로세스 중심의 디지털 마케팅 기법을 말한다.

Growth Hacking을 구현하는 Growth Hacker는 Marketer와 Coder의 기능을 동시에 필요로 하기 때문에 Cross-functional한, 즉 마케팅 팀과 데이터 분석 팀, 그리고 프로덕트 매니저의 협업을 통해 Growth Hacke의 역할을 수행하는 경우가 많다.

Growth Hacking의 수행 프로세스는 아래와 같다.

AARRR Framework

AARRR Framework 은 미국의 데이브 맥클루어(Dave MccClure가 처음 개발한 Funnel Analysis 모델이다.

AARRR Framework 모델은 고객의 주요한 프로덕트 사용자 경험 행동을 정량 및 상대 지표화 하여 고객 행동 분석 정보로 비즈니스 의사결정시 제공한다.

비즈니스 목표설정

비즈니스 성장을 위해 집중해야 하는 하나의 목표를 결정한다. 기업과 조직에 따라 OMTM, NSM, ORK, KPI 등 다양한 지표를 사용한다.

핵심지표 설정

핵심지표를 정의하기 위해 모든 지표를 AARRR 모델방식으로 분류하여 도출 후, 도출 된 지표에 대한 핵심지표 선정 의사결정을 실시한다.

* AARRR 모델
Acquisition(고객 유치) 고객의 프로덕트 탐색지표
Activation(고객 활성화) 고객의 활동지표
Retention(고객 유지) 고객의 참여지표
Revenue(수익) 고객의 구매지표
Referral(추천) 고객의 타인 추천지표

핵심지표 분석환경 설정

핵심지표가 결정되면 우선적으로 실험 분석환경 즉, 데이터 파이프 라인, 데이터 수집 방법, 실험방법, 사용 툴 등을 결정한다.

핵심지표 분석실험 절차수행

데이터 수집 -> 데이터 분석 -> 아이디어 도출 -> 우선 순위 결정 -> 실험 계획 -> 실험 준비 -> 실험 진행 -> 실험 분석 -> 실험 회고

* Growth Hacking에서는 데이터 분석 도구로 A/B 테스트를 많이 사용한다.

> **N.O.T.E**
>
> **A/B 테스트**
>
> A/B Test는 지표분석을 위한 통계적인 표본 가설 검증 실험 기법이다.
>
> 두 개의 변수 A와 B의 인과관계를 확인하기 위해 사용하는 종합 대조실험(controlled experiment)이며 버킷 테스트 혹은 분할 실행 테스트라고도 한다.
>
> A/B Test를 실시하기 위해 사전 설계가 필요한 사항은 실험 가설, Treatment Group, Control Group, 독립변수, 종속변수, 통제변수, 목표지표, 가이드레일 지표, 진단용 지표, 표본 추출방법, 표본 추출 사이즈, 신뢰구간, 결과 검증 방법 등 다양한 데이터 분석 정보가 필요하다.
>
> A/B Test는 프로덕트 마케팅에서 비즈니스 의사결정을 위한 정보를 추출하고 검증하는 주요한 수단이며 데이터 분석팀의 데이터 분석을 위한 도구이다.

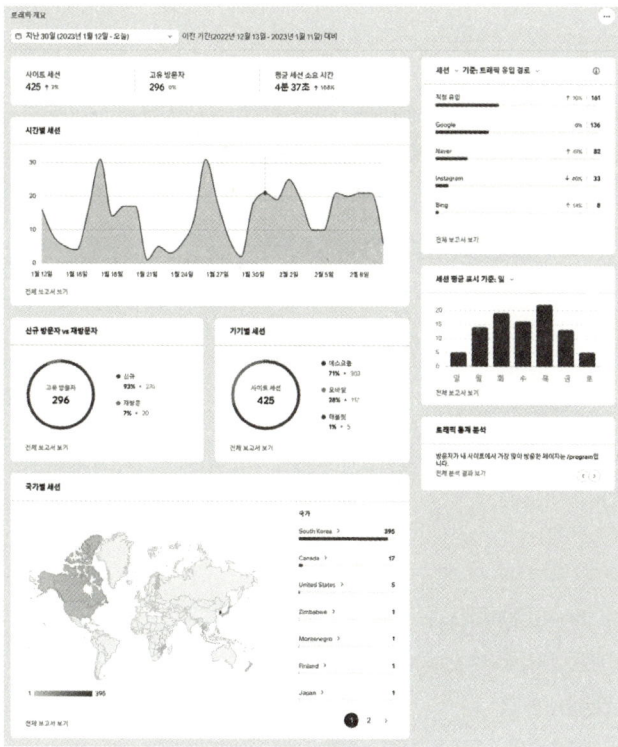

[WIX 웹 사이트 Traffic 분석 예시]

> **N.O.T.E** 14-4. 프로덕트 데이터 분석 기본용어 정리

데이터 분석에 대해 본격적으로 설명하기 앞서서 독자의 이해를 돕기 위해 데이터 분석 관련 용어를 정리해 본다. 좀 더 자세한 내용은 [17. 데이터 분석 용어 해설]에서 설명한다.

17-1. 독립변수 / 종속변수 / 통제변수
17-2. ATE(Average Treatment Effect
17-3. 목표지표 / 가이드레일 지표 / 진단용 지표
17-4. User Acquisition
17-5. Sign Up / Sign In
17-6. A/B Test
17-7. Funnel Analysis
17-8. Data Wrangling
17-9. AARRR Framework
17-10. Cohort Analysis
17-11. Organic / Paid
17-12. AU(Active User
17-13. MCU(Maximum Current User / ACU (Average Current User
17-14. ARPU/ARPPU
17-15. ASP(Average Selling Price
17-16. CAC(Customer Acquisition Cost
17-17. LTV(Lifetime Value
17-18. Entrances / Bounce Rate / Exit Rate
17-19. Page View / Unique Visitor
17-20. CVR(Conversion Rate
17-21. CPC / CPM / CRT
17-22. CPA / CPI
17-23. CLV(Customer Lifetime Value
17-24. ROAS(Return On Advertising Spend
17-25. Referral Marketing
17-26. CTR(Click Through Rate
17-27. Deep Link
17-28. Post back
17-29. Retention Marketing
17-30. Significance Level

15. 프로덕트 데이터 분석 팀

15-1. Data Analytics Team 구성

데이터 분석 팀은 Data Analyst, Data Scientist, Data Engineer으로 구성되며 데이터 분석 팀은 각자의 역할 구성원들의 공동 협업으로 진행되는 협업 방식이다. 데이터 분석 팀 구성원 모두는 가치 있는 데이터 도출에 대한 공동 책임을 진다. 데이터 분석 팀의 의사소통은 투명하고 광범위하게 이루어져야 하며 구성원 모두 데이터 분석 팀의 팀 목표에 집중하고 팀에 헌신하여야 한다.

N.O.T.E

자기조직화 팀(Self-organizing project team)

자기조직화 팀(Self-organizing project team)은 구성원들이 스스로 조직을 만들수 있는 능력을 가지고 있으며 자율적으로 행동하고 변화에 대한 적응력 그리고 오류 발생시 자기 수정 능력을 가진 팀을 말한다.

Team Building Activities

다양한 환경과 배경, 동기를 가진 프로젝트 구성원을 이끌어 프로젝트를 성공적으로 완수하기 위한 일련의 과정

Tuckman의 팀 발달 5단계

① 형성기 (forming) : 리더의 인도와 지시에 의존하는 단계

② 혼돈기 (storming) : 의사결정이 잘 받아 들여지지 않으며 리더와 팀원, 또는 팀원 간에도 갈등이 발생하는 단계

③ 규범기 (norming) : 팀원간의 합의와 컨센서스가 형성되면서 리더의 지원에 잘반응하는 단계

④ 성취기 (performing) : 팀이 전략적으로 깨어 있어서 해야 할 일과 이유를 잘알고 있고 비전을 공유하는 단계

⑤ 휴지기 (adjourning) : 임무가 성공적으로 완수되고 목적이 이루어져서 팀원들이 새로운 작업으로 이동하는 단계

> **N.O.T.E**

15-2. Data Analyst

Data Analyst는 기업이 갖고 있는 특정 문제를 해결하기 위해 관련 데이터를 수집하고 정리해 데이터를 해석하고 분석된 결과를 전달하는 사람이다

Data Analyst는 기업이 더 나은 비즈니스 의사결정을 하도록 데이터에서 인사이트를 수집해 관련 소속원들 모두가 이해할 수 있도록 전달하는 역할을 수행한다.

Data Analyst의 주요 업무를 나열하면 데이터 분석, 처리 및 비즈니스에 유의미한 결과 창출 분석 도구를 활용해서 데이터 보고서 설계 및 작성 등이 있다.

Data Analyst의 데이터 분석 프로세스는 다음과 같다.

분석 데이터 식별 -> 데이터 수집 -> 분석 준비를 위한 데이터 정리 -> 데이터 분석 -> 분석 결과 해석

15-3. Data Scientist

Data Scientist는 과거 패턴으로 부터 미래를 예측하기 위해 데이터 모델링 및 인공지능 기술을 사용하고 비즈니스에 여러가지 알고리즘을 적용시켜 새로운 분석 모델을 개발하는 역할을 말한다.

Data Scientist는 비즈니스에서 일반적으로 고객 행동을 예측하고, 새로운 수익 기회를 식별하는 등 다양한 비즈니스 요구 사항을 충족하는 데 사용할 수 있는 알고리즘을 추출하기 위해 데이터 마이닝(Data Mining)을 수행한다.

Data Scientist가 하는 주된 작업은 수집된 데이터에서 인사이트를 얻기 위해 데이터 패턴과 트렌드를 찾고 다음 작업으로 결과를 예측하기 위해 알고리즘 및 데이터 분석 모델을 작성하는 것이다.

15-4. Data Engineer

Data Engineer는 직접적으로 데이터를 다루는 사람으로서 데이터 웨어하우스, 데이터베이스 구축 및 관리, 데이터 파이프라인 구성 등 Database에 관련된 대부분의 업무를 수행하고 있다.

Data Engineer의 주요 역할은 아래와 같다.

데이터 아키텍처 개발, 구성, 테스트 및 유지 관리
비즈니스 요구 사항에 맞게 데이터 아키텍처 조정
데이터 수집 및 데이터 세트 프로세스 개발
SQL, R 등 데이터 관련 프로그래밍 언어 및 도구 사용 데이터의 무결성 및 품질을 개선
비즈니스 운용 요구 데이터 제공
빅데이터를 활용해 비즈니스 문제 해결
비즈니스 분석 프로그램, 기계 학습 및 통계 방법 배포
예측 및 규정 모델링을 위한 데이터 준비
데이터 자동화

Chapter 4 프로덕트 데이터 분석 지식

16. 프로덕트 데이터 분석 프로세스

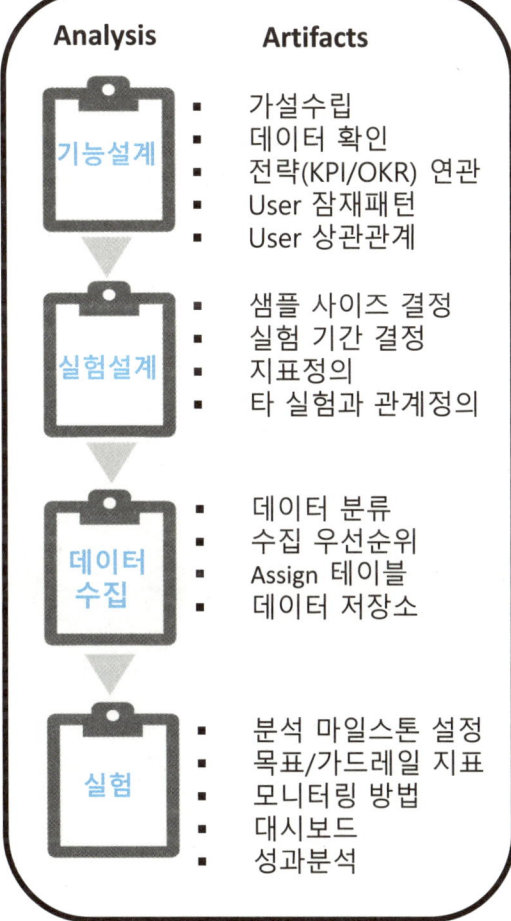

[데이터 분석 프로세스 및 주요 아티팩트]

N.O.T.E

OKR(Objective and Key Results)

프로덕트 매니저의 역할은 프로덕트 런칭을 위한 프로덕트 팀을 빌딩하고 팀을 리딩 하며 프로덕트 비전과 아이디어를 도출하여 고객들의 문제를 해결하고, 도출된 문제해결 아이디어의 가설을 기반으로 프로덕트 구상을 검증하고 테스트를 하며 그를 바탕으로 데이터 수집 및 로드맵 구성을 하여 어떻게 프로덕트를 만들지에 대해 개발팀 그리고 디자인팀과 상의를 해서 개발계획을 짜고 실행하여 프로덕트를 만드는 역할을 수행한다.

KPI(Key Performance Indicator)

KPI(Key Performance Indicator)는 '핵심성과지표'로 번역할 수 있다.
KPI(Key Performance Indicator)는 기업의 전략목표 달성에 대한 기여도를 측정하기 위해 소속원 혹은 조직의 성과 요소를 정량적으로 측정하는 지표이다.
KPI(Key Performance Indicator)를 통해 조직과 소속원들은 자신의 업무가 기업의 전략 목표 달성에 어떤 기여를 할 수 있는 지를 명확화 할 수 있다.

149

16-1. 가설수립

가설(hypothesis)은 실험, 통계 분석 등의 과학적 방법을 사용하여 검증할 수 있는 아이디어를 말하며 실험 결과에 대한 추측이다.

잘 설계된 가설(hypothesis)은 효율적인 실험 설계와 수집할 데이터의 명확성을 높여 효과적으로 가설(hypothesis)을 검증할 수 있도록 도와준다.

데이터 실험에서 사용하는 가설(hypothesis)의 종류는 아래와 같다.

Simple hypothesis
독립 변수와 종속 변수, 두 변수 간의 관계를 설명한다.

Complex hypothesis
두 개 이상의 변수를 포함하고 일반적으로 두 개의 독립 변수와 하나의 종속 변수 또는 그 반대로 조합될 수 있으며 그들 간의 관계를 설명한다.

Empirical hypothesis
가정을 바탕으로 사실 여부가 데이터로 검증된 가설이다.

Null hypothesis
변수들 간에 관계가 무관함을 증명하는 가설이다.

Logical Hypothesis
관찰을 설명하거나 변수 간의 관계를 제안하기 위해 논리성 판단을 사용하며 사용한 논리의 증거가 부족하거나 수집이 불가능하더라도 가설이 수용되는 경우가 많다.

Statistical hypothesis
가설의 증거 생성을 위해 통계적 방식으로 검증되며, 설령 가설이 논리적이지 않는 경우라도 통계적으로 검증할 수 있다면 가설은 옳다고 볼 수 있다.

16-2. 실험설계

데이터 분석 실험을 설계할 시 판단해야 하는 사항은 다음과 같다.

예상 샘플 사이즈
실험 기간
Power Analysis
예상 실험군
실험군 분배방식
대조군별 편입 유저 수
대조군 계산 방식
실험, 가설, 지표에 대한 성공기준 및 안전기준
진행 지역
MDE(Minimum Detectable Effects)

실험을 위한 아래와 같은 지표를 정의한다.

목표 지표 정의
실험을 통하여 좋은 결과가 나오기를 기대하는 지표
가드레일 지표 정의
실험을 통해서 저해가 없기를 기대하는 지표
진단용 지표 정의
목표 지표의 증감을 설명할 수 있는 추가적 지표

실험 설계 시 추가적인 고려 사항은 다음과 같다.

다른 실험과의 상호 영향
실험이 장기화로 고객에게 줄 수 있는 부정적 영향
유의미한 실험 결과 도출 지연 시 실험 지속에 대한 의사결정 방법

16-3. 데이터 수집

데이터 수집은 실험 설계를 통해 정해진 지표들의 성과를 측정하고 의사 결정하기 위해 어떤 데이터를 수집할지를 결정하고 또 수집된 데이터를 어디에 저장할지도 결정하는 수집하는 행위이다.

데이터 수집 시에는 우선순위 별로 필요 데이터 로그를 정의하고 실험을 위한 유저 아이디, 판별된 그룹, 판별 시각이 남는 Assign 테이블은 반드시 필수로 작성해야 한다.

수집된 데이터 저장 장소 결정은 반드시 Data Engineer와 데이터 파이프라인 구성 전에 미리 같이 설계에 대해 합의해야 한다.

수집 데이터 저장 장소는 일반적으로 아래와 같다.

서버 데이터베이스
데이터 무결성과 정합성이 가장 높아 실험자가 선호하는 방법이다.

서버 로그
실험자의 데이터 처리가 쉬우며 배포에 대한 자유도가 높다.

클라이언트 로그
클라이언트의 데이터 처리가 쉽지만 클라이언트만 로깅이 가능한 경우가 존재한다.

16-4. 실험

실험은 사전에 준비된 실험 설계 방법에 의해 진행한다.

시험 진행 시에 아래와 같은 사항을 지속적으로 확인하며 진행한다.

성과분석 마일스톤 설정
실험 중간분석시점
실험종료 후 분석 목표 지표
가드레일 지표
실험 정상 운영 모니터링을 위한 대시보드 구현
실험 Alert 세팅

시험 시 유의해야 할 사항은 아래와 같다.

실험군 및 대조군의 편입유무
Sample Ratio Mismatch 기술적 이슈로 인한 불균형적인 할당
성과분석 이후 Roll out 또는 Rollback 의사결정
Average Treatment Effect (ATE) 실험군 갯수
Average Treatment Effect (ATE) 통계적 유의성 검정
실험을 통해 알게된 추가적인 인사이트 유무
Conditional Average Treatment Effect의 개선방식

ATE(Average Treatment Effect)

Average Treatment Effect는 실험 대조군 즉 Treatment Group과 Control Group간의 Treatment여부에 따르는 인과관계를 계산할 때 사용하는 척도이다.

Average Treatment Effect의 쉬운 예는 신약을 개발할 때 신약을 투여한 집단과 신약을 투여하지 않은 집단 간의 차이를 분석해 약효를 증명하는 것이다. 이때 약을 투약한 집단이 Treatment Group, 약을 투여하지 않은 집단이 Control Group에 속한다.

Average Treatment Effect의 계산방법은 앞의 예에서 투약에 할당된 Treatment Group 단위와 비교 통제에 할당된 Control Group 단위 사이의 평균 결과 차이로 측정한다.

17. 데이터 분석 용어 해설

17-1. 독립변수 / 종속변수 / 통제변수

변수(Variable)는 가설의 핵심 구성 요소로 가설을 정하면 가설 변수(Variable) 간의 인과 관계를 확인하여 가설을 검증한다.
가설의 변수는 독립변수, 종속변수와 그들에 영향을 주는 조절변수, 외생변수, 억압변수, 매개변수 등의 통제변수로 구성된다.

각 변수의 특징은 아래와 같다.

독립변수(Independent Variable)
함수 관계에서 다른 변수의 변화와 관계 없이 독립적으로 변화하는 변수를 말한다.

종속변수(Dependent Variable)
독립 변수에 영향을 받아서 값이 변화하는 변수

통제변수(Control Variable)
실험자가 독립변수와 종속변수에 영향을 미칠 가능성이 있는 변수들이기 때문에 일단 연구 과정에 포함시킨 후 이를 세밀하게 통제함으로써 보다 타당한 실험 결과를 얻을 수 있다고 판단하는 변수이며 조절변수, 외생변수, 억압변수, 매개변수 등이 이에 속한다.

17-2. ATE (Average Treatment Effect)

Average Treatment Effect는 실험 대조군 즉 Treatment Group과 Control Group간의 Treatment여부에 따르는 인과관계를 계산할 때 사용하는 척도이다.

Average Treatment Effect의 쉬운 예는 신약을 개발할 때 신약을 투여한 집단과 신약을 투여하지 않은 집단 간의 차이를 분석해 약효를 증명하는 것이다. 이때 약을 투약한 집단이 Treatment Group, 약을 투여하지 않은 집단이 Control Group에 속한다.

Average Treatment Effect의 계산 방법은 앞의 예에서 투약에 할당된 Treatment Group 단위와 비교 통제에 할당된 Control Group 단위 사이의 평균 결과 차이로 측정한다.

17-3. 목표지표 / 가드레일 지표 / 진단용 지표

목표 지표(Goal Metric)
실험을 통하여 좋은 결과가 나오기를 기대하는 지표를 말한다.

가드레일 지표(Guardrail Metric)
실험 때문에 발생 하는 저해요소가 허용범위 수준을 넘지 않기를 기대하는 지표를 말한다.

진단용 지표
목표지표의 증감을 설명할 수 있는 추가적 지표를 말한다.

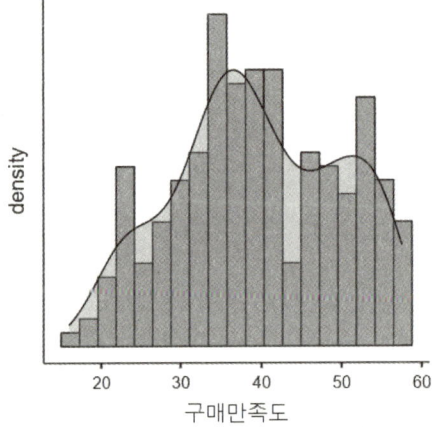

Linear Regression

Model Fit Measures

Model	R	R²
1	0.930	0.866

Model Coefficients - 일련번호

Predictor	Estimate	SE	t	p
Intercept	17.004	8.853	1.92	0.056
성별	−4.916	3.283	−1.50	0.136
접속방법	48.538	1.308	37.11	< .001
구매만족도	0.787	0.266	2.96	0.003
서비스만족도	−0.925	0.291	−3.18	0.002

17-4. User Acquisition

User Acquisition은 타깃 마켓에서 신규 고객을 유치하는 행위를 의미한다.

User Acquisition은 마켓에서 프로덕트가 성장하는지 알 수 있는 중요한 척도이다.

User Acquisition Strategy를 수립하여 User Acquisition 방법, 비용을 설정할 때, 관련 데이터 분석을 통하여 User Acquisition의 추세 및 패턴을 분석하며 정보를 제공하는 역할을 데이터 분석 팀이 수행한다.

마케팅 측면에서의 User Acquisition은 새로운 고객에게 마케팅 활동을 통해 프로덕트를 구매하도록 설득하는 마케팅 전략으로 해석된다.

User Acquisition의 최종적인 목표는 프로덕트의 판매율을 높이고 지속 가능한 고객을 확보하는 것이다.

N.O.T.E

프로덕트 정의

현재의 시점에서 우리가 말하는 프로덕트(Product)의 의미는 소비자가 자신의 필요와 욕구충족을 위해 구매하는 모든 것을 말하며, 특히 마케팅 적인 측면에서 프로덕트의 의미는 "유무형의 제품, 서비스, 솔루션, 이벤트, 사람, 조직, 아이디어 혹은 이들의 결합물"등 마케팅의 대상이 되는 모든 것을 말한다.

프로덕트(Product)는 고객의 니즈를 충족시키기 위해 고객에게 제공되는 제품, 서비스, 사용 경험, 사람, 아이디어, 정보, 조직 등의 다양한 고객가치의 결합체를 의미한다.

앞에서 말한 프로덕트(Product)의 의미들을 모두 모아 좀 더 세련되게 정리해서 표현해 보면 "프로덕트(Product)란 고객이 원하는 가치와 UX(User Experience)를 제공하기 위해 만들어진 유무형의 제품, 상품, 서비스 혹은 그들의 결합체인 솔루션"라 표현할 수 있다.

프로덕트 관리(Product Management)

프로덕트 관리(Product Management)를 한마디로 정의하면 프로덕트의 탄생에서 소멸까지, 즉 프로덕트 라이프 사이클 전반에 걸쳐 프로덕트를 관리하는 행위를 말한다.

Part 2 프로덕트 매니저 필요지식

N.O.T.E

17-5. Sign Up / Sign In

Sign Up은 "등록하다" 라는 뜻으로 고객 가입 행위를 말한다.

Sign Up은 웹 사이트나 SNS에서는 정해진 회원 규정에 따라 계정을 만들고 회원등록을 하는 것을 말한다.

Sign In은 "서명하다" 라는 뜻으로 가입되어 있는 고객이 웹 사이트나 SNS에 자신이 등록되어 있음을 증명하고 접속하는 즉 Log In 하는 행위를 말한다.

[Sign Up 예시]

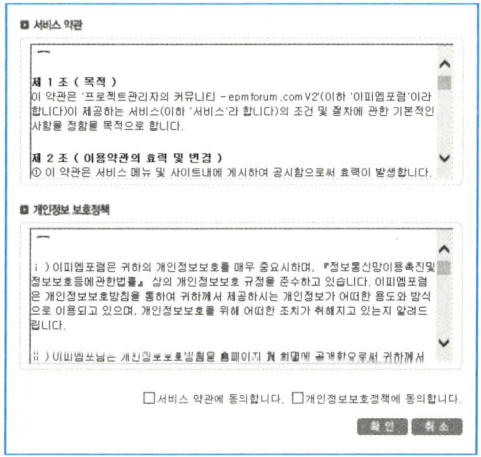

[Sign In 예시]

17-6. A/B Test

A/B Test는 지표 분석을 위한 통계적인 표본 가설 검증 실험 기법이다.

두 개의 변수 A와 B의 인과관계를 확인하기 위해 사용하는 종합 대조 실험(controlled experiment)이며 버킷 테스트 혹은 분할 실행 테스트라고도 한다.

A/B Test를 실시하기 위해 사전 설계가 필요한 사항은 실험 가설, Treatment Group, Control Group, 독립변수, 종속변수, 통제변수, 목표지표, 가드레일 지표, 진단용 지표, 표본 추출방법, 표본 추출 사이즈, 신뢰 구간, 결과 검증 방법 등 다양한 데이터 분석 정보가 필요하다.

A/B Test는 프로덕트 마케팅에서 비즈니스 의사결정을 위한 정보를 추출하고 검증하는 주요한 수단이며 데이터 분석팀의 데이터 분석을 위한 도구이다.

N . O . T . E

17-7. Funnel Analysis

Funnel Analysis은 고객이 프로덕트를 최초로 탐색하는 시점부터 구매에 이르는 고객 여정 흐름을 시각화 하여 분석하는 도구이다.

Funnel Analysis의 시각화 다이어그램은 병에 액체를 넣는 데 사용하는 나팔 모양의 기구인 깔때기 모양이다.

가장 일반적인 Funnel Analysis 분석 사례는 고객 분석을 웹 사이트나 쇼핑몰에 접속하여 프로덕트를 탐색하는 단계의 고객 수, 장바구니에 담는 단계의 고객 수, 구매 클릭하는 단계의 고객 수, 결재하는 단계의 고객 수를 분석하여 시각적으로 표현하는 경우이다.

Funnel Analysis는 데이터 분석팀이 고객 여정 흐름에 따르는 전환 경로를 단계 별로 분석하는 도구이다.

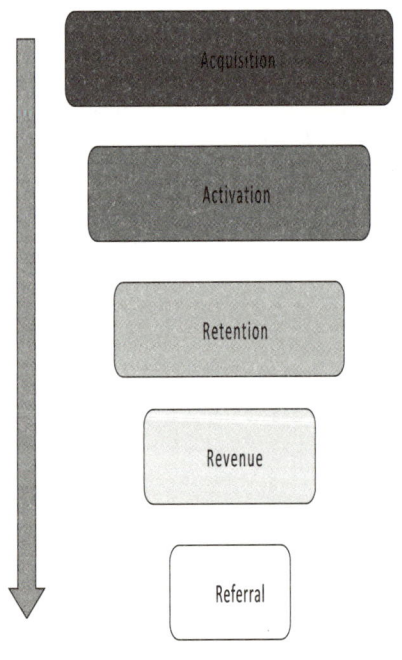

[Funnel Analysis]

17-8. Data Wrangling

Data Wrangling은 최초 수집된 원천 데이터를 분석 및 시각화하기 전에 정제하는 행위이다. 특히 원천 데이터가 정형 데이터와 비정형 데이터가 함께 존재하는 경우에 필요한 데이터 정제 행위이며 Data Munging이라고도 한다.

Data Wrangling는 우선 원천 데이터를 추출하고 사전 정의된 데이터 자료 구조로 Data Parsing 한 다음에 Data Sinkdp 보관하는 방식이다.

Data Wrangling의 수행 프로세스는 아래와 같다.

Data Discovering -> Data Structuring -> Data Cleaning -> Data Enriching -> Data Validating -> Data Publishin

N . O . T . E

Part 2 프로덕트 매니저 필요지식

N.O.T.E

17-9. AARRR Framework

AARRR Framework 는 미국의 데이브 맥클루어(Dave MccClure)가 처음 개발한 Funnel Analysis 모델이다.

AARRR Framework 모델은 아래와 같은 Funnel Framework을 가지고 있다.

Acquisition(고객 유치) 고객의 프로덕트 탐색지표
Activation(고객 활성화) 고객의 활동지표
Retention(고객 유지) 고객의 참여지표
Revenue(수익) 고객의 구매지표
Referral(추천) 고객의 타인 추천지표

AARRR Framework 모델은 고객의 주요한 프로덕트 사용자 경험 행동을 정량 및 상대 지표화 하여 고객 행동 분석 정보로 비즈니스 의사결정시 제공한다.

Funnel Analysis

Funnel Analysis은 고객이 프로덕트를 최초로 탐색하는 시점부터 구매에 이르는 고객 여정 흐름을 시각화 하여 분석하는 도구이다.

Funnel Analysis의 시각화 다이어그램은 병에 액체를 넣는 데 사용하는 나팔 모양의 기구인 깔때기 모양이다.

가장 일반적인 Funnel Analysis 분석 사례는 고객 분석을 웹 사이트나 쇼핑몰에 접속하여 프로덕트를 탐색하는 단계의 고객 수, 장바구니에 담는 단계의 고객 수, 구매 클릭하는 단계의 고객 수, 결재하는 단계의 고객수를 분석하여 시각적으로 표현하는 경우이다.

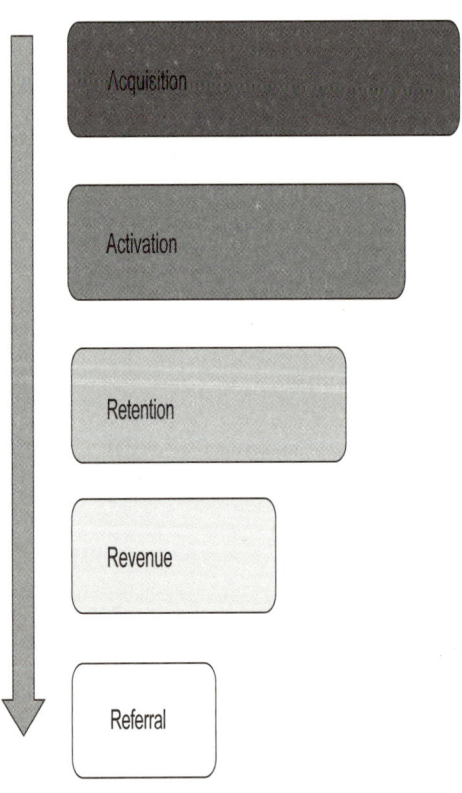

17-10. Cohort Analysis

Cohort Analysis는 특정 기간 범위 내에서 유사 경험을 한 집단의 행동 패턴을 비교하고 분석하는 행동 분석 기법을 말한다.

Cohort란 일반적으로 비슷한 경험을 공유하고 있는 동일 연령대의 인구층을 말하는 단어이다.

Cohort Analysis는 실험 분석 전에 데이터 세트의 데이터를 관련 속성에 따라 유사 그룹으로 나누어 실시하는 방법을 사용한다.

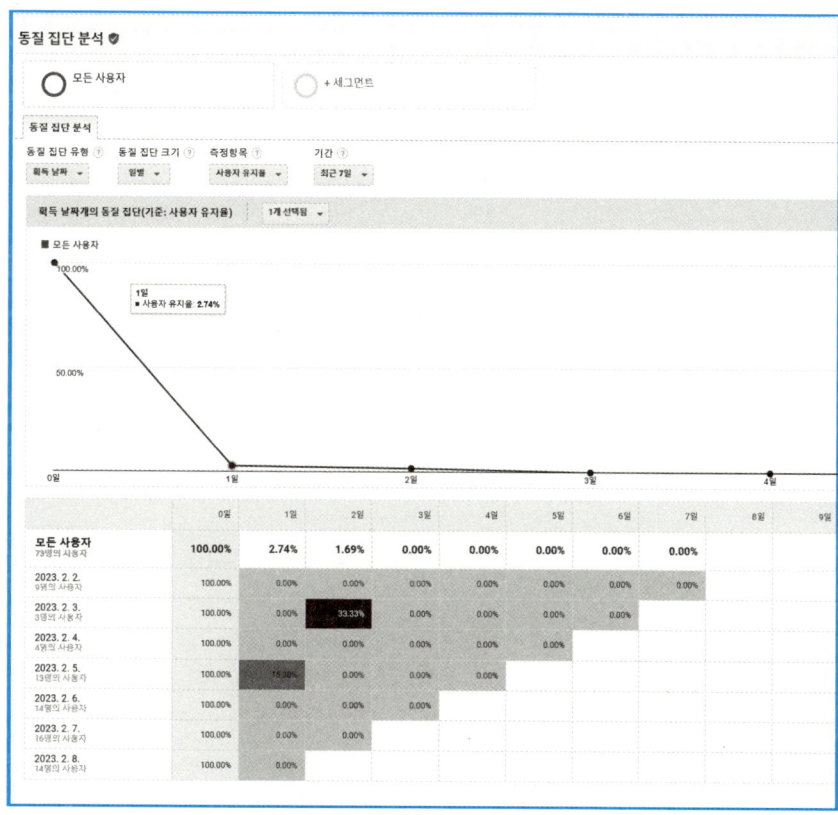

[구글 Ads Cohort Analysis 분석 예시]

17-11. Organic / Paid

마케팅 데이터 분석에서는 Organic은 프로덕트와 고객과의 자연스러운 접촉을 의미한다.

예를 들면 Organic Traffic은 검색 광고 같은 마케팅 채널을 통해 유도된 사이트의 트래픽이 아닌 검색 엔진에 노출된 웹페이지 링크로 유입되는 트래픽을 말한다.

마케팅 데이터 분석에서는 Paid는 Organic과 반대의 개념으로 프로덕트와 고객간에 유도된 접촉을 의미한다.

예를 들면 Paid Traffic은 검색 광고 같은 마케팅 채널을 통해 유도된 사이트의 트래픽을 말한다.

Chapter 4 프로덕트 데이터 분석 지식

17-12. AU (Active User)

N . O . T . E

AU(Active User)는 프로덕트의 활성 사용 고객 수를 말한다.

AU(Active User)는 시간 범위에 따라 아래와 같이 구분할 수 있다.

DAU(Daily Active User)
WAU(Weekly Active User)
MAU(Monthly Active User)

AU(Active User)는 프로덕트에 대한 기간 대비 고객 활성화 수준을 측정하는 지표이다.

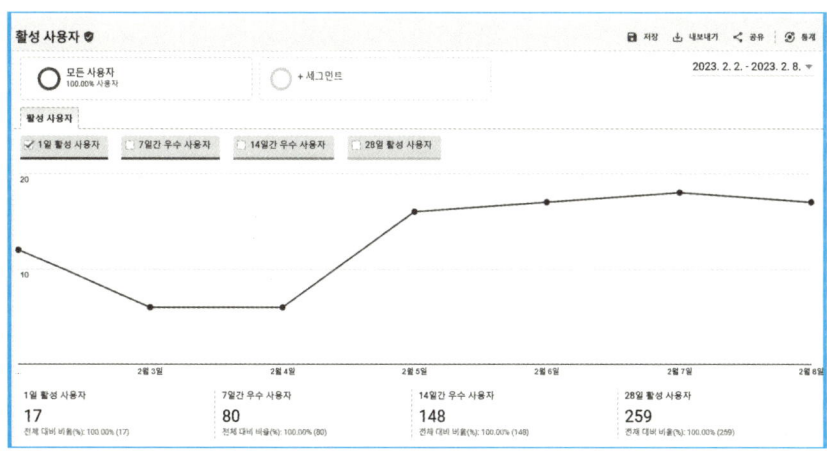

[구글 Ads AU(Active User) 분석 예시]

165

N.O.T.E

17-13. MCU (Maximum Current User) / ACU (Average Current User)

MCU(Maximum Current User)는 특정한 기간의 최대 고객 수를 의미한다.

MCU(Maximum Current User)는 웹사이트나 SNS 분석 시에는 최대 동시 접속자 수 라는 의미이다.

ACU (Average Current User)는 특정한 기간의 평균 고객 수를 의미한다.

ACU (Average Current User)는 웹사이트나 SNS 분석 시에는 평균 동시 접속자 수 라는 의미이다.

17-14. ARPU / ARPPU

N . O . T . E

ARPU(Average Revenue Per User)는 AU(Active User) 1인당 평균 결제 금액을 의미한다.

ARPU(Average Revenue Per User)의 계산 방법은 기간 대비 매출을 AU(Active User) 수로 나누는 방법이다.

ARPPU (Average Revenue Per Paying User)는 유료 AU(Active User) 1인당 평균 결제 금액을 말한다.

ARPPU (Average Revenue Per Paying User)의 계산 방법은 기간 대비 매출을 유료 AU(Active User) 수로 나누는 방법이다.

17-15. ASP (Average Selling Price)

ASP(Average Selling Price)는 특정 프로덕트의 평균 판매 가격을 의미 한다.

ASP(Average Selling Price)는 프로덕트 출시 가격을 정할 때 벤치마크 역할을 할 수 있다.

ASP(Average Selling Price)의 계산 방법은 프로덕트 총 수익을 총 판매량으로 나누어 계산 한다.

판매하고자 하는 프로덕트가 고품질의 이미지로 고객에게 다가가고 싶다면 ASP(Average Selling Price)를 높여야 하고 반대로 다량 판매로 매출을 극대화 하고 싶다면 ASP(Average Selling Price)를 낮추어야 한다.

17-16. CAC (Customer Acquisition Cost)

CAC(Customer Acquisition Cost)는 기업이 신규 고객을 확보하기 위해 지출하는 금액을 측정하는 지표이다.

CAC(Customer Acquisition Cost)에는 신규 고객을 확보하기 위한 마케팅, 홍보, 세일즈 비용의 총 합과 그에 필요한 자산이 포함된 총 비용이다.

CAC(Customer Acquisition Cost)의 계산 방법은 고객 확보에 소요된 마케팅, 홍보, 세일즈 비용을 합하여 일정 기간 동안 확보한 총 고객 수로 나누어 계산한다.

CAC(Customer Acquisition Cost)는 고객 가치를 추정하는 데 도움이 되며 기업 판매 마케팅 비용의 ROI를 측정하는 지표로 활용된다.

> **N . O . T . E**
>
> **고객(Customer) 정의**
>
> 고객(Customer)은 프로덕트(Product)의 가치를 지불하고 사용하게 될 개인 또는 조직을 포함한다.
>
> 고객(Customer)과 사용자(User)는 같을 수도 다를 수도 있는데, 만일 다른 경우라고 본다면 고객(Customer)은 프로덕트(Product)을 인수하는 주체이고, 사용자(User)는 이러한 프로덕트(Product)을 사용할 사람들이다.
>
> 프로덕트(Product)의 고객(Customer)은 외부고객과 내부고객으로 크게 나눌 수 있다.
>
> 외부고객은 프로덕트(Product)를 외부에서 구매하여 사용하는 개인이나 조직을 말하며, 내부고객은 프로덕트(Product) 개발에 비용을 지불하고 프로덕트(Product)의 가치나 기능을 얻고자 하는 기업 내부의 경영자나 스폰서 혹은 타조직인력을 말한다.

17-17. LTV (Lifetime Value)

LTV (LifeTime Value)는 기업에게 고객이 고객으로 존재하는 동안 제공하는 평균 수익의 현재 가치이다.

고객의 LTV (Lifetime Value)가 높다는 것은 지속적으로 고객이 기업의 프로덕트를 구매하고 있다는 것이며 고객과 우호적인 관계를 유지하고 있음을 의미한다.

LTV (Lifetime Value)을 계산하는 방법은 평균 구매 단가에 구매 빈도와 계속 구매 기간을 곱하여 계산한다.

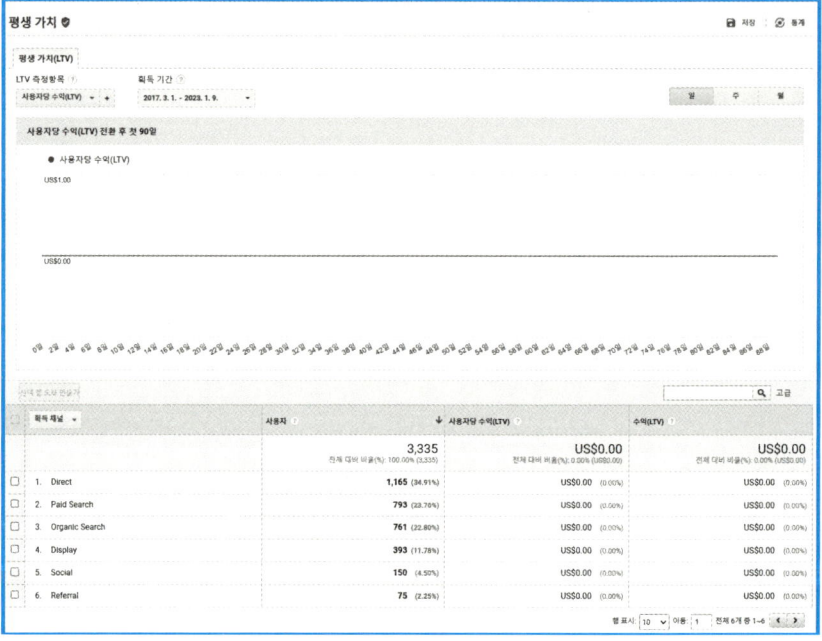

[구글 Ads LTV (Life Time Value) 분석 예시]

17-18. Entrances / Bounce Rate / Exit Rate

N.O.T.E

Entrances는 고객이 프로덕트를 탐색 혹은 구입하기 위해 기업의 매장, 웹사이트, 쇼핑몰 등을 방문한 횟수를 말한다.

Bounce Rate은 이탈율이라 번역하며 고객이 기업의 매장, 웹사이트, 쇼핑몰 등을 방문 후 아무 상호 작용 없이 떠난 지표를 말한다.

Exit Rate은 종료율이라 번역하며 다른 기업의 매장, 웹사이트, 쇼핑몰 등으로 가는 다시 방문하지 않는 경우의 지표이다.

Bounce Rate과 Exit Rate의 차이점을 예로 들면 기업 매장에 세가지 쇼룸이 있는 경우 매장에 들어 온 고객이 구매 없이 쇼룸 간의 이동을 한다면 Bounce Rate에 해당하는 상황이고 매장을 나가 다른 기업의 매장으로 이동한다면 Exit Rate에 해당하는 경우이다.

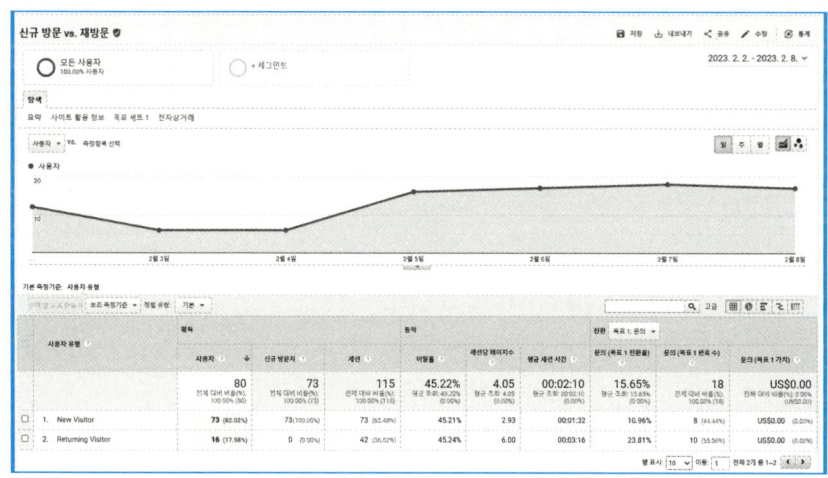

[구글 Ads Entrances / Bounce Rate / Exit Rate 분석 예시]

N.O.T.E 17-19. Page View / Unique Visitor

Page View는 특정 기간 동안 웹사이트의 페이지를 본 총 횟수이다.

Unique Visitor는 특정 기간 동안 웹사이트를 방문한 순 방문자 수를 말한다.

Unique Visitor의 수를 계산할 때 중복 방문 한 경우, 1회 방문으로 계산한다.

Page views 수와 Unique Visitor 수를 계산하는 예를 들면 한 명의 사용자가 특정 웹사이트에 5번 접속해서 웹사이트 페이지 사이를 5번 이동 했다면 Unique Visitor 수는 1명, Page View 횟수는 25회 이다.

17-20. CVR (Conversion Rate)

CVR (Conversion Rate)은 기업의 마케팅 결과로 고객이 유의미한 행동을 취하는 비율을 말한다.

예를 들면 키워드 광고를 보고 고객이 사이트를 방문하여 회원가입을 하거나 혹은 프로덕트를 구매하는 것과 같은 행위를 한 것에 대한 지표를 말한다.

CVR (Conversion Rate)의 계산은 Conversion 수를 Entrances 수로 나누어 100을 곱하는 방식으로 계산한다.

17-21. CPC / CPM / CPP

CPC (Cost Per Click)는 온라인 검색 및 노출광고에서 사용되는 비용 계산 법으로 구글, 네이버와 같은 포탈이나 광고 대행사가 제공하는 검색 키워드 혹은 사이트 접속 경로를 고객이 한번 클릭했을 때 기업이 지불하는 비용을 의미한다.

CPM (Cost Per Mille)의 mille는 1000을 의미하는 라틴어이다.

CPM (Cost Per Mille)은 온라인 검색 및 노출광고에서 사용되는 비용 계산 법으로 구글, 네이버와 같은 포탈이나 광고 대행사가 제공하는 검색 키워드 혹은 사이트 접속 경로를 고객이 1000번 클릭했을 때 기업이 지불하는 비용을 말하며 CPT(Cost Per Thousand)의 동의어이다.

CPP (Cost Per Period)는 온라인 검색 및 노출광고에서 사용되는 비용계산 법으로 구글, 네이버와 같은 포탈이나 광고 대행사가 제공하는 검색 키워드 혹은 사이트 접속 경로 노출에 대해 클릭 수와 관계 없이 기간으로 비용을 계산하는 방법이다.

CPC, CPM, CPP는 집행한 광고 비용에서 클릭당 비용이 얼마나 사용되었는지 계산하고 광고 비용의 투입대비 효과를 판단하는 참고 지표로 활용된다.

17-22. CPA / CPI

CPA(Cost Per Action)는 구글, 네이버와 같은 포탈이나 광고 대행사 혹은 앱 마켓 등에서 유입된 사용자가 광고주가 원하는 회원가입, 설치 등의 액션을 하는 경우 광고주가 지불하는 비용을 말한다.

CPA(Cost Per Action)는 클릭만 하면 광고 비용이 발생하는 CPC(Cost Per Click)를 보완하는 광고비 지급 방식으로 실제로 상품을 구매할 의사가 있는 사용자의 행동이 발생할 때만 광고비를 지급하는 방식이다.

CPI(Cost Per Installation)는 CPA(Cost Per Action)와 같은 방식이나 사용자의 특정한 행동, 예를 들면 모바일 앱 설치와 같은 특정한 행동만을 대상으로 광고 비용을 지불하는 방식이다.

CPI(Cost Per Installation)는 일반적으로 모바일 게임이나 모바일 앱 서비스의 광고 비용 설정 시 많이 사용한다.

CPI(Cost Per Installation)의 광고비 계산 방법은 설치 수에 CPI 설정 금액을 곱하는 방식이다.

17-23. CLV (Customer Lifetime Value)

CLV (Customer Lifetime Value)는 기업과 고객이 비즈니스와 관계를 맺는 전체 기간 동안 비즈니스에 있어 고객이 갖는 총 가치, 즉 고객이 일으키는 총 수익을 추정한 값을 말한다.

CLV (Customer Lifetime Value)는 다음과 같은 방법으로 측정할 수 있다.

첫 번째 방식은 고객이 가치를 창출하는 기업과의 접촉지점을 식별하여 측정한다.

두 번째 방식은 고객 여정을 상시 모니터링하고 기록 관리하는 방식으로 측정한다.

세 번째 방식은 고객과 기업의 접촉 지점에서 수익 및 매출을 측정하는 방식이다.

네 번째 방식은 고객의 LTV (Lifetime Value) 변화를 측정하는 방식이다.

17-24. ROAS (Return On Advertising Spend)

ROAS(Return On Advertising Spend)는 광고 캠페인에 투입한 비용 대비 광고 캠페인으로 얻은 매출에 대한 수익율을 말한다.

ROAS(Return On Advertising Spend)는 광고비에 대한 매출 비율을 측정하는 지표로 활용된다.

ROAS(Return On Advertising Spend)의 계산법은 광고로 인한 매출을 광고 비용으로 나누어 계산한다.

ROAS = (Revenue / Cost) * 100%

ROAS 계산 시 주의 할 점은 Revenue는 번역하면 '수익'이지만 ROAS 계산에는 반드시 '매출'로 계산하여야 한다.

17-25. Referral Marketing

Referral Marketing은 고객 간의 프로덕트 추천 마케팅으로 고객과 기업 간의 신뢰와 고객 간의 동질감에 근거한 마케팅 방법이다.

Referral Marketing은 구매자가 추천자에게 프로덕트를 추천받거나 보증을 받는 방식으로 이들 간의 밀접한 상호관계를 활용한 간접 프로모션 방법이다.

Referral Marketing은 추천자가 프로덕트를 구매자에게 추천하는 명시적 방법과, 판매자가 추천자를 구매자에게 거명하는 암시적 방법이 있다.

Referral Marketing은 SNS와 인터넷의 비약적인 발달로 추천인의 추천 전달력과 효용성이 크게 증가하고 있어 중요한 마케팅 기법으로 현재 대두되고 있다.

17-26. CTR (Click Through Rate)

CTR(Click Through Rate)은 광고 캠페인에서 노출에 대한 클릭의 비율이다.

CTR(Click Through Rate)의 계산 방법은 광고 캠페인의 클릭 수를 전체 노출 수로 나눈 다음, 계산 결과값에 100을 곱하는 방식으로 계산한다.

예를 들어 구글이나 네이버 같은 토털에서 광고 이벤트가 1000회 노출되어서 사용자의 클릭 수가 30회 되었다면 광고 캠페인의 CTR(Click Through Rate)은 3% 이다.

컴퓨터		휴대전화		태블릿	
클릭률(CTR) ▼	클릭수 ▼	클릭률(CTR) ▼	↓ 클릭수 ▼	클릭률(CTR) ▼	클릭수 ▼
4.60%	75	3.06%	18	0.00%	0
0.00%	0	0.00%	0	0.00%	0
0.00%	0	0.00%	0	0.00%	0
0.00%	0	0.00%	0	0.00%	0
0.00%	0	0.00%	0	0.00%	0
0.00%	0	0.00%	0	0.00%	0
0.00%	0	0.00%	0	0.00%	0
0.00%	0	0.00%	0	0.00%	0
0.00%	0	0.00%	0	0.00%	0
0.00%	0	0.00%	0	0.00%	0
0.00%	0	0.00%	0	0.00%	0
4.60%	75	3.06%	18	0.00%	0

[구글 Ads CTR(Click Through Rate) 예시]

17-27. Deep Link

Deep Link는 사용자를 웹사이트의 홈페이지 대신 웹사이트 내의 특정 페이지나 이미지 혹은 앱으로 직접 연결되는 하이퍼링크를 말한다.

Deep Link는 사용자가 찾는 특정 정보로 이동하는 시간과 노력을 줄여주어 UX측면에서 사용자에게 좋은 이미지를 주고 전환율 및 Retention을 높일 수 있다.

Deep Link의 종류는 아래와 같이 다양한 형식이 있다.

Custom URL Scheme
모바일 기기 앱 상에서 원하는 페이지로 하이퍼 링크 연결 방식이다.

App Links / Universal Link
App Links는 Android API 6.0버전 이상, Universal Link는 iOS 9버전 이상만 사용 가능하며 모바일 기기에 앱이 설치 되어 있지 않은 경우를 대비하여 Deep Link URL을 사용하여 웹사이트로 연결하는 방식이다.

Deferred Deep Link
모바일 기기에 앱이 없는 경우 우선적으로 사용자를 앱 설치 스토어로 이동시켜 앱을 설치하도록 한 후에 원하는 페이지로 하이퍼 링크 연결하는 방식이다.

17-28. Post Back

Post Back은 구글 혹은 네이버와 같은 토탈이나 광고 사이트를 통해 확인된 사용자의 특정 활동을 다시 광고주가 원하는 형태와 지점으로 알려주는 행위를 말한다.

Post Back을 사용하는 이유는 고객 즉 사용자에 대한 행위를 활용해 고객의 니즈를 찾고 좀 더 적합한 광고를 타깃 고객에게 재시도 하기 위함이다.

N.O.T.E

17-29. Retention Marketing

Retention Marketing은 기존 고객과의 관계를 우호적으로 유지하는 방법으로 고객 유지율을 증가시켜 기존 고객의 반복 구매를 통한 매출과 수익성 극대화를 목표로 하는 마케팅 기법이다.

Retention Marketing은 신규 고객을 유치하는 홍보비와 광고비 보다 기존 고객을 대상으로 한 광고 및 홍보 마케팅 비용이 적게 든다는 장점이 있다.

Retention Marketing은 기존 고객의 구매 빈도와 반복 구매율을 높일 수 있으며 이는 CLV를 증가 시키는 효과로 이어져 기업의 장기적인 수익성을 확대하는 효과를 가져온다.

17-30. Significance Level

Significance Level은 실험 결과에 대한 심각한 오판을 허용하는 수준을 말하며 가설에 대한 판단이 오판일 확률이 높은 수준을 말한다.

Significance Level을 결정하는 요인은 실험자의 이론적 및 경험적 배경과 가설 수립에 대한 오판의 심각성 정도이다.

Significance Level의 확률은 표본에서 얻어진 통계치가 Null hypothesis이 사실이라는 추정 분포 아래서 나올 확률이다.

Significance Level의 확률이 유의수준에 비하여 적다면 Null hypothesis은 기각하나 통계적으로 유의하고 표본에서 계산된 통계치가 가설로 설정된 표본의 특성과 현저한 차이가 있음을 알 수 있다.

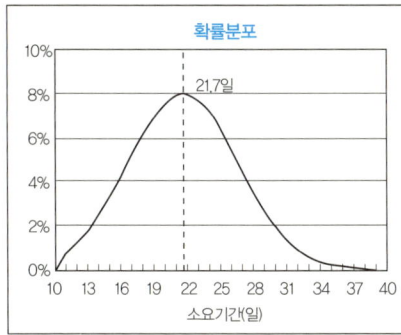
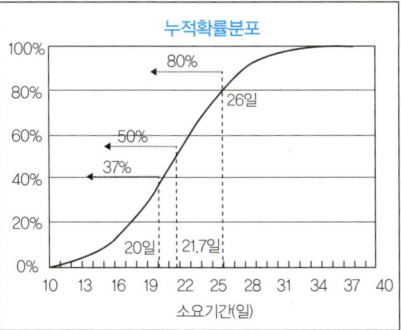

Summary

POINT 1 프로덕트 데이터 분석
- 프로덕트에서 수집되는 데이터는 프로덕트 개발 사이클이 원활하게 옳은 방향으로 나아가게 하는 원동력이면서 동시에 잘 가고 있는지 알려주는 나침반 역할을 수행해 준다.
- 데이터 분석팀은 Data Analyst, Data Scientist, Data Engineer로 구성된다.
- 분석 데이터 식별 -> 데이터 수집 -> 분석 준비를 위한 데이터 정리 -> 데이터 분석 -> 분석 결과 해석

POINT2 프로덕트 데이터 분석팀의 역할
- 데이터 기반의 서비스 기획
- 프로덕트 지표설정과 분석
- 데이터 분석 도구 활용
- 데이터 기반으로 고객을 추적(Growth Hacking)하고 프로덕트 검증 및 프로덕트 데이터 인사이트 도출
- 데이터에서 찾아낸 여러 인사이트를 바탕으로 프로덕트 지속 개선
- 프로덕트 팀의 데이터 기반 성장에 기여

POINT3 데이터 분석 프로젝트 진행 순서
- 데이터 실험 기획
- 데이터 디자인
- 데이터 실험 설계
- 데이터 개발
- 데이터 설계 검증
- 데이터 배포 및 모니터링
- 데이터 결과 분석
- 데이터 가설 검증
- 데이터 실험 후속 계획 도출

Key Word
- Data Analyst
- Data Scientist
- Data Engineer
- 가설 검증
- Growth Hacking
- 데이터 인사이트

PART 02

프로덕트 매니저 필요지식

Chapter 05 프로덕트 디자인 UX & UI 지식

Chapter 05 프로덕트 디자인 UX & UI 지식

Product Management **Process**

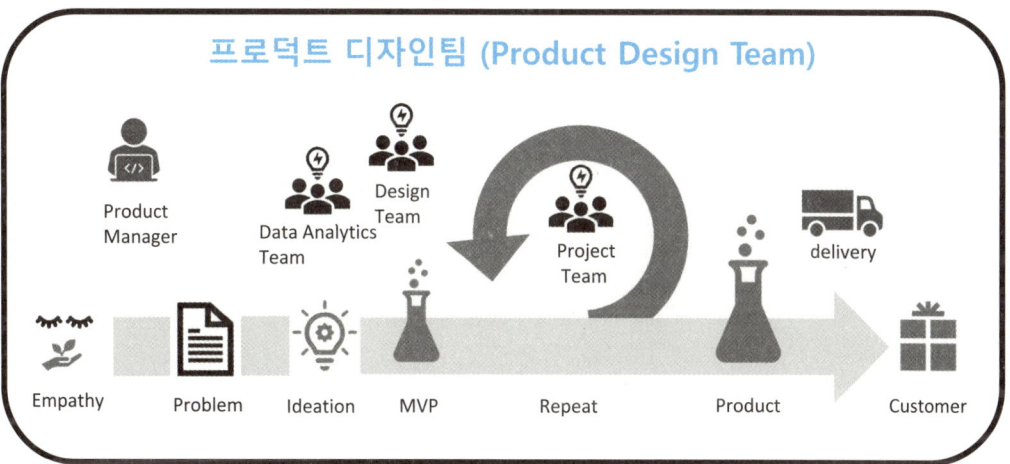

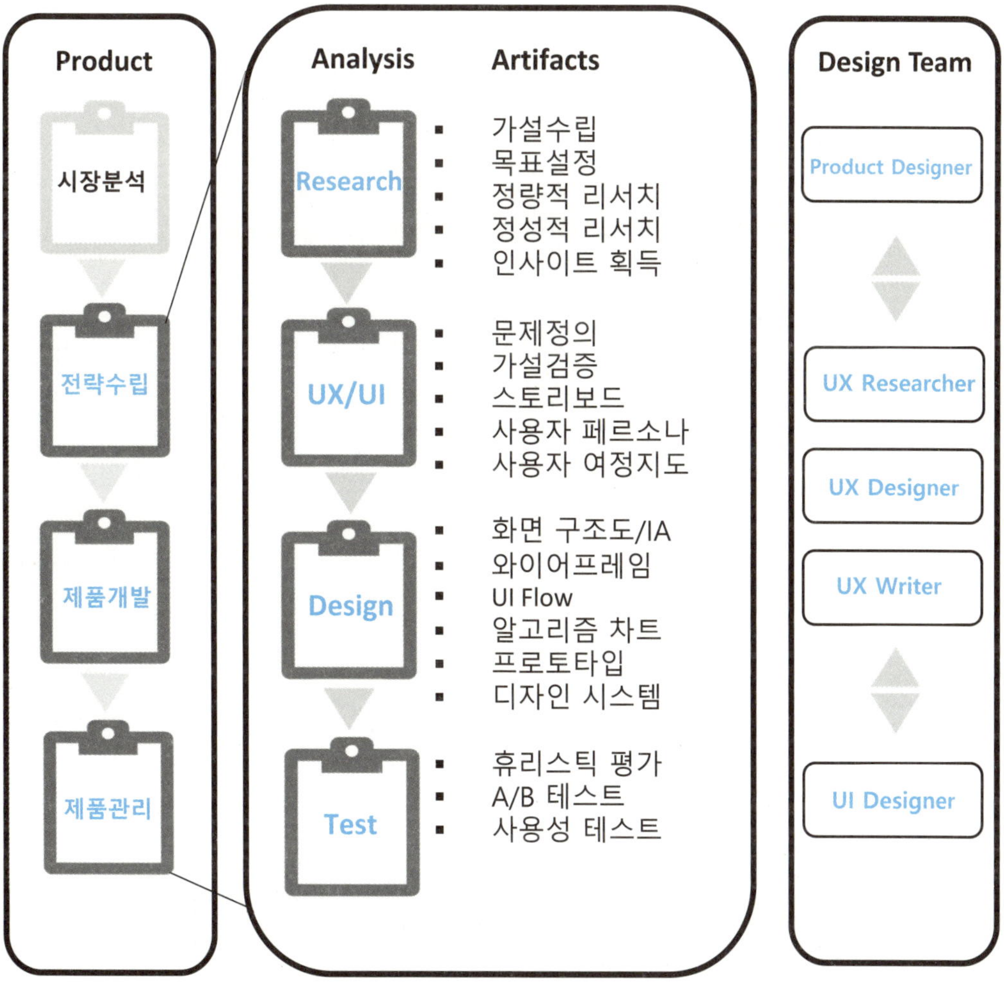

Product	Analysis	Artifacts	Design Team
시장분석	Research	■ 가설수립 ■ 목표설정 ■ 정량적 리서치 ■ 정성적 리서치 ■ 인사이트 획득	Product Designer
전략수립	UX/UI	■ 문제정의 ■ 가설검증 ■ 스토리보드 ■ 사용자 페르소나 ■ 사용자 여정지도	UX Researcher
제품개발	Design	■ 화면 구조도/IA ■ 와이어프레임 ■ UI Flow ■ 알고리즘 차트 ■ 프로토타입 ■ 디자인 시스템	UX Designer UX Writer
제품관리	Test	■ 휴리스틱 평가 ■ A/B 테스트 ■ 사용성 테스트	UI Designer

18. 디자인 UX & UI

18-1. 프로덕트 디자인의 이해

UX(User Experience)의 개척가이고 인지과학자이며 디자이너인 도널드 노먼(Donald Norman)은 "우리가 친숙하지 않은 물건을 처음부터 노력을 들이지 않고 아무 어려움 없이 사용할 수 있다면, 이것은 우연의 산물이 아니라 누군가 세심한 신경을 써서 잘 디자인한 덕분이다."란 표현으로 프로덕트의 UX(User Experience)/UI(User Interface) 디자인의 중요성을 잘 말해 주었다.

현 시점의 프로덕트 관리에서 디자인 UX(User Experience)/UI(User Interface)의 중요도는 점점 더 커지고 있다. 따라서 프로덕트 매니저의 핵심역량에 UX(User Experience)/UI(User Interface)의 비중도 빠질 수 없는 영역이 된 것이다.

프로덕트 관리에서 UX(User Experience)의 핵심은 프로덕트나 디자이너 중심이 아닌 고객, 즉 사용자에 초점을 맞추는 UX(User Experience)인 것이다.

성공하는 기업의 핵심기술 또한 이제 UX(User Experience)/UI(User Interface)에서 창출되고 있다.

UX(User Experience)란 사용자가 프로덕트를 통해 경험할 수 있는 모든 것을 말하며 그러한 UX(User Experience)는 사용자 관점에서 프로덕트를 기획하고 디자인하기 위한 가설을 세우고 검증하는 과정을 거쳐 설계된다.

UX(User Experience)는 디자인 개발 과정에서 디자인의 심미성, 독특함, 사용성의 문제 해결을 추구하고 사용자에게 지속적인 피드백을 받아서 사용자의 관점으로 프로덕트를 반복적으로 디자인하고 개선하는 활동을 한다.

프로덕트 디자인 개발에서 UX(User Experience)와 UI(User Interface) 디자인은 서로 상호 보완적인 작업이다.

N.O.T.E

방법론(Methodology)
진리에 도달하기 위한 과학 연구에서의 합리적인 방법에 관한 이론

프로덕트(Product)
프로덕트(Product)는 고객의 니즈를 충족시키기 위해 고객에게 제공되는 제품, 서비스, 사용 경험, 사람, 아이디어, 정보, 조직 등의 다양한 고객가치의 결합체를 의미한다.

18-2. UX (User Experience)

현 시점에서 UX(User Experience) 디자인의 목표는 디자인한 프로덕트가 고객과 만나는 접점부터 빠르게 고객의 생활에 침투하여 사용성과 친화도를 높이고 고객의 마음을 얻는 것이다.

UX Designer의 역할은 고객 중심의 관점에서 프로덕트에 대한 고객의 반응, 행동, 기억, 감정 등을 UX(User Experience)를 고려해 더 편리하고 친숙하게 이끄는 역할이다.

UX(User Experience)의 시초는 아이러니하게도 기계 중심이 아닌 인간 중심의 작업 방식에 대한 관찰을 통해 생산 효율성을 개선해 나가는 방식인 테일러리즘(Taylorlism)과 인간 중심의 생산 방식을 추구하는 도요타 생산 방식(Toyota Way)이라고 많은 사람들은 보고 있다.

사람이 주변의 환경에서 정보를 수집해 처리하는 과정을 연구하는 학문인 인지과학(Cognitive Science)은 UX(User Experience)의 근간을 이룬다.

UX(User Experience)에 대해 많은 사람이 공감하고 알게 된 것은 1995년 도널드 노만(Donald Norman)이 애플사에서 자신의 업무를 User Experience Architect로 명명하면서 부터 일 것이다.

도널드 노만(Donald Norman)은 애플사에서 프로덕트의 미적인 부분을 넘어서 사용성과 기능성에 대한 디자인의 개념을 명확히 하였다.

N.O.T.E

도요타생산방식
(Toyota Production System)

도요타 자동차가 개발한 생산방식을 말한다. 도요타 생산방식은 생산현장의 낭비를 제거하고 다품종소량 생산체제를 위한 적시생산(JIT)과 자동화 생산이라는 개념으로 구성된다.

N.O.T.E

도널드 노만(Donald Norman)은 UX(User Experience)에 대해 최종 사용자가 기업의 프로덕트와 상호작용하면서 얻는 모든 측면의 경험을 의미한다고 설명하고 있다.

UX(User Experience) 디자인의 주요 작업은 아래와 같다.

IxD(Interaction Design)
Wireframe
Lo-Fi (Low Fidelity) Prototype
Mid-Fi(Mid Fidelity) Prototype
IA(Information Architecture)
사용자 조사
User Flow
User Persona
카피라이팅
접근성 설계

IxD(Interaction Design)

IxD(Interaction Design)는 다양한 차원의 디지털 기술을 이용해 사용자와 프로덕트 간의 상호작용을 원활히 하여 서로 소통할 수 있도록 하는 디자인 분야이다.

IxD(Interaction Design)은 텍스트, 시각적 표현, 물리적 개체나 공간, 시간 및 동작의 5가지 차원 영역을 디자인 표현 공간으로 사용한다.

IxD(Interaction Design)는 텍스트, 시각적 표현, 물리적 개체나 공간, 시간 및 동작의 5가지 디자인 차원 영역을 디자이너가 활용하여 사용자에게 다양하고 창의적인 경험을 제공할 수 있으며, 사용자가 보기 불편한 표현이나 의미 없는 애니메이션 같은 비실용적인 기능 그리고 미학적으로 뒤쳐진 디자인 요소부터 프로덕트를 보호하는 디자인 기법이다.

18-3. UI (User Interface)

UI(User Interface)는 사용자가 프로덕트를 사용하기 위해 사용자와 프로덕트 사이에 상호 소통이 가능하도록 만든 물리적 혹은 가상적 매체인 프로덕트의 인터페이스를 디자인하는 것이다.

UI(User Interface)디자인의 핵심은 프로덕트에 대한 시각적 언어의 규칙을 만드는 것이며 UI(User Interface)디자인의 목표는 브랜딩과 UX를 기반으로 고객이 만족할 수 있는 UI를 만들어 내는 것이다.

UI(User Interface) 디자인의 주요 작업은 아래와 같다.

비주얼 UI 디자인
Hi-Fi(High Fidelity) Prototype
컬러셋팅
그래픽 디자인
레이아웃
타이포 그래픽
디자인 시스템
아이콘 제작
일러스트레이션

N.O.T.E

Prototype

Prototype은 프로덕트의 기능 및 사용성 테스트를 위해 제작되는 동적인 모형을 말한다.

Prototype은 사용성 테스트나 디자이너와 개발자, 프로덕트 매니저 간의 시각적인 커뮤니케이션 툴로 활용된다.

디자인에서 사용하는 Prototype의 종류는 아래와 같다.

Lo-Fi (Low Fidelity) Prototype

간단한 스케치로 작성한다. 핵심에 집중할 수 있고 빠른 제작과 실행, 반복에 편리하며 프로덕트 제작 초기단계에서 커뮤니케이션에 활용하기 좋은 도구이다.

Mid-Fi(Mid Fidelity) Prototype

유저 플로우와 사용성 테스트 시나리오를 확인할 경우 많이 사용하며 Wireframe, 텍스트, 버튼 등의 화면 구성에 대해 정의하고 화면 간의 플로우를 표현한다. 최종버전인 UI디자인 결과물에 비해 빠른 수정이 가능하고 이해관계자와의 커뮤니케이션에 좋은 도구이다.

Hi-Fi(High Fidelity) Prototype

사용자가 실제로 사용하게 될 최종 단계의 높은 퀄리티를 가지고 있는 디자인 산출물에 가까운 형태이며 프로덕트 디자인에 색, 폰트, 폰트 사이즈, 아이콘 등의 세부 디자인 사항이 적용 되고 실제에 가까운 기능을 구현한다.

| N.O.T.E | **18-4. UX & UI 기본용어 정리** |

UX & UI에 대해 본격적으로 설명하기 앞서서 독자의 이해를 돕기 위해 UX & UI 관련 용어를 정리해 본다. 좀 더 자세한 내용은 [21. UX & UI 용어 해설]에서 설명한다.

21-1. Storyboard
21-2. Wireframe
21-3. IA(Information Architecture)
21-4. Prototype
21-5. Mock-up
21-6. Mood Board
21-7. User Flow
21-8. User Persona
21-9. A/B Test
21-10. Design System
21-11. Microcopy
21-12. User Journey Map
21-13. Usability Test
21-14. Heuristic Evaluation
21-15. CLI / GUI / NUI / OUI
21-16. Onboarding
21-17. UX Writing
21-18. CTA(Call To Action)
21-19. IxD(Interaction Design)
21-20. Copywriting
21-21. Typography
21-22. Hierarchy
21-23. Layout
21-24. Flat Design
21-25. Kerning
21-26. Concept
21-27. Favicon
21-28. Grid
21-29. GNB / LNB / FNB / SNB
21-30. 누끼(ぬき)

Chapter 5 프로덕트 디자인 UX & UI

19. 디자인 팀

19-1. Design Team 구성

Design Team은 Product Designer, UX Researcher, UX Researcher, UX Researcher, UX Designer, UX Writer, UI Designer로 구성되며 디자인 팀은 각자의 역할 구성원들의 공동 협업으로 진행되는 협업 방식이다. 디자인 팀 구성원 모두는 가치 있는 디자인 작업물에 대한 공동 책임을 진다. 디자인 팀의 의사소통은 투명하고 광범위하게 이루어져야 하며 구성원 모두 디자인 팀의 팀 목표에 집중하고 팀에 헌신하여야 한다.

N.O.T.E

자기조직화 팀(Self-organizing project team)

자기조직화 팀(Self-organizing project team)은 구성원들이 스스로 조직을 만들수 있는 능력을 가지고 있으며 자율적으로 행동하고 변화에 대한 적응력 그리고 오류 발생시 자기 수정 능력을 가진 팀을 말한다.

Team Building Activities

다양한 환경과 배경, 동기를 가진 프로젝트 구성원을 이끌어 프로젝트를 성공적으로 완수하기 위한 일련의 과정

Tuckman의 팀 발달 5단계

① 형성기 (forming) : 리더의 인도와 지시에 의존하는 단계

② 혼돈기 (storming) : 의사결정이 잘 받아 들여지지 않으며 리더와 팀원, 또는 팀원 간에도 갈등이 발생하는 단계

③ 규범기 (norming) : 팀원간의 합의와 컨센서스가 형성되면서 리더의 지원에 잘반응하는 단계

④ 성취기 (performing) : 팀이 전략적으로 깨어 있어서 해야 할 일과 이유를 잘알고 있고 비전을 공유하는 단계

⑤ 휴지기 (adjourning) : 임무가 성공적으로 완수되고 목적이 이루어져서 팀원들이 새로운 작업으로 이동하는 단계

Part 2 프로덕트 매니저 필요지식

N.O.T.E

Design Thinking

Design Thinking은 고객의 니즈를 최우선으로 생각하여 문제를 해결하는 과정이며 고객이 주변 환경요소와 상호 작용하는 방식을 공감하며 관찰하고 혁신적인 솔루션을 만들기 위해 아래와 같은 5단계의 프로세스를 수행하며, Design Thinking 5단계 프로세스는 반복적으로 이터레이션 된다.

공감하기(Empathize)
프로덕트 매니저는 고객의 니즈 그리고 니즈를 유발시킨 문제와 프로덕트가 어떻게 상호 작용하거나 영향을 받는지 이해하기 위해 고객을 관찰한다. 관찰은 공감과 함께 이루어져야 하며, 이는 고객의 니즈에 대한 어떠한 선입견도 가지지 말고 행해져야 한다. 프로덕트 매니저가 공감을 통해 관찰하는 것은 고객 자신도 가지고 있는지 조차 몰랐거나 혹은 고객 스스로 표현할 수 없는 문제를 더 쉽게 발견할 수 있게 해준다.

문제정의(Define)
공감을 통해 이해하게 된 해결하려는 고객의 문제를 정의하기 위해 첫 번째단계에서 관찰한 내용을 수집한다. 고객이 극복하고 있는 어려움과 반복적으로 어려움을 겪고 있는 것들, 혹은 고객이 문제의 영향을 받는 방식을 통해 얻은 정보에 대해 생각해 본다. 이러한 고찰의 결과를 종합하면 고객이 직면한 문제를 정의할 수 있다.

아이디어 도출(Ideate)
아이디어 도출은 식별한 문제를 해결하는 방법에 대한 아이디어를 브레인스토밍 하는 것이다. 이러한 아이디어 세션은 팀이 창의성과 협업을 장려하는 특정한 공간에 모이는 그룹으로 진행하거나 단독으로 진행할 수 있다. 가장 중요한 부분은 다양한 아이디어를 도출하는것이다.

프로토타입 구현(Prototype)
도출된 아이디어를 실제 솔루션으로 구현하는 단계이다. 완벽한 프로토타입을 만들고자 하는 것이 아니며 프로토타입 제작의 핵심은 도출된 아이디어의 구체적인 버전을 신속하게 제시하여 고객의 반응을 확인하는 것이다.

시험(Test)
고객에게 프로토타입을 제공한 후에는 고객과 프로덕트가 어떻게 상호 작용하는지 관찰해야 한다. 이 테스트 단계는 수행 작업에 대한 피드백을 수집하는 단계이다.

19-2. Product Designer

Product Designer는 디자인 팀의 리더이며 UX 디자인 작업 능력과 UI 디자인 작업 능력을 동시에 가지고 있어 프로덕트 디자인 작업 전반을 관여한다.

Product Designer는 사용자 리서치 작업을 수행하여 빠르게 사용자의 문제를 발견하고 발견한 문제에 대한 해결 방법을 도출하여 디자인 작업을 디자인 팀과 수행하며 디자인 결과물에 대한 고객 검증을 지속적으로 반복하여 디자인 작업을 완수한다.

Product Designer는 Design Thinking을 활용해 디자인 작업을 진행할 수 있으며 개발자 및 프로덕트 매니저와 공동 협업한다.

Product Designer는 그래픽 디자인 스킬 및 레이아웃 감각이 뛰어나야 하며 데이터를 분석하여 디자인에 반영하는 능력을 갖추어야 한다.

Product Designer는 디자이너인 동시에 기업의 사업전략을 이해하며 한정적인 디자인 작업에만 국한하지 않고 기업 비즈니스를 전략적으로 수행하는 역할을 한다.

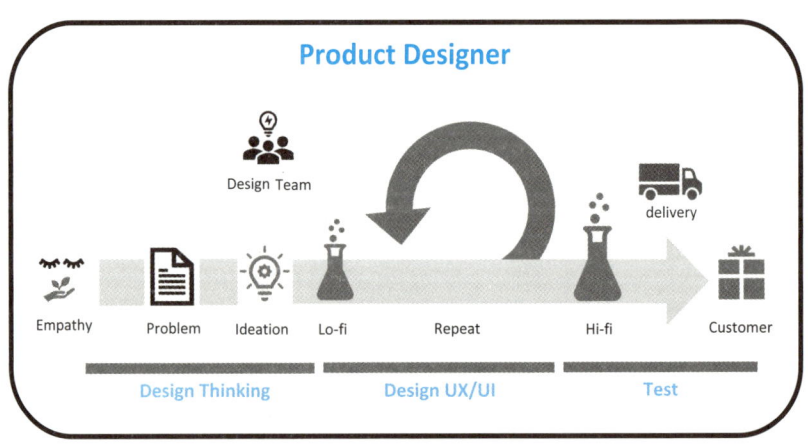

19-3. UX Researcher

UX Researcher는 사용자 리서치 전문가이며 사용자 리서치 작업 뿐만 아니라 사용자 리서치에 대해 룰을 만드는 역할을 수행한다.

UX Researcher는 사용자를 이해하고 그들의 니즈를 파악하기 위한 모든 활동을 수행한다.

UX Researcher가 수행하는 사용자 리서치 작업을 통하여 사용자의 니즈를 파악하고 사용자 프로덕트 UX/UI에 대한 호불호 사유를 파악할 수 있다.

UX Researcher가 수행하는 사용자 리서치 작업을 통하여 디자인 가설을 수립하고, 수립된 가설에 대한 검증을 반복하여 디자인 리스크를 줄이는 작업을 수행한다.

UX Researcher가 수행하는 사용자 리서치 작업을 하는 이유는 디자인 작업에 대한 이해관계자의 승인을 이끌어냄과 동시에 프로덕트 디자인에 대한 새로운 기회와 문제점을 파악하는 것이다.

UX Researcher가 수행하는 사용자 리서치 작업은 아래와 같다.

정량조사 - 설문조사, SEO 랭킹, 애널리스틱, A/B 테스트
정성조사 - 1:1인터뷰, 포커스 그룹, 사용자 테스트, 고객 의견

> **N.O.T.E**
>
> **A/B 테스트**
>
> A/B Test는 지표분석을 위한 통계적인 표본 가설검증 실험기법이다.
>
> 두 개의 변수 A와 B의 인과관계를 확인하기 위해 사용하는 종합 대조실험(controlled experiment)이며 버킷 테스트 혹은 분할 실행 테스트라고도 한다.
>
> A/B Test를 실시하기 위해 사전 설계가 필요한 사항은 실험 가설, Treatment Group, Control Group, 독립변수, 종속변수, 통제변수, 목표지표, 가이드레일 지표, 진단용 지표, 표본 추출방법, 표본 추출 사이즈, 신뢰구간, 결과 검증 방법 등 다양한 데이터 분석 정보가 필요하다.
>
> A/B Test는 프로덕트 마케팅에서 비즈니스 의사결정을 위한 정보를 추출하고 검증하는 주요한 수단이며 데이터 분석팀의 데이터 분석을 위한 도구이다.

Part 2 프로덕트 매니저 필요지식

N.O.T.E

19-4. UX Designer

UX Designer의 역할은 고객 중심의 관점에서 프로덕트에 대한 고객의 반응, 행동, 기억, 감정 등을 UX(User Experience)를 고려해 더 편리하고 친숙하게 이끄는 역할이다.

UX Designer는 사용자 리서치에 직접 진행하거나 깊이 관여한다.

UX Designer는 프로덕트 매니저, UI 디자이너, 개발자, 마케팅 팀과 협업한다.

Wireframe

Wireframe은 프로덕트의 화면 구조를 wire와 frame 중심으로 간략하게 표현한 화면 스케치(sketch)중심의 설계도이다.

Wireframe은 화면을 단순한 선과 박스들로 작성하며 디자인의 컨셉, 기능, 구조에 대하여 프로덕트의 특성을 고려한 설계가 이루어져야 한다.

Wireframe은 프로덕트 팀의 주요한 의사소통 도구이며 프로덕트 이해관계자에게 프로덕트에 대한 이해를 시각적으로 도울 수 있는 역할을 한다.

UX Designer의 주요 작업은 아래와 같다.

IxD(Interaction Design)
Wireframe
Lo-Fi (Low Fidelity) Prototype
Mid-Fi(Mid Fidelity) Prototype
IA(Information Architecture)
사용자 조사
User Flow
User Persona
카피라이팅
접근성 설계

19-5. UX Writer

UX Writer는 UX에 관련된 모든 글을 쓰는 작가(作家)이다.

UX Writer는 프로덕트에서 텍스트로 표시되는 단어나 문구로 사용자에게 무엇을 해야 하는지 알려주고 상황에 대한 컨텍스트를 제공해 브랜드, 프로덕트 및 비즈니스 의도를 전달하는 역할을 수행한다.

UX Writer는 UX(User Experience)에서 글로 제공되는 모든 부분을 체계화하고 작성하는 역할을 한다.

UX Writer가 작성한 글로 UX측면에서 시각적 디자인만으로는 만들기 어려운 차별성을 사용자에게 제공할 수 있다.

예를 들면 프로덕트 디자인 상의 정확한 위치와 타이밍에 추가된 UX Writer가 작성한 글은 사용자의 UX(User Experience)에 상당한 차별성을 줄 수 있다.

UX Writer의 글은 사용자의 프로덕트 사용성을 높이고 올바른 상호작용으로 프로덕트에 대한 긍정도를 높인다. 또한 사용자가 프로덕트에서 일관성 있는 경험을 얻어 프로덕트 신뢰도에 큰 영향을 줄 수 있다.

N . O . T . E

UX Writing

UX Writing은 사용자들이 프로덕트를 사용할 때 Interaction하는 단어와 문구를 작성하는 일을 말한다.

UX Writing은 단순한 글쓰기가 아닌 브랜드 가치를 텍스트를 통하여 사용자에게 전달하는 역할을 할 수 있다.

UX Writing을 할 때는 브랜드의 일관성에 큰 영향을 미치는 UX 문장을 작성하는 것을 넘어 브랜드 전체에 끼치는 영향까지 통합적으로 고려해 작성하여야 한다.

UX Writing을 하는 책임과 역할 담당이 UX Writer이다.

19-6. UI Designer

UI Designer는 하이파이 프로토타입과 UI 디자인 최종 산출물 그리고 비주얼 디자인 제작을 담당하는 역할을 한다.

UI Designer는 사용자 테스트에 관여하며 UX 디자이너와 협업한다.

UI Designer는 프로덕트와 사용자가 만나 서로 상호작용을 할 수 있도록 연결해 주는 매개체, 즉 인터페이스의 디자인 작업을 수행한다.

UI Designer의 주요 작업은 아래와 같다.

비주얼 UI 디자인
Hi-Fi(High Fidelity) Prototype
컬러 셋팅
그래픽 디자인
레이아웃
타이포그래픽
Design System
아이콘 제작
일러스트레이션

N.O.T.E

Design System

Design System은 재사용을 전제로 명확한 디자인 제작 기준을 제시하기 위해 만든 디자인 컴포넌트의 집합이다.

Design System은 고도로 구조화되고 문서화된 컴포넌트와 UI 셋트 및 라이브러리가 있으며 이미 만들어 놓은 컴포넌트를 손쉽게 가져다 쓸 수 있기 때문에 디자인 제작 작업에 소요되는 시간을 많이 줄여 준다.

Design System의 사용은 개발팀과 디자인팀과의 협업을 촉진하고 애자일 프로세스와 결합한 프로토타이핑으로 더욱 빠른 빌드가 가능하게 해준다.

Design System은 사용자에게 일관된 UX를 제공 할 수 있기 때문에 사용자는 프로덕트 사용 시 직관적이고 쉬운 상호작용을 할 수 있다.

Design System은 한번 구축하고 끝나는 것이 아니라 지속적으로 보완하고 수정하고 개선해야 한다.

Chapter 5 프로덕트 디자인 UX & UI

20. 디자인 프로세스

N.O.T.E

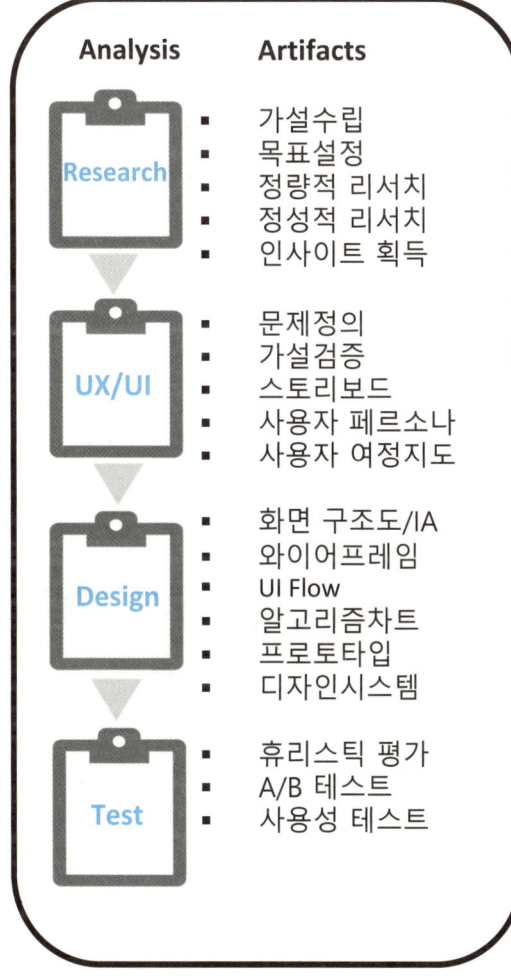

[디자인 프로세스 및 주요 아티팩트]

A/B Test

A/B Test는 지표분석을 위한 통계적인 표본 가설검증 실험기법이다.

두 개의 변수 A와 B의 인과관계를 확인하기 위해 사용하는 종합 대조실험(controlled experiment)이며 버킷 테스트 혹은 분할 실행 테스트라고도 한다.

A/B Test를 실시하기 위해 사전 설계가 필요한 사항은 실험 가설, Treatment Group, Control Group, 독립변수, 종속변수, 통제변수, 목표지표, 가이드레일 지표, 진단용 지표, 표본 추출방법, 표본 추출 사이즈, 신뢰구간, 결과 검증 방법 등 다양한 데이터 분석 정보가 필요하다.

A/B Test는 프로덕트 마케팅에서 비즈니스 의사결정을 위한 정보를 추출하고 검증하는 주요한 수단이며 데이터 분석팀의 데이터 분석을 위한 도구이다.

20-1. Research

Design Research는 프로덕트의 디자인 컨셉을 개발하기 위해 실시하며 디자인 가설을 세우고 목표를 설정하며 사용자 데이터를 통해 인사이트를 얻어 진행한다.

대표적인 Design Research 방법은 아래와 같다.

Focus Group Interview
In-depth Interview
Concept Test
Function Test
Usability Test
Segmentation
Ethnography
Participatory Study
Informance
Personas

20-2. Ideation

Ideation은 확보된 데이터를 기반으로 아이디어를 도출하는 과정을 의미한다.

Ideation에서는 Design Research를 통해 얻은 데이터를 기반으로 사용자에 대한 이해를 증진 시켜 종국적으로 사용자의 니즈를 추론해 문제를 정의하고 가설을 검증하는 단계를 수행한다.

Ideation을 수행해 사용자의 문제를 해결할 솔루션을 도출한다.

Ideation 수행 시 많이 사용하는 도구는 아래와 같다.

Brain Storming
Brain Writing
Idea mapping
Reverse brainstorming
The 5 Whys technique
Pugh matrix
Morphological analysis
6 thinking hats
Scamper
The method of loci

Part 2 프로덕트 매니저 필요지식

N.O.T.E

20-3. Design

Design 단계는 Ideation 단계에서 설정한 사용자 피드백을 기반으로 아이디어와 가설을 검증하기 위해 디자인의 설계, 구현, 검증의 순환 작업을 실시해 Design 산출물을 제작하는 단계이다.

Design 단계에서 만들어지는 주요한 산출물은 아래와 같다.

Storyboard
Wireframe
IxD(Interaction Design)
Lo-Fi (Low Fidelity) Prototype
Mid-Fi(Mid Fidelity) Prototype
Hi-Fi(High Fidelity) Prototype
IA(Information Architecture)
사용자 조사
User Flow
User Persona
카피라이팅
접근성 설계
알고리즘 차트
디자인 시스템

IA(Information Architecture)

IA(Information Architecture)는 프로덕트 화면과 기능들의 정보 구성을 Information Flow에 중점을 두고 작성된 화면 정보 구조도이다.

IA(Information Architecture)는 화면 간 정보 흐름을 쉽게 파악할 수 있도록 표현하며, 프로덕트 사용 시 사용자가 필요한 정보를 쉽게 찾아 사용할 수 있도록 사용성에 중점을 두어 화면을 구성한다.

IA(Information Architecture)의 작성 시 중요한 점은 사용자가 많은 노력 없이 화면 사이를 탐색할 수 있게 도울 수 있는 편리한 UX를 제공할 수 있게 하는 것이다.

20-4. Test

Design Test는 프로덕트 디자인에 대하여 설계된 프로덕트 디자인의 UX / UI 를 제작된 프로덕트 디자인과 비교하여 검증하는 단계이다.

Design Test 수행 시 많이 사용하는 방법은 아래와 같다.

Concept validation
Usability task analysis
First-click testing
Card sorting
Tree testing
User feedback
Split testing
Heuristic evaluation
A/B 테스트
사용성 테스트

> **N.O.T.E**
>
> **Heuristic evaluation**
>
> Heuristic evaluation은 덴마크의 제이콥 닐슨(Jakob Nielsen)이 처음 고안한 Usability 평가를 위한 Expert review 방법 중 하나이며 주로 지속적인 수정작업이 필요한 Iterative Design Process를 거치는 어플리케이션, 앱, 웹 사이트를 위한 사용자 인터페이스 디자인 평가방법이다.

Part 2 프로덕트 매니저 필요지식

N.O.T.E **21. UX / UI 용어 해설**

21-1. Storyboard

Storyboard는 디자이너, 개발자가 참고하는 기획자의 최종적인 산출물이며, 정책, 프로세스, 컨텐츠, 와이어 프레임, 기능정의, DB연동 등 서비스 구축을 위해 합의된 정보가 정리되어 있는 문서이다.

Storyboard 작성은 화면에서 화면단위의 레이아웃을 설계하는 작업으로 화면 레이아웃에 기능적인 측면도 표현하여 작성한다.

화면 수가 많은 경우 같은 메뉴의 계층 별로 분류하여 작성하거나, 기능 구분으로 분류하여 작성하는 경우가 있다.

프로덕트 팀 혹은 이해관계자들과 레이아웃을 협의하거나 서비스의 간략한 흐름을 공유하기 위해 사용하며 화면의 UX, UI 설계를 기능을 포함한 Lo-Fi (Low Fidelity) Prototype 형태로 작성한다.

Storyboard의 주요 목차는 다음과 같다.

화면 ID
화면 경로
화면 구성도
화면 설명

Prototype

Prototype은 프로덕트의 기능 및 사용성 테스트를 위해 제작되는 동적인 모형을 말한다.

Prototype은 사용성 테스트나 디자이너와 개발자, 프로덕트 매니저 간의 시각적인 커뮤니케이션 툴로 활용된다.

디자인에서 사용하는 Prototype의 종류는 아래와 같다.

Lo-Fi (Low Fidelity) Prototype

간단한 스케치로 작성한다. 핵심에 집중할 수 있고 빠른 제작과 실행, 반복에 편리하며 프로덕트 제작 초기단계에서 커뮤니케이션에 활용하기 좋은 도구이다.

Mid-Fi(Mid Fidelity) Prototype

유저 플로우와 사용성 테스트 시나리오를 확인할 경우 많이 사용하며 Wireframe, 텍스트, 버튼 등의 화면 구성에 대해 정의하고 화면 간의 플로우를 표현한다. 최종버전인 UI디자인 결과물에 비해 빠른 수정이 가능하고 이해관계자와의 커뮤니케이션에 좋은 도구이다.

Hi-Fi(High Fidelity) Prototype

사용자가 실제로 사용하게 될 최종 단계의 높은 퀄리티를 가지고 있는 디자인 산출물에 가까운 형태이며 프로덕트 디자인에 색, 폰트, 폰트 사이즈, 아이콘 등의 세부 디자인 사항이 적용 되고 실제에 가까운 기능을 구현한다.

Chapter 5 프로덕트 디자인 UX & UI

N.O.T.E

Storyboard Template

프로덕트 명   작성자

◆ 화면 UI 프로세스 개요

구분	내용
목적	- 사용자와 어플리케이션 간의 상호작용을 위한 UI 페이지를 설계하고 페이지간의 네비게이션 흐름을 정의한다.
책임과 권한	- UI 디자이너 : 페이지 레이아웃, 페이지 네비게이션 다이어그램 작성 - 프로덕트 디자이너 : 페이지 레이아웃, 페이지 네비게이션 다이어그램 승인
참조문서	N/A
착수기준	- UI 표준 수립 완료
완료기준	- 페이지 레이아웃, 페이지 네비게이션 다이어그램에 대한 인수책임자의 승인
측정 테이터	- 페이지 수
검증 산출물	- 페이지 레이아웃 - 페이지 네비게이션 다이어그램

◆ 수행방법
- 하위 화면 UI 프로세스 아키텍처

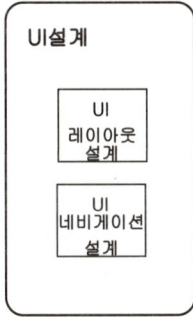

◆ 수행가이드
1. UI 레이아웃 설계 가이드
　1) 필요시 페이지 레이아웃 작성 지원도구를 활용하도록 한다.
　2) 페이지 설계를 위한 표준이 사전에 정의되어야 한다.
　　- UI 표준 항목 예
　　　. 프레임 배치 기준
　　　. CSS(Cascading Style Sheet) 사용표준
　　　. 아이콘 사용 표준

2. UI 네비게이션 설계 가이드
　1) UI 구성 오브젝트 및 클라이언트 프로그램의 명명은 사전에 정의된 명명 규칙 표준을 따른다.
　2) 페이지 목록 작성시 다음을 고려한다.
　3) 모든 페이지가 페이지 목록에 정의되어야 한다.
　4) 페이지 목록에는 출력용 보고서 페이지가 포함된다.

21-2. Wireframe

Wireframe은 프로덕트의 화면 구조를 wire와 frame 중심으로 간략하게 표현한 화면 스케치(sketch)중심의 설계도이다.

Wireframe은 화면을 단순한 선과 박스들로 작성하며 디자인의 컨셉, 기능, 구조에 대하여 프로덕트의 특성을 고려한 설계가 이루어져야 한다.

Wireframe은 프로덕트 팀의 주요한 의사소통 도구이며 프로덕트 이해관계자에게 프로덕트에 대한 이해를 시각적으로 도울 수 있는 역할을 한다.

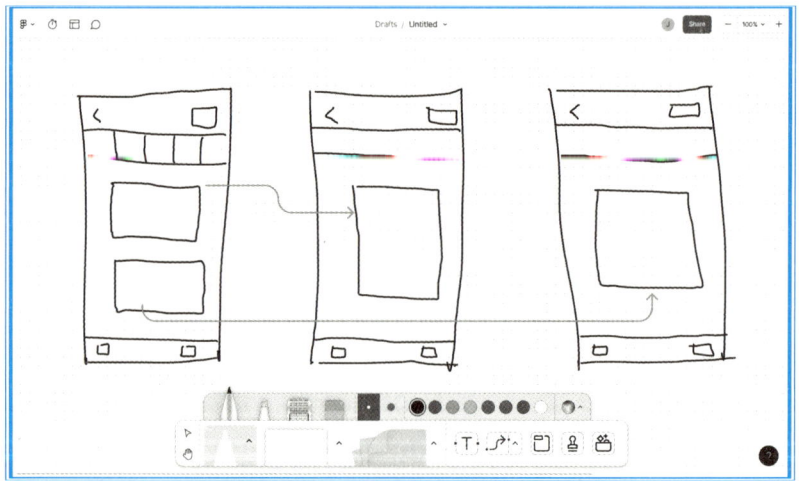

[Figma 를 활용한 Wireframe 작성 예시]

Chapter 5 프로덕트 디자인 UX & UI

N . O . T . E

Wireframe Template

프로덕트 명 　　　　　　　작성자

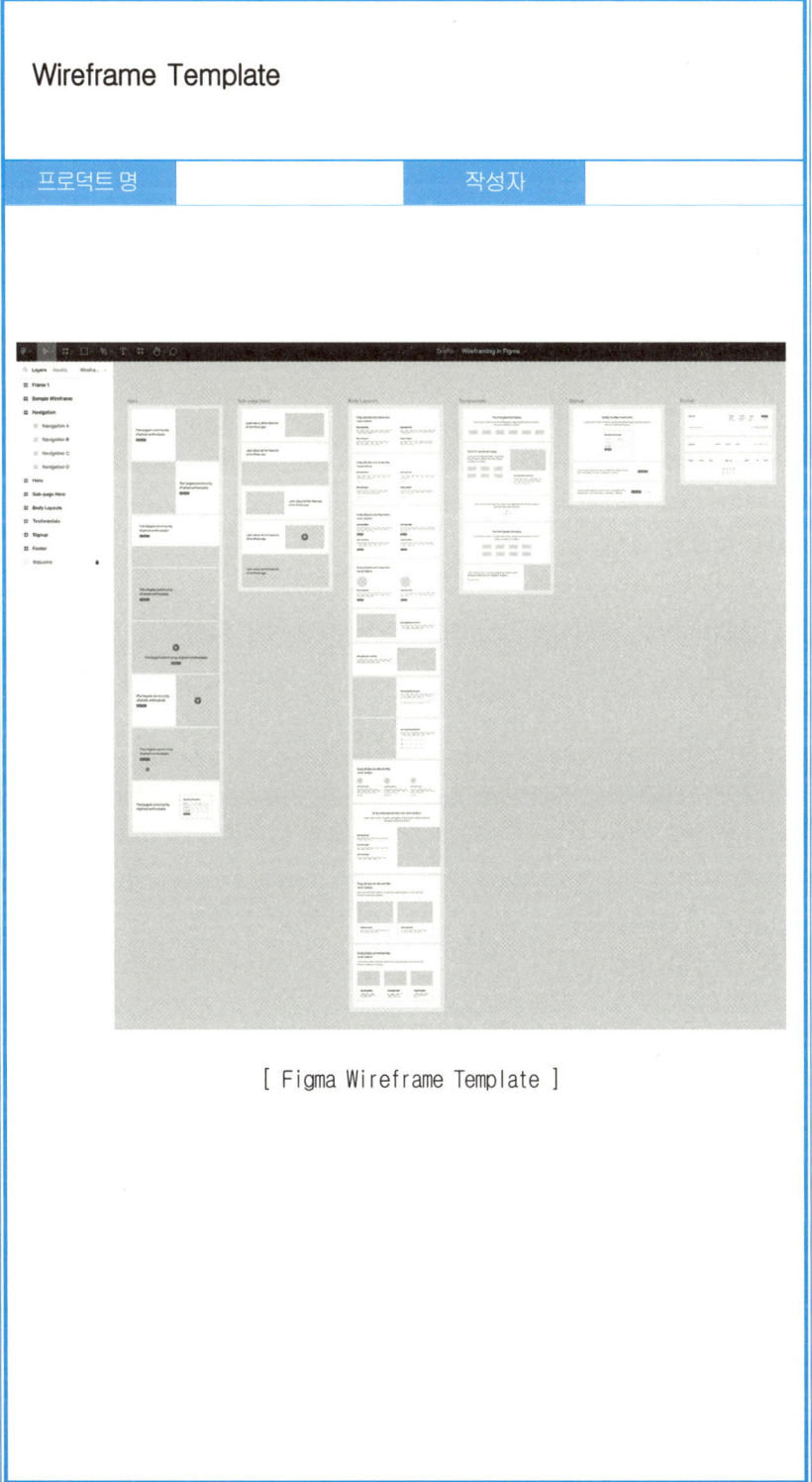

[Figma Wireframe Template]

21-3. IA (Information Architecture)

IA(Information Architecture)는 프로덕트 화면과 기능들의 정보 구성을 Information Flow에 중점을 두고 작성된 화면 정보 구조도이다.

IA(Information Architecture)는 화면 간 정보 흐름을 쉽게 파악할 수 있도록 표현하며, 프로덕트 사용 시 사용자가 필요한 정보를 쉽게 찾아 사용할 수 있도록 사용성에 중점을 두어 화면을 구성한다.

IA(Information Architecture)의 작성 시 중요한 점은 사용자가 많은 노력 없이 화면 사이를 탐색할 수 있게 도울 수 있는 편리한 UX를 제공할 수 있게 하는 것이다.

IA(Information Architecture)의 작성방법은 일반적으로 시각적인 트리 구조로 작성하며 화면 정보의 Level을 Depth로 나누어 표현한다.

IA(Information Architecture)의 트리 구조는 1 Depth, 2 Depth, 3 Depth순으로 정보의 깊이(Depth)를 Level로 나누어 표현한다.

또 다른 작성방법으로는 엑셀의 테이블 형태로 작성하는 방법도 있으며 시각적 트리 표현 방법과 화면 정보의 Level을 Depth로 나누어 표현하는 방법은 동일하다.

Chapter 5 프로덕트 디자인 UX & UI

N.O.T.E

Information Architecture Template

프로덕트 명	작성자

◆ 화면 Information Architecture

searchForm.jsp — 검색조건을 입력하는 페이지로 (T2/QT/VT)세개의 View중 선택한다. 그리고 Material, Mold Material중 하나를 선택할 있고, 모듈1를 선택하는 경우위에서 선택한 View는 아무 의미를 갖지 않는다.

search.jsp — 앞에서 입력한 조건으로 검색하여 조건을 만족하는 버튼 리스트를 체크박스 버튼으로 선택할 수 있도록 리스트업 한다
Export대상을 선택한후 Excel / System 등 여러가지 인터페이스 방식을 선택한다.

interface.jsp — Search.jsp에서 선택된 객체들을 벡터형태로 를 session 객체의 selectedResult 라는 속성값으로 저장하고 앞페이지에서 선택된 Export 방식(Excel / System)에 따라 적절한 페이지로 forward 시켜준다. 이때 권한을 체크하여 Exporter(Material Exporter / 모듈2 Exporter)가 아닌 경우 에러페이지를 뿌려준다.

masterItem.jsp | bomHeader.jsp | bomBody.jsp | routingHeader.jsp | routingBody.jsp

ExcelTotal.jsp | exportShoes_App.jsp | exportShoes.jsp

ExcelMaterial.jsp | checkPermission.jsp

exportMaterial.jsp | exportMaterial_App.jsp

선택된 모듈의 Template및 기존에 Export된 사이트등 정보가 표시되고, Template이 설정된 사이트중 익스포트 할 곳을 지정하여 exportMaterial.jsp 페이지에서 System으로 Export한다.

21-4. Prototype

Prototype은 프로덕트의 기능 및 사용성 테스트를 위해 제작되는 동적인 모형을 말한다.

Prototype은 사용성 테스트나 디자이너와 개발자, 프로덕트 매니저 간의 시각적인 커뮤니케이션 툴로 활용된다.

디자인에서 사용하는 Prototype의 종류는 아래와 같다.

Lo-Fi(Low Fidelity) Prototype
간단한 스케치로 작성한다. 핵심에 집중할 수 있고 빠른 제작과 실행, 반복에 편리하며 프로덕트 제작 초기단계에서 커뮤니케이션에 활용하기 좋은 도구이다.

Mid-Fi(Mid Fidelity) Prototype
유저 플로우와 사용성 테스트 시나리오를 확인할 경우 많이 사용하며 Wireframe, 텍스트, 버튼 등의 화면 구성에 대해 정의하고 화면 간의 플로우를 표현한다. 최종 버전인 UI 디자인 결과물에 비해 빠른 수정이 가능하고 이해관계자와의 커뮤니케이션에 좋은 도구이다.

Hi-Fi(High Fidelity) Prototype
사용자가 실제로 사용하게 될 최종 단계의 높은 퀄리티를 가지고 있는 디자인 산출물에 가까운 형태이며 프로덕트 디자인에 색, 폰트, 폰트 사이즈, 아이콘 등의 세부 디자인 사항이 적용 되고 실제에 가까운 기능을 구현한다.

21-5. Mock-up

N.O.T.E

Mock-up은 디자인 시연 및 평가를 위해 만든 최종버전의 디자인을 의미한다.

프로덕트 팀에서는 흔히 디자인 시안의 원활한 컨펌을 위해 Mock-up 이미지를 만들기도 한다.

Mock-up은 아래와 같은 여러가지 형태가 있다.

Soft Mock-up
간단히 디자인을 확인할 목적

Concept Mock-up
최종 디자인을 확인할 목적

Working Mock-up
기능이 동작하는지 확인할 목적

[행복 쇼핑몰 웹페이지]

[행복 쇼핑몰 모바일 페이지]

21-6. Mood Board

Mood Board는 특정 주제를 설명하기 위해 미리 만들어 놓은 텍스트, 이미지, 개체 등을 결합한 Board이며 최종 디자인 스타일을 나타내는 형식으로 디자인 요소를 배열하는 물리적 혹은 디지털 디자인 모음이다.

Mood Board는 브랜드 디자인, 프로덕트 디자인, 웹사이트 디자인 등 거의 모든 유형의 디자인 프로젝트를 만드는 데 사용된다.

Mood Board는 특정 주제에 대한 일반적인 생각이나 느낌을 전달하는 데 사용할 수 있으며, Mood Board의 형태는 물리적이거나 디지털 데이터 형태일 수 있다.

Mood Board는 이미지, 색상, 시각적 은유, 단어, 글꼴, 질감 등을 디자인 요소로 포함한다.

21-7. User Flow

User Flow는 사용자가 최종 결과물까지 도달하는 목표를 달성하기 위해 프로덕트 내에서 움직이는 경로를 정리하여 흐름으로 표현한 것을 말한다.

User Flow는 구체적이며, User Goal, Task, UI, 행동, 판단으로 구성된 요소로 표현된다.

User Flow 작성 흐름은 User Goal 설정 -> Task Flow 작성 -> Wire Flow 작성 -> User Flow 작성 순으로 진행된다.

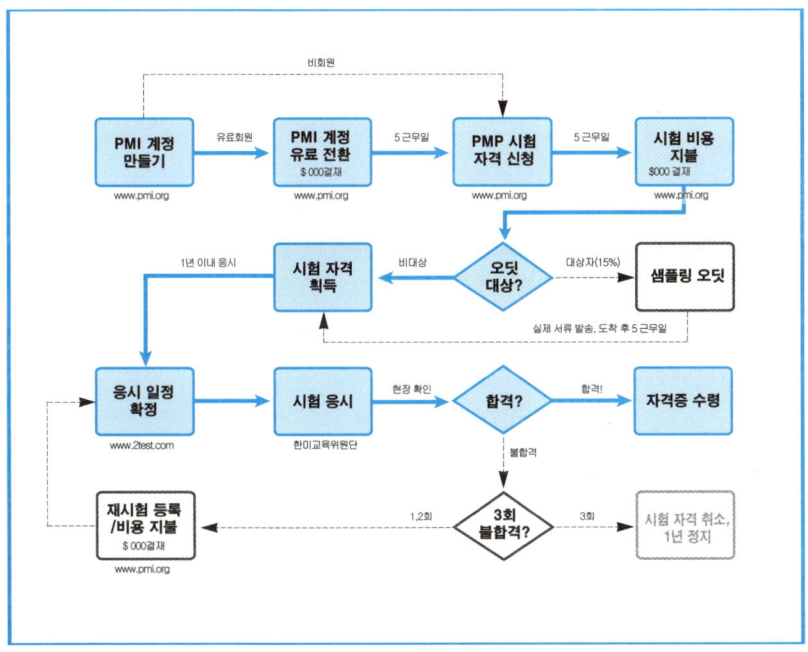

[User Flow 예시]

21-8. User Persona

User Persona란 어떤 프로덕트를 사용할 타깃 고객 집단 안에 있는 다양한 사용자 유형들을 대표하는 가상의 고객을 의미한다.

User Persona는 타깃 고객의 요구 사항을 나타내는 사용자 프로필이며 이러한 User Persona를 통해 이상적인 고객과 그들의 행동 패턴, 목표, 기술, 태도, 문제 및 배경 정보에 대한 심층 분석을 할 수 있다. User Persona는 고객들 사이에서 주요 주제와 생각 패턴을 식별하는 데 도움이 되므로 프로덕트에 대한 더 나은 비즈니스 의사 결정을 내릴 수 있게 해주어 고객의 니즈에 맞는 디자인 제작에 도움을 준다.

User Persona는 사용자가 누구인지, 그들이 프로덕트와 어떻게 상호 작용하고 사용하는지 잘 이해시켜준다. 이를 통해 프로덕트 디자이너는 프로덕트를 가장 잘 개선할 수 있는 방법을 더 깊이 이해할 수 있다.

Persona Interview

Persona name: 김로라

Persona role: 행복쇼핑몰 고객

Job description: 쇼핑방송 쇼호스트

Company

Company name	
Company size	
Industry	

Demographic information

Age	40대
Gender	여성
Income	9000 만원
Education level	대졸
Residential environment	서울 거주

Personal quote

나는 현재 외롭고 행복하지 않아요 가족도 있지만 자기 생활이 바빠서 볼 시간도 없어서 서로 간에 대화가 없어 진 것은 오래 전부터입니다.

Biography

전 직업이 쇼호스트라 카메라 앞에서 늘 행복한 연기를 하죠 하지만 이제는 그런 연기하는 것 자체도 스트레스입니다.

Professional goals	Motivators
행복해지고 싶어요	전 커피를 좋아하고 미술관에 가면 늘 평안함을 느껴요

Challenges	Sources of information
커피 한잔과 함께하는 마음을 여는 대화, 따뜻하게 그녀의 이야기를 들어줌 사회 생활에 대한 위로 가족 구성원 모두 함께 하는 즐거운 시간 좋아하는 것에 대해 여가시간을 늘리는 것	심리적 외로움 이해 받고 싶은 마음 따뜻한 커피 위로

21-9. A/B Test

A/B Test는 지표분석을 위한 통계적인 표본 가설검증 실험기법이다.

두 개의 변수 A와 B의 인과관계를 확인하기 위해 사용하는 종합 대조 실험(controlled experiment)이며 버킷 테스트 혹은 분할 실행 테스트라고도 한다.

A/B Test를 실시하기 위해 사전 설계가 필요한 사항은 실험 가설, Treatment Group, Control Group, 독립변수, 종속변수, 통제변수, 목표지표, 가드레일 지표, 진단용 지표, 표본 추출방법, 표본 추출 사이즈, 신뢰 구간, 결과 검증 방법 등 다양한 데이터 분석 정보가 필요하다.

A/B Test는 프로덕트 마케팅에서 비즈니스 의사결정을 위한 정보를 추출하고 가설을 검증하는 주요한 수단이며 데이터 분석을 위한 도구이다.

21-10. Design System

Design System은 재사용을 전제로 명확한 디자인 제작 기준을 제시하기 위해 만든 디자인 컴포넌트의 집합이다.

Design System은 고도로 구조화되고 문서화된 컴포넌트와 UI 세트 및 라이브러리가 있으며 이미 만들어 놓은 컴포넌트를 손쉽게 가져다 쓸 수 있기 때문에 디자인 제작 작업에 소요되는 시간을 많이 줄여 준다.

Design System의 사용은 개발 팀과 디자인 팀과의 협업을 촉진하고 애자일 프로세스와 결합한 프로토타이핑으로 더욱 빠른 빌드가 가능하게 해준다.

Design System은 사용자에게 일관된 UX를 제공 할 수 있기 때문에 사용자는 프로덕트 사용 시 직관적이고 쉬운 상호 작용을 할 수 있다.

Design System은 한번 구축하고 끝나는 것이 아니라 지속적으로 보완하고 수정하고 개선해야 한다.

Design System은 Objective-> Principle-> Guideline-> Style Guide 순으로 구축한다.

Chapter 5 프로덕트 디자인 UX & UI

N.O.T.E

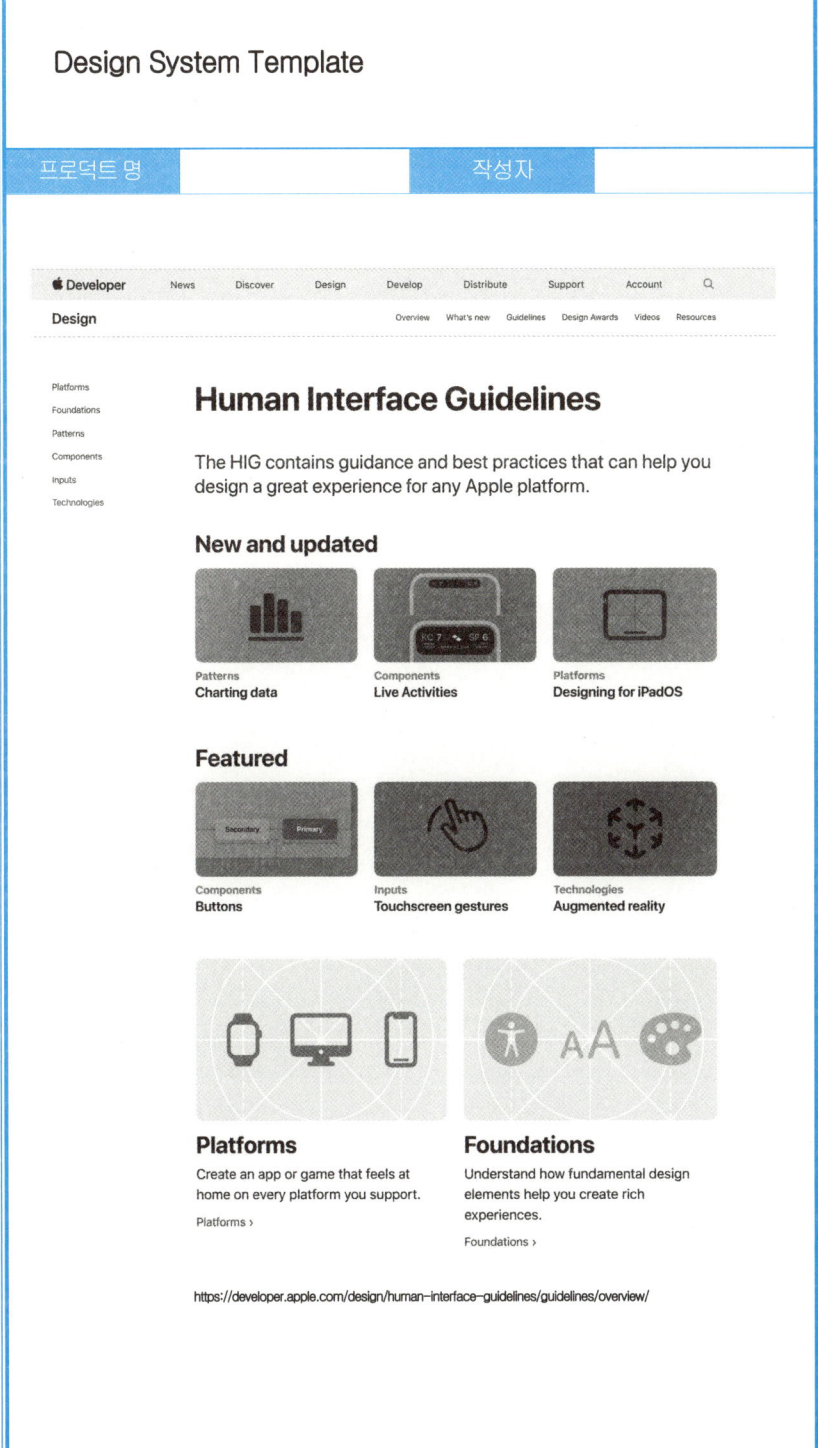

N.O.T.E

21-11. Microcopy

Microcopy는 프로덕트 사용자에게 프로덕트 사용 시 특정 행동을 어떻게 수행하는지에 대한 정보를 알려주거나 웹사이트 내의 맥락을 제공하는 브랜드 혹은 브랜드의 프로덕트를 지원하기 위한 프로덕트에 표시된 문구를 뜻한다.

Microcopy는 고객의 언어로 말하며, 고객이 알아야 할 사항을 알려준다.

Microcopy는 대부분 UX Writing의 작업 결과물이다.

[Microcopy 예시]

21-12. User Journey Map

User Journey Map은 고객과 프로덕트와의 초기 접촉에서 시작하여 고객이 사용자 경험을 하는 여정을 시각적으로 보여주는 다이어그램이며 고객이 프로덕트를 사용하는 동안 하는 행동, 느끼는 감정 그리고 상호 작용 하는 접점을 시간 순서로 정의한 것을 말한다.

User Journey Map은 프로덕트가 Journey 과정에서 고객과 일어나는 상호 작용을 시각화 하는 데 도움이 된다.

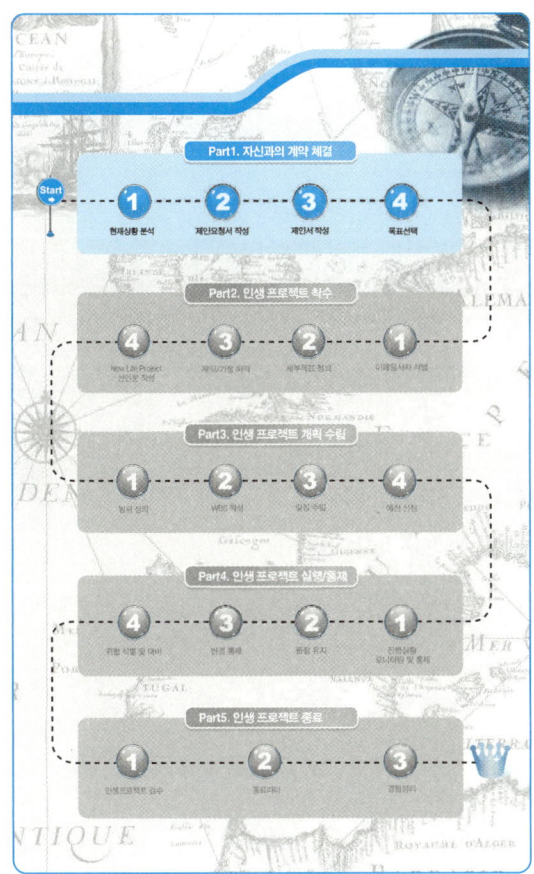

[User Journey Map 예시]

21-13. Usability Test

Usability Test는 사용자들이 프로덕트를 사용하는 것을 관찰하여 프로덕트의 사용 편의성 및 사용자 경험을 테스트하는 기술이다.

Usability Test의 목표는 사용성 문제 식별, 사용성에 대한 정성 및 정량 데이터를 수집 그리고 프로덕트에 대한 Usability Test 참가자의 사용 만족도를 결정하는 것이다.

Usability Test를 통해서 프로덕트 디자인 팀은 UX측면에서 프로덕트가 발생시킬 수 있는 문제를 고객이 사용하기 전에 발견해 프로덕트가 완성된 후에 발생할 수 있는 수정 작업을 최소화 시킬 수 있다.

Usability Test는 사용자의 프로덕트에 대한 니즈와 선호도를 깊게 알아볼 수 있는 좋은 방법이며 사용자 중심의 디자인을 만들기 위해 필요한 정보들을 모을 수도 있다.

Usability Test의 유형은 Exploitative 유형, Assessment 유형, Comparative 등이 있으며 Usability Test의 수행 방식은 아래와 같은 방법이 주로 사용된다.

Hallway Usability Testing
Guerilla Usability Testing
Remote Usability Testing
Unmoderated Usability Testing
Moderated Usability Testing
Expert review
Automated expert review
A/B testing

21-14. Heuristic Evaluation

N.O.T.E

Heuristic evaluation은 덴마크의 제이콥 닐슨(Jakob Nielsen)이 처음 고안한 Usability 평가를 위한 Expert review 방법 중 하나이며 주로 지속적인 수정작업이 필요한 Iterative Design Process를 거치는 어플리케이션, 앱, 웹 사이트를 위한 사용자 인터페이스 디자인 평가방법이다.

Heuristic evaluation은 일반적으로 3~5명의 평가자들이 Heuristic 평가 원칙을 기준으로 인터페이스 디자인을 검사하여 각자의 평가를 내린 후, 발견한 사실들을 모아 종합평가 보고하는 방식으로 평가자 개개인의 기준보다는 전체적인 팀 평가 위주의 결론을 내린다.

제이콥 닐슨(Jakob Nielsen)의 Interaction 디자인을 위한 Heuristic 원칙은 다음과 같다.

Visibility of system status
Match between system and the real world
User control and freedom
Consistency and standards
Error prevention
Recognition rather than recall
Flexibility and efficiency of use
Aesthetic and minimalist design
Help users recognize, diagnose, and recover from errors
Help and documentation

Heuristic evaluation은 인터페이스 디자인 관련 결정을 내릴 때 디자이너의 직관보다는 전문가들의 실질적인 탐색을 근거로한 팀의 의견을 합리적으로 반영할 수 있는 장점이 있다.

N.O.T.E 21-15. CLI / GUI / NUI / OUI

CLI(Command-line Interface)
사용자와 프로덕트 상호 간 텍스트 기반의 인터페이스 방식
예를 들면 키보드 사용

GUI(Graphical User Interface
사용자와 프로덕트 상호 간 그래픽 기반의 인터페이스 방식
예를 들면 마우스 사용

NUI(Natural User Interface)
사용자와 프로덕트 상호 간 인체(음성, 행동, 바이오 등) 기반의 인터페이스 방식
예를 들면 음성인식 사용

OUI(Organic User Interface
사용자와 프로덕트 상호 간 Organic(있는 그대로의 자연스러운 상태 기반의 인터페이스 방식
예를 들면 휘어진 터치 스크린 사용

NUI(Natural User Interface와 OUI(Organic User Interface의 장점은 추가 UX를 단순화 시켜 사용자와 프로덕트 간의 Interaction을 더욱 원활하게 할 수 있다는 점이다.

21-16. Onboarding

Onboarding은 영어로 '배에 탄다'는 뜻으로 일반적으로 오리엔테이션과 같은 의미이며 디자인 분야에서는 주로 프로덕트를 처음 사용하는 고객에 대해 도움을 주는 UX 을 말한다.

모바일 앱에서의 Onboarding 방식은 Self-select, Quickstart, Top User Benefit 방식 등이 있다.

Onboarding은 사용자가 프로덕트를 처음 사용할 때와 새로운 기능이 업데이트 되었을 때 주로 구현된다.

[구글 Chrome Onboarding 예시]

21-17. UX Writing

UX Writing은 사용자들이 프로덕트를 사용할 때 Interaction하는 단어와 문구를 작성하는 일을 말한다.

UX Writing은 사용자의 프로덕트 사용성을 높이고 올바른 상호작용으로 프로덕트에 대한 긍정도를 높인다. 또한 사용자가 프로덕트에서 일관성 있는 경험을 얻어 프로덕트 신뢰도에 큰 영향을 줄 수 있다.

UX Writing은 단순한 글쓰기가 아닌 브랜드 가치를 텍스트를 통하여 사용자에게 전달하는 역할을 할 수 있다.

UX Writing을 할 때는 브랜드의 일관성에 큰 영향을 미치는 UX 문장을 작성하는 것을 넘어 브랜드 전체에 끼치는 영향까지 통합적으로 고려해 작성하여야 한다.

UX Writing을 하는 책임과 역할 담당이 UX Writer이다.

21-18. CTA (Call To Action)

CTA(Call To Action)는 사용자의 즉각적인 반응을 유도하거나 즉각적인 판매를 장려하는 모든 행위의 디자인 요소를 의미한다.

CTA(Call To Action)에 해당하는 디자인 요소는 웹사이트에서는 배너, 버튼 Box, 하이퍼 링크 등이며 광고물에서는 QR Code등이 이에 해당한다.

[CTA(Call To Action) 예시]

21-19. IxD (Interaction Design)

IxD(Interaction Design)는 다양한 차원의 디지털 기술을 이용해 사용자와 프로덕트 간의 상호작용을 원활히 하여 서로 소통할 수 있도록 하는 디자인 분야이다.

IxD(Interaction Design)은 텍스트, 시각적 표현, 물리적 개체나 공간, 시간 및 동작의 5가지 차원 영역을 디자인 표현 공간으로 사용한다.

IxD(Interaction Design)는 텍스트, 시각적 표현, 물리적 개체나 공간, 시간 및 동작의 5가지 디자인 차원 영역을 디자이너가 활용하여 사용자에게 다양하고 창의적인 경험을 제공할 수 있으며, 사용자가 보기 불편한 표현이나 의미 없는 애니메이션 같은 비실용적인 기능 그리고 미학적으로 뒤쳐진 디자인 요소로 부터 프로덕트를 보호하는 디자인 기법이다.

IxD(Interaction Design)은 UX 영역에서 중요한 역할을 수행한다.

21-20. Copywriting

Copywriting은 광고 문안 즉 Copy를 작성하는 것을 말한다.

Copywriting을 하는 사람을 Copywriter라 하며 Copywriting은 다양한 웹 사이트나 모바일, 신문, 잡지 등과 같은 홍보 매체에 프로덕트를 알리기 위해 사용하는 문구 및 캐치프레이즈를 쓰는 행위이다.

Copywriting의 종류에는 Headline, Body Copy, Lead Copy, Slogan 등이 있다.

N . O . T . E

제이에스캠퍼스
한국 프로덕트관리교육의 리더
https://www.jscampus.co.kr

제이에스캠퍼스는 프로덕트 매니저 교육 및 전문 컨텐츠 공급을 목표로 15년 이상 프로덕트관리 지식 자산을 축적, 보유한 독보적인 ...

[Copywriting 예시]

21-21. Typography

Typography는 인쇄업에서 활자 및 조판 디자인을 의미하는 말이었으나 현재는 디자인 부분에서 Font를 만들고 표현하는 작업을 말한다.

Typography는 Font와 텍스트를 활용하여 사용자에게 전달하고자 하는 홍보 Copy를 시각적으로 명확하고 매력적으로 만드는 작업이다.

Typography는 프로덕트에 시각적 계층과 그래픽 균형을 제공하며 프로덕트의 이미지를 사용자에게 안내하며 필요한 정보를 제공하며 가독성과 접근성을 최적화하는 UX 디자인을 제공한다.

미려한 폰트만으로도 프로덕트의 심미성을 가중 시킬 수 있다는 가장 대표적인 성공 사례는 스티브 잡스가 활동하던 시기의 애플사이며 현재에도 애플사는 UX 분야에서 주도적인 역할을 이어오고 있다.

Chapter 5 프로덕트 디자인 UX & UI

21-22. Hierarchy

N.O.T.E

Hierarchy는 프로덕트 디자인 요소들의 계층 구조 정의를 말한다.

Hierarchy 디자인 정의 사례는 웹사이트에서 화면과 메뉴의 계층 구조 정의, 텍스트 문서 작성 시 머리글, 본문, 단락, 바닥글의 계층 구조 정의, 폰트 디자인 시 Size, Weight, Color, Opacity, Position, Spacing등의 계층 구조 정의 사례를 들 수 있다.

디자인에서 계층 구조를 사용하는 용도는 디자인에 구조를 추가해야 하는 경우, 시각적 조직을 구축해야 하는 경우, 방향성을 표시해야 하는 경우, 강조를 표현해야 하는 경우 등 다양한 시각적 표현에 사용된다.

[Hierarchy 표현예시]

21-23. Layout

Layout은 프로덕트 디자인에서 각 구성요소를 제한된 공간 안에 효과적으로 배열하는 작업 혹은 기술을 말한다.

웹이나 앱에서 Layout의 의미는 사용자 인터페이스를 위한 디자인 구조 정의이다.

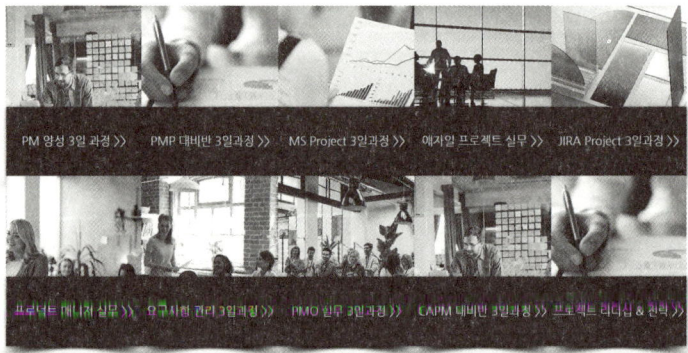

[Layout 작업 예시]

21-24. Flat Design

N.O.T.E

Flat Design은 디자인 작업 시 복잡한 그래픽 효과를 최대한 억제하고 단순한 색상과 2차원 이미지를 주로 사용하는 디자인 기법을 말한다.

Flat Design의 목적은 미니멀리즘을 강조하고 단순한 Typography 중심의 디자인 결과물을 만들어 디자인 직관성을 최대한 높이고 사용자에게 디자인 결과물의 의미 전달에 집중하려는 것이다.

Flat Design의 종류에는 Real Flat Design과 Almost Flat Design 등이 있다.

[Flat Design 예시]

21-25. Kerning

Kerning은 Typography 디자인에서 사용하는 용어이며 복수의 문자 사이의 간격을 조정하는 것을 표시하는 수치이다.

Kerning은 문자간 간격의 증가를 양수 값으로, 감소는 음수 값으로 표시한다.

Typography의 Kerning 작업은 문자 사이의 간격을 동일한 증분으로 만드는 것에 주안점을 두기 보다는 문자들이 시각적으로 어떻게 명확하고 아름답게 보이는지에 주안점을 두고 작업을 한다.

Kerning

Kerning

Kerning

Kerning

Kerning

[Kerning 예시]

21-26. Concept

Concept은 생각 속에 있는 추상적인 아이디어 혹은 개념으로 해석할 수 있다.

Concept의 디자인 분야에서 의미는 프로덕트를 판매하거나 홍보하는 데 도움이 되는 혹은 프로덕트에 담고 싶은 원칙, 생각 및 신념을 포함한 개념이나 아이디어를 말한다.

디자인 분야에는 Design Concept이라는 표현을 사용하며 디자인 작업 초기에 Design Concept을 설정하고 본격적인 디자인 작업을 시작한다.

디자이너들 사이에서는 Design Concept을 설정하는 작업을 한다는 의미로 "컨셉 잡는다"는 표현을 주로 사용한다.

21-27. Favicon

Favicon이란 Favorite Icon의 줄임말로써 기업이나 쇼핑몰 등의 웹사이트 혹은 웹페이지를 접속할 때 크롬이나 엣지 같은 웹 브라우저의 주소창에 표시되는 사이트를 대표하는 아이콘을 말한다.

Favicon은 기업들은 사용자의 재방문율을 높이기 위해 웹 브라우저의 북마크바, 방문 기록, 검색 결과에 페이지 URL과 Favicon을 함께 표시 시키기도 한다.

Favicon은 디지털 마케팅에서 기업 브랜딩을 위한 중요한 도구로 활용된다.

[Favicon 예시]

21-28. Grid

Grid는 격자 무늬를 의미하는 단어이며 디자인에서는 Grid를 사용하여 Layout 작업을 한다.

디자인에서 사용하는 Grid 유형은 아래와 같은 것들이 있으며 실제 디자인 작업 시에는 아래의 Grid 유형들을 창의적으로 Mix해서 사용하는 경우도 많이 있다.

Baseline Grid
Column Grid
Modular Grid
Manuscript Grid
Pixel Grid
Hierarchical Grid

N . O . T . E

N.O.T.E 21-29. GNB / LNB / FNB / SNB

GNB(Global Navigation Bar)는 웹사이트 전체에 동일하게 적용되는 최상단 메인 메뉴의 Navigation Bar이며 일반적으로 해당 웹사이트의 모든 페이지에 적용된다.

LNB(Local Navigation Bar)는 메인 페이지에 연결된 하위 페이지에 적용되는 하위 페이지 메뉴, 즉 서브 메뉴의 Navigation Bar이다.

FNB(Foot Navigation Bar)는 웹사이트 전체에 동일하게 적용되는 가장 하단에 위치한 Navigation Bar이며 일반적으로 해당 웹사이트의 모든 페이지에 적용된다.

SNB(Side Navigation Bar)는 웹사이트의 페이지 왼쪽이나 오른쪽에 위치하는 Navigation Bar이다.

21-30. 누끼 (ぬき)

누끼(ぬき)는 일본어 키리누키(きりぬき)의 줄임말이며 사물(事物)이 끝나는 곳을 뺀다, 즉 외각 부분을 넣지 않는다는 의미이다.

디자인 작업에서 누끼(ぬき)의 의미는 영상 이미지 수정 편집 작업에서 작업하는 원본 이미지에 있는 특정 이미지로 부터 배경 이미지를 분리시키기 위한 작업으로 특정 이미지의 외곽선을 제거하는 작업을 말한다.

누끼(ぬき)를 한국어로 번역하면 [이미지 배경 지우기] 정도로 번역할 수 있으나 디자인 종사자 사이에서는 [누끼 따기] 라는 은어(隱語)표현으로 현재도 많이 사용하고 있다.

N.O.T.E

Summary

POINT 1 UX(User Experience)의 정의

- UX(User Experience)란 사용자가 프로덕트를 통해 경험할 수 있는 모든 것을 말하며 그러한 UX(User Experience)는 사용자 관점에서 프로덕트를 기획하고 디자인하기 위한 가설을 세우고 검증하는 과정을 거쳐 설계된다.
- UX(User Experience)는 디자인 개발 과정에서 디자인의 심미성, 독특함, 사용성의 문제 해결을 추구하고 사용자에게 지속적인 피드백을 받아서 사용자의 관점으로 프로덕트를 반복적으로 디자인하고 개선하는 활동을 한다.

POINT2 UI(User Interface)의 정의

- UI(User Interface)는 사용자가 프로덕트를 사용하기 위해 사용자와 프로덕트 사이에 상호소통이 가능하도록 만든 물리적 혹은 가상적 매체인 프로덕트의 인터페이스를 디자인하는 것이다.

POINT3 Design Team 구성

- Design Team은 Product Designer, UX Researcher, UX Researcher, UX Researcher, UX Designer, UX Writer, UI Designer로 구성된다.
- Product Designer는 디자인 팀의 리더이며 UX 디자인 작업 능력과 UI 디자인 작업 능력을 동시에 가지고 있어 프로덕트 디자인 작업 전반을 관여한다.
- Product Designer는 사용자 리서치 작업을 수행하여 빠르게 사용자의 문제를 발견하고 발견한 문제에 대한 해결 방법을 도출하여 디자인 작업을 디자인 팀과 수행하며 디자인 결과물에 대한 고객 검증을 지속적으로 반복하여 디자인 작업을 완수한다.

Key Word

- UX(User Experience)
- UI(User Interface)
- Design Team
- Product Designer
- UX Designer
- UI Designer

PART 02

프로덕트 매니저 필요지식

Chapter 06 ― 애자일 프로젝트 관리 지식

Chapter 06 애자일 프로젝트 관리 지식

Product Management Process

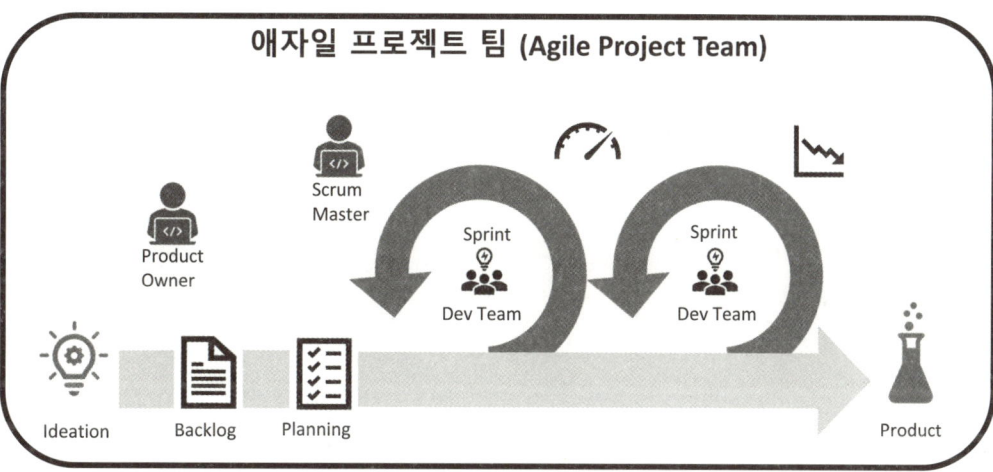

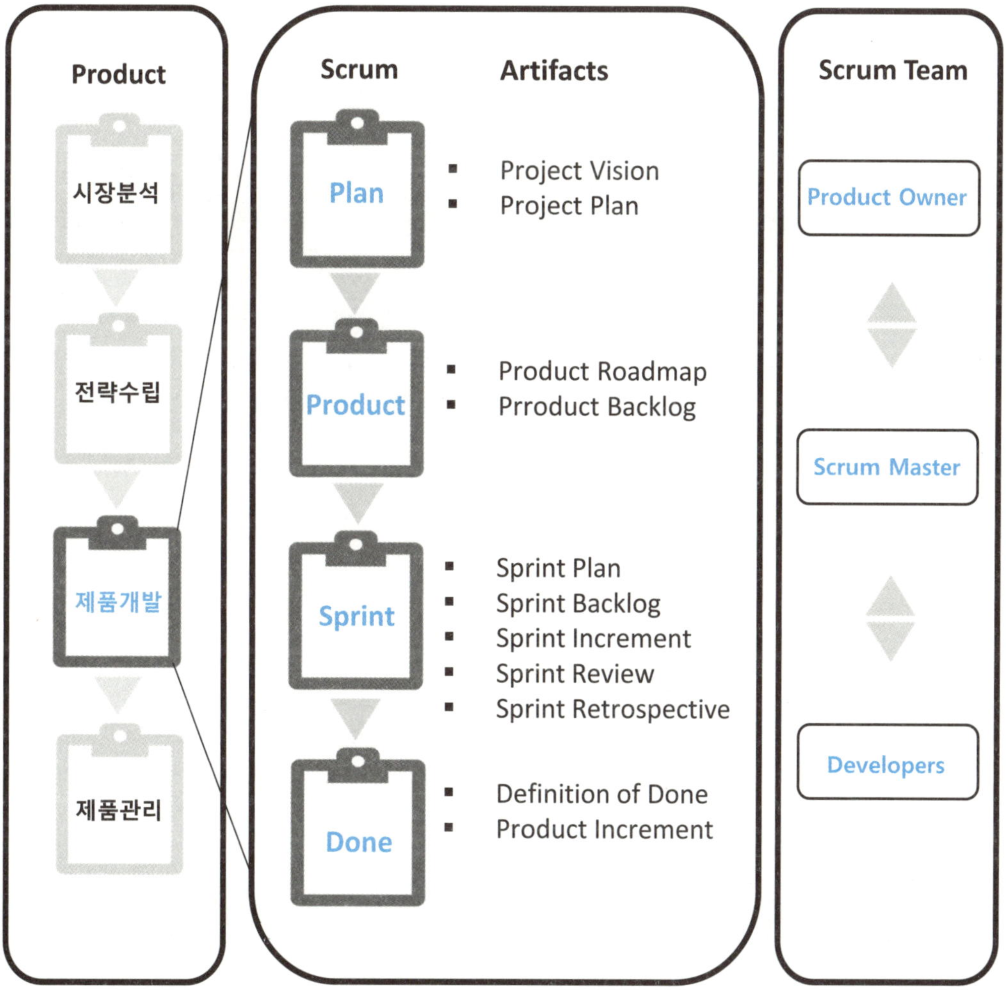

22. 애자일 개발

22-1. 애자일 개념

애자일(Agile)은 '재빠른', '민첩한'이라는 뜻의 형용사인데 일반적으로 프로젝트에서의 애자일 방식이란 환경 변화에 빠르고 민첩하게 반응하고 고객의 요구에 유연하게 대처하기 위한 짧은 개발주기의 반복형(Iterative) 개발방식과 요구사항, 범위 및 품질에 대한 증분형(Incremental) 개발방식을 혼용하는 적응형 개발방식의 방법론, 프레임워크, 개발방법을 총칭하는 포괄적 표현이다.

애자일 프로젝트 관리의 좀 더 정확한 표현은 '애자일 방식의 프로젝트 관리'이다.

애자일 프로젝트 관리에 대한 대표적인 오해는 전통적인 예측형 프로젝트 관리방식의 문제점 때문에 새로이 등장했다든지, 혹은 최신 기법의 프로젝트 관리 방식이라고 생각하는 것이다.

애자일 프로젝트 관리방식은 기존의 예측형 방식과 과거부터 여러 형태로 공존하던 방식이며 불확실성이 강하고 늘 변화하는 프로젝트 환경 속에서 단기간내에 프로젝트를 신속히 진행하려는 이해관계자의 요구사항과 프로젝트 팀의 필요성에 의해 선택되고 사용하던 방식이다.

애자일 프로젝트 관리가 주목받기 시작한 것은 급격히 증가하고 있는 IT 분야 프로젝트에서 소프트웨어 개발 엔지니어들이 애자일 선언을 발표한 시점이라 볼 수 있다.

애자일 프로젝트 관리를 위한 스크럼과 같은 다수의 애자일 방법론 및 프레임워크 그리고 이를 손쉽게 구현할 수 있는 다양한 기술과 TOOL의 등장 또한 애자일 프로젝트 관리 방식이 빠르게 확산하게 된 이유이다.

N.O.T.E

방법론(Methodology)

진리에 도달하기 위한 과학 연구에서의 합리적인 방법에 관한 이론

반복형 개발방식 (Iterative Development)

분석 -> 설계 -> 개발 사이클을 반복적으로 수행하면서 프로젝트 목적물의 완성도를 높이는 개발 방법

증분형 개발방식 (Incremental Development)

분석 -> 설계 -> 개발 사이클을 반복적으로 수행하면서 요구사항을 추가하거나 개발 범위를 늘려가는 개발 방법

예측형 개발방식(Predictive Approach)

예측형 개발방식은 과거 유사한 프로젝트 수행의 반복으로 프로젝트 이력 정보와 수행 경험이 축적된 경우 많이 사용하는 방식이다.

프로젝트 초기에 명확한 요구사항 정의와 범위 및 품질 수준에 대한 목표 정의가되어 예측 가능하며 정확한 프로젝트 계획수립 및 수행이 가능한 프로젝트에 적용된다.

IT 프로젝트 SW개발 방법론인 폭포수 모델(Waterfall Model)이 예측형 개발 방식의 대표적 유형이다.

22-2. 애자일 선언의 4대 가치와 12가지 원칙

애자일 선언은 소프트웨어 개발 엔지니어들에 의해 선언되었지만 지금은 다양한 산업계로 확산 적용되고 있다. 예를 들면 애자일 선언의 '소프트웨어'란 표현을 '제품'으로 바꾸어 읽으면 다른 산업군에 속한 인력도 내용을 충분히 적용할 수 있는 수준이다. 물론 발표된지 꽤 지나서 현재 시점에서 보면 내용이 오래된 느낌이나 애자일 선언의 뜻과 의미 중심으로 바라본다면 지금 현재 시점과 큰 괴리는 없을 것이다.

애자일 선언의 4대 가치와 12가지 원칙을 좀 더 자세히 살펴 보면서 애자일의 개념과 애자일 팀이 중요하게 생각하는 것이 무엇인지에 대해 알아보자.

4대 가치

-> 애자일 팀이 추구하는 가치

절차나 도구보다 개인과 상호작용을 더 중요하게 생각한다.

-> 절차에 얽매이거나 혹은 도구에 의존하기 보다는 이해관계자와의 협업을 중요하게 생각한다.

포괄적인 문서보다 작동하는 소프트웨어를 더 중요하게 생각한다.

-> 형식보다는 실질적 가치를 중요하게 생각한다.

계약 협상보다 고객과의 협력을 더 중요하게 생각한다.

-> 이해관계자와의 공동 목표에 대한 상호 협력이 중요하다.

계획을 따르기 보다 변화에 대응하기를 더 중요하게 생각한다.

-> 변화에 대한 신속한 상황 판단과 그에 맞는 적절한 대응이 중요하다.

N.O.T.E

애자일 선언

2001년 제프 서덜랜드외 16명의 SW개발자가 모여 작성된 선언문이며 애자일 원칙을 아래와 같이 제시하고 있다.

'우리는 소프트웨어를 개발하고, 또 다른 사람의 개발을 도와주면서 소프트웨어 개발의 더 나은 방법들을 찾아가고 있다. 이 작업을 통해 우리는 다음을 가치 있게 여기게 되었다

공정과 도구보다 개인과 상호작용을 포괄적인 문서보다 작동하는 소프트웨어를 계약 협상보다 고객과의 협력을
계획을 따르기보다 변화에 대응하기를

가치 있게 여긴다. 이 말은, 왼쪽에 있는 것들도 가치가 있지만, 우리는 오른쪽에 있는 것들에 더 높은 가치를 둔다는 것이다.'

N.O.T.E

12가지 원칙

-> 애자일 팀이 일하는 원칙

우리는 가치 있는 소프트웨어를 제작하여 일찍 그리고 지속적으로 전달해서 고객을 만족시키는 것을 최우선으로 한다.

-> 애자일 팀은 고객 입장에서 가치 있는 제품을 신속하게 제작하고 고객 필요 시점에 상시 제공하여 고객을 만족시킬 수 있도록 노력한다.

비록 개발의 후반부일지라도 이해관계자의 요구사항 변경을 환영하며 고객의 경쟁력에 도움이 되는 방향으로 애자일 프로세스를 업무 변화에 활용 한다.

-> 제품 설계가 끝나고 개발이 진행되고 있는 시점에서도 고객의 경쟁력에 도움이 된다면 요구사항 변경에 대한 협의를 유연하게 할 수 있으며, 애자일 팀은 변경된 요구사항을 개발 이터레이션을 이용하여 반영할 수 있는 애자일 프로세스를 갖추고 있다.

작동하는 소프트웨어를 2주에서 2개월의 가능한 짧은 주기로 개발하여 고객에게 전달하라.

-> 빠르고 신속하게 제품을 제작하여 고객에게 제공하고 제공된 제품에 대한 고객의 의견을 피드백 받아 제품을 고객이 원하는 방향으로 지속적으로 보완하라.

사업 비즈니스 인력과 개발자들은 프로젝트 수행기간 전체에 걸쳐 상시 함께 일해야 한다.

-> 제품개발의 비즈니스적 가치와 방향성을 잘 알고 있는 비즈니스 인력과 상시 협업하여 제품을 개발하여 기업의 비즈니스적 목표를 달성할 수 있는 제품을 개발할 수 있게 노력한다.

동기가 부여된 개인들 중심으로 프로젝트 팀을 구성하라. 그리고 그들이 필요로 하는 환경과 지원을 제공하며 그들이 일을 완수하리라 믿고 신뢰하라.

-> 팀 리더와 스폰서는 애자일 팀원들에게 프로젝트 수행 동기를 부여하고 팀원 각자가 자신의 업무를 책임지고 능동적으로 수행할 수 있는 자기 조직화된 팀을 만들어야 한다. 또한 애자일 팀이 프로젝트를 원활히 수행할 수 있는 프로젝트의 모든 환경을 구축하고 필요한 자원을 충분히 제공하라. 반드시 애자일 팀은 팀 구성원간 서로 신뢰하고 책임 있는 자세로 협업하는 하나된 팀을 만들어야 한다.

개발 팀 내외부에 정보를 전달하고 받는 가장 효율적이고 효과적인 방법은 직접 이해관계자와 만나서 이야기하는 것이다.

-> 스마트폰 및 SNS가 발달하고 ZOOM과 같은 비대면 영상회의가 가능해진 현재 시점에는 이 원칙은 현실감 없는 이야기 같지만, 사람과 사람간의 만남을 통한 마음 속 이야기를 나눌 수 있는 대면대화의 효과는 대체할 수 없는 부분이 분명히 있다.

작동하는 소프트웨어가 프로젝트 진척을 확인할 수 있는 가장 중요한 척도이다.

-> 작동하는 제품이 프로젝트 진척을 확인할 수 있다는 이야기도 다양한 시뮬레이션 기술과 과학이 발달한 현 시점에 맞지 않을 수도 있지만 정직한 실상의 가치에 대한 중요성을 강조한 표현이며 그럴듯한 허상을 만들어 잘못된 실상을 감추거나 포장하지 말라는 표현이다.

N.O.T.E

자기조직화 팀(Self-organizing project team)

자기조직화 팀(Self-organizing project team)은 구성원들이 스스로 조직을 만들수 있는 능력을 가지고 있으며 자율적으로 행동하고 변화에 대한 적응력 그리고 오류 발생시 자기 수정 능력을 가진 팀을 말한다.

N.O.T.E

애자일 프로세스들은 지속 가능한 개발을 장려한다. 스폰서, 개발자, 사용자는 일정한 속도를 계속 유지할 수 있어야 한다.

-> 이 원칙은 재미있는 양면의 진실이 있는 원칙이다. 스폰서나 사용자 입장에서는 개발자가 멈춤 없이 늘 일정한 속도를 낼 수 있게 능동적으로 열심히 작업을 수행하라는 표현으로 보일 수 있고, 개발자 입장에서는 지속 가능하고 수행 가능한 정도의 속도로 작업을 진행하게 무리한 작업을 하지 말라는 표현으로 보일 수 있는 원칙이다.

합리적인 타협점으로 해설해 보면 "개발자가 능동적으로 일할 수 있는 적정한 작업량을 정하여 흐름이 깨지지 않고 일정한 품질과 가치가 있는 제품을 만들어 내도록 스폰서, 개발자, 사용자는 모두 노력해야한다" 이다.

기술적 탁월성과 좋은 설계에 대한 지속적 관심이 프로젝트 팀의 기민함을 높인다.

-> 제품에 대한 기술적 수준을 높이고 완성도 있는 설계를 하려는 프로젝트 팀의 노력과 관심은 프로젝트 팀의 수준을 한단계 높일 수 있다.

단순하게 일하는 것이 불필요한 일을 최대한 하지 않게 하는 기술이다.

-> 애자일의 특성을 잘 나타내 주는 표현이다. 애자일 작업 방식의 핵심은 민첩함과 신속함, 변화 적응력이다. 그러한 애자일의 특성을 구현하려면 최대한 단순하게 작업해야 한다. 현재 애자일의 대표적인 방식인 스크럼의 구현 가이드는 13페이지에 불과 할 정도로 단순하다.

만일, 당신이 애자일 프로젝트를 너무 복잡하게 수행하고 있다면 이 원칙을 다시 한번 읽어보라고 권하고 싶다.

스크럼 가이드

켄 슈와버와 제프 서덜랜드 (Ken Schwaber & Jeff Sutherland)가 2010년부터 현재까지 지속적으로 업데이트하며 발전시켜 제공하고 있는 스크럼 활용을 위한 가이드 북

Chapter 6 애자일 프로젝트 관리 지식

최고의 아키텍처, 요구사항, 설계는 자기조직화 팀에서 창작되고 만들어진다.

-> 자기조직화 팀(Self-organizing project team)은 구성원들이 스스로 조직을 만들수 있는 능력을 가지고 있으며 자율적으로 행동하고 변화에 대한 적응력 그리고 오류 발생시 자기 수정 능력을 가진 팀을 말한다. 그런 자기조직화 팀이 만들어 내는 제품의 아키텍처 구성, 요구사항 관리, 설계는 최고의 품질을 지향한다.

프로젝트 팀은 정기적으로 어떻게 일하는 것이 더 효과적인 방법인지 늘 연구하고, 이를 통해 얻게 된 지식에 따라 프로젝트 팀의 행동을 조율하고 조정한다.

-> 애자일 팀은 작업 수행 후 작업 리뷰, 작업 회고를 통하여 새롭고 효과적인 작업 방식을 늘 탐색하는 팀이다. 또한 그러한 탐색을 통해 발견된 효율적인 작업 방식과 노하우는 애자일 팀에 의해 지식화되고 행위로 반영되어야 한다.

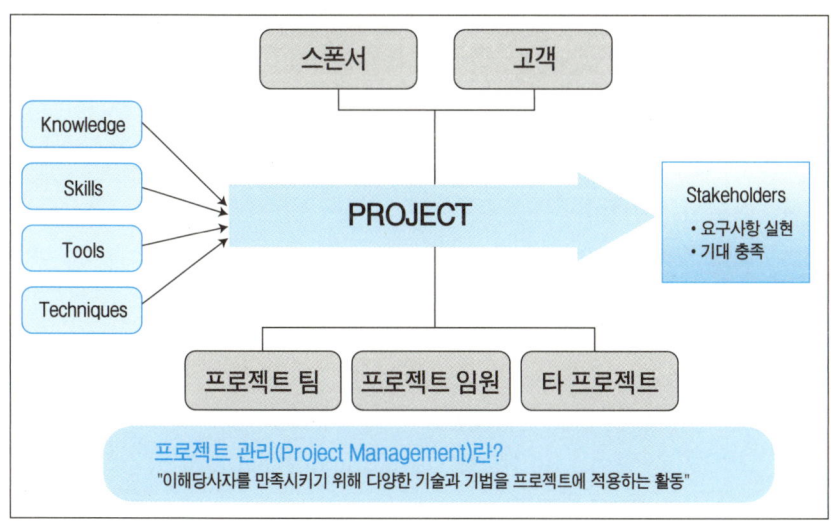

[프로젝트 관리의 정의]

22-3. 애자일 프로젝트 관리 방식의 종류

애자일 프로젝트 관리 방식에는 다양한 방법론과 프레임워크가 존재하고 있다. 애자일 프로젝트 관리 방식을 공부하기 앞서서 린(Lean)과 애자일의 관계를 이해하여야 한다. 왜냐하면 우리가 흔히 애자일 관리 방식으로 알고 있는 칸반은 애자일보다는 린(Lean)의 파생물에 가까우며 대부분의 애자일 관리 방식은 린(Lean)에 영향을 받은 경우가 많기 때문이다.

린(Lean)이란 불필요한 것이 없는 가벼운 상태로 신속하게 고객을 위한 가치 있는 제품을 만드는 일을 하는 방식과 사고체계를 말하며 도요타자동차 TPS의 린(Lean) 생산이 출발점이다. 즉, 애자일도 린(Lean)의 범위 내에 들어간다. 그렇기 때문에 많은 애자일 관리 방식에서 린(Lean)의 용어와 Tool을 사용하고 있다. 개념적 포함 관계로 정리해 보면 린(Lean)이 애자일보다 더 크고 애자일을 포함하는 개념이라 볼 수 있으며 린(Lean)을 구현한 대표적 사례가 린(Lean) 스타트업이다. 린(Lean) 스타트업은 상품기획, 고객개발, 상품 개발 등 다양한 단계를 수행하는데 그 중 상품 개발에 애자일 관리 방식을 사용한다.

이제 린(Lean)에 대해 이해했으니 애자일 프로젝트 관리 방식에 대해 알아보자.

대표적인 애자일 프로젝트 관리 방식은 다음과 같다.

- 스크럼(Scrum)
- 칸반(Kanban)
- 스크럼반(ScrumBan)
- XP(eXtreme Programming)
- FDD(Feature Driven Development)
- AUP(Agile Unified Process)
- DSDM(Dynamic Software Development Method)
- SoS(Scrum of Scrum)
- SAFe(Scaled Agile Framework)
- Less(Large Scale Scrum)
- DA(Disciplined Agile)

도요타생산방식 (Toyota Production System)

도요타 자동차가 개발한 생산방식을 말한다. 도요타 생산방식은 생산현장의 낭비를 제거하고 다품종소량 생산체제를 위한 적시생산(JIT)과 자동화 생산이라는 개념으로 구성된다.

린 스타트업 (Lean Startup)

MVP (Minimum Viable Product) 즉, 최소 실행 가능한 제품을 신속히 출시하여 목표로 하는 요구 기능이 실제 실행하려는 비즈니스에 적합하고 올바르게 동작하는지 반복적으로 확인하는 방식으로 제품의 성공 가능성을 높이는 경영 방법론

Chapter 6 애자일 프로젝트 관리 지식

앞에서 언급한 방식중에 모든 산업군에 적용 가능하며 대표적인 애자일 프로젝트 관리 방식인 스크럼(Scrum)과 칸반(Kanban)의 정의와 프로세스 및 주요 이벤트는 다음과 같다.

- **스크럼 (Scrum)**

스크럼은 사람과 팀, 조직이 어렵고 복잡한 문제를 해결하기 위해 선택하는 행동 방식과 해법을 연구하여 프로젝트 관리에 적용할 수 있도록 만들어진 애자일 개발 프레임 워크이다.

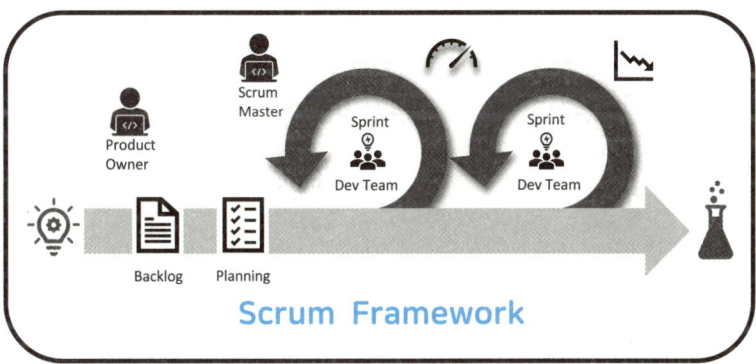

Scrum Framework

스크럼(Scrum)의 스크럼 팀 인력 구성은 프로덕트 오너 1명, 스크럼 마스터 1명, 복수의 개발자들로 구성되며 스크럼은 이 세가지 역할 구성원들의 공동 협업으로 진행되는 애자일 방식이다.

스크럼 수행 절차는 프로덕트 오너가 프로덕트 백로그를 정리한 후 스크럼 마스터의 코치를 받으며 개발자들이 2주 혹은 3주 단위의 스프린트(스프린트는 제한된 기간동안 정해진 Product Backlog Item을 구현하기 위해 수행하는 스크럼 팀 단위의 그룹화된 작업 수행을 위한 스크럼팀 이벤트를 말한다)를 반복적으로 실시하여 프로덕트 백로그를 처리하여 프로덕트를 완성하는 비교적 간단한 프로세스이다.

N.O.T.E

스프린트 (Sprint)

스프린트 (Sprint)는 제한된 기간 동안 정해진 Product Backlog Item을 구현하기 위한 스크럼 팀 이벤트이다.
스프린트 (Sprint)는 약 2주에서 4주 정도의 기간으로 수행하는 스크럼 팀 단위의 그룹화된 작업수행 행위를 말한다.

프로덕트 백로그 (Product Backlog)

Product Backlog는 우선 순위가 있는 요구사항의 목록이다.

이해관계자의 요구사항은 제품, 서비스, 기능과 같이 다양한 항목들이다. 또한 Product Backlog는 이해관계자가 추구하는 기능적 비기능적 가치와 연결되어 있다.

Product Backlog는 Backlog Item으로 구성되어 있는데 Backlog Item은 제품기능, 제품결함, 기술적 작업, 관련 지식을 말한다.

N.O.T.E 스크럼 수행 절차 및 이벤트는 아래와 같은 단계로 진행한다.

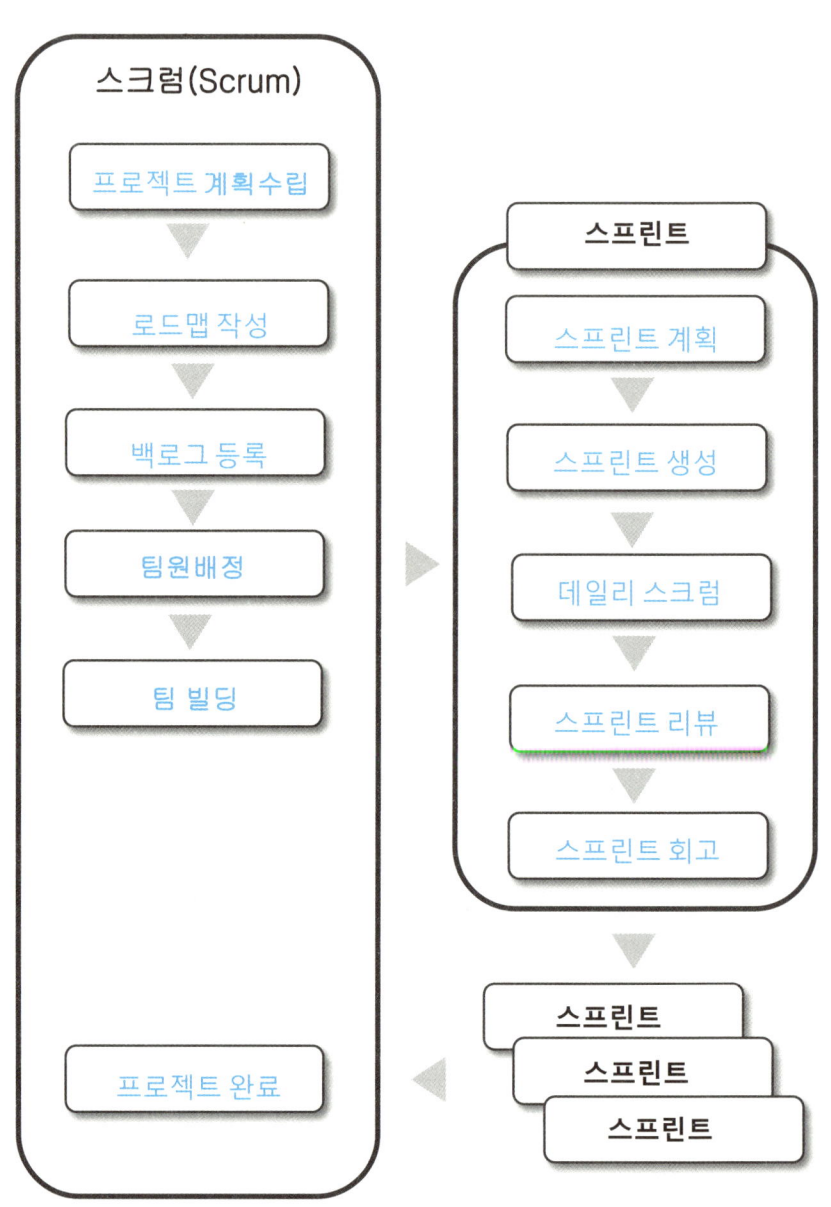

Chapter 6 애자일 프로젝트 관리 지식

- **칸반 (Kanban)**

작업의 완전한 투명성과 원활한 의사소통을 유도하기 위한 칸반보드를 사용하여 작업을 시각화하고, 이를 통하여 진행 중인 작업의 원활한 흐름을 유도하여 작업 효율성을 극대화 하는 것을 목표로 하는 애자일 관리 방법이다.

N.O.T.E

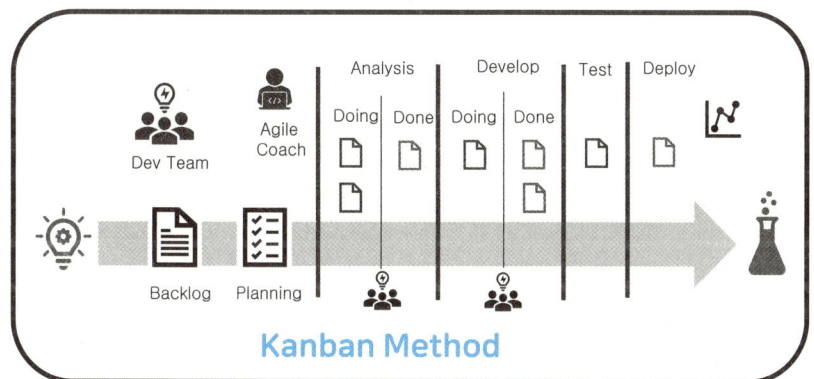

Kanban Method

칸반(Kanban)방법은 가상 신호 카드를 구현한 칸반보드를 사용하여 업무 혹은 지식의 흐름을 가시화 시키는 방법이다.

칸반(Kanban)방법은 방법론이나 프레임워크가 아니기 때문에 현재의 업무 프로세스에 특별한 변화 없이 적용 가능하여 점진적 개선이 가능하다.

칸반(Kanban)방법은 Pull Sytem과 WIP(Work In Progress)로 해당 단계에서 구현 작업에 작업제한을 사용하여 지속 가능한 업무 흐름을 구현한다.

칸반보드를 통해 가시화된 업무나 지식에 대한 프로젝트 참여자 모두의 적극적이고 능동적인 리더쉽 발휘를 장려한다.

당김방식 (Pull System)

당김방식 (Pull System)은 전통적인 방식인 수행할 작업을 사전에 계획하고 앞단계에서 다음단계로 밀어내며 진행하는 방식의 Push system과 반대 개념의 작업처리 방식으로 작업을 프로세스에 밀어 넣는 대신 작업자가 작업을 처리하기 원할 때 당겨오는 방식으로 처리할 수 있는 능력이 있을 때만 작업을 가져오는 방식이다.

N.O.T.E 칸반 수행 절차 및 이벤트는 아래와 같은 단계로 진행한다.

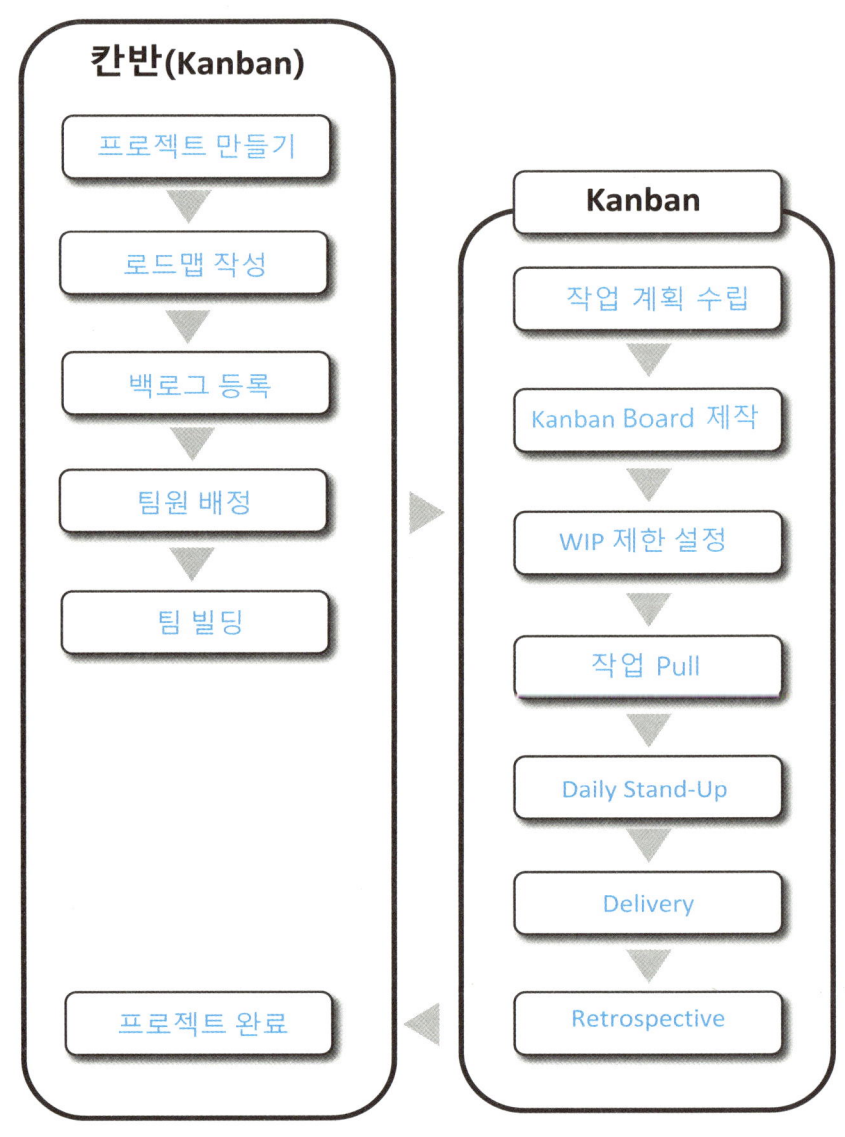

22-4. 애자일 기본용어 정리

애자일 관리방식에 대해 본격적으로 설명하기 앞서서 독자의 이해를 돕기 위해 애자일 관련 용어를 정리해 본다. 좀 더 자세한 내용은 **[26. 애자일 용어 해설]**에서 설명한다.

- 프로덕트 (Product) : 프로젝트에서 구현하고자 하는 목표 대상물

- 백로그 (Backlog) : 이해관계자 요구사항 및 수행해야 할 작업 목록

- 아티팩트 (Artifacts) : 애자일 프로세스 수행 산출물

- 증분 (Increment) : 산출물 증가분

- Definition of Done : 완료의 정의

- 에픽 (Epic) : 구현해야 할 산출물, 기능, 서비스 중 WBS의 최상위 레벨이며 사용자 스토리의 집합체

- 사용자 스토리 (User Story) : 사용자의 세부 요구사항을 이야기 형태로 기술 한 것

- Task : 프로젝트 팀이 수행해야 할 작업

- Subtask : Task 의 하위 레벨 작업

- Bug : 결함 수정 항목

- 스프린트 (Sprint) : 일정한 기간내에 정해진 백로그 Item을 구현하기 위해 수행하는 스크럼 팀 이벤트

- 데일리 스크럼 (Daily Scrum) : 스크럼 팀이 매일 15분 정도 진행하는 스프린트 동기화를 위한 협업 회의

N.O.T.E

- 스크럼 아티벡트 : 스크럼 수행 산출물

- WIP : Work In Progress의 약어로 해당 단계에서 구현 작업중인 이슈의 갯수

- 데일리 스탠드업 미팅 : 팀이 매일 진행하는 스프린트 동기화를 위한 협업 회의

- Kaizen : 지속적 품질 개선 활동

- Capatity : 처리 가능한 최대 작업량

- Cadence : 예측 가능한 작업처리 루틴

- Throughput : 완료된 작업량

- Lead Time : 작업 요구가 도출된 시작 부터 작업 요구가 처리 완료되기 까지 걸린 시간

- Cycle Time : 실제 작업이 시작된 시작점 부터 작업이 완료된 후, 완료점까지 걸린 시간

Chapter 6 애자일 프로젝트 관리 지식

23. 애자일 팀 만들기

23-1. 애자일 팀 환경 구축

애자일 팀을 만들기 위해 사전에 구축해야할 팀 환경은 세 가지로 나눌 수 있다.

첫번째는 아래와 같은 애자일 팀 그라운드 룰 구축이다.

- 애자일 사고하기
- 애자일 접근 방식으로 행동하기
- 팀 구성원 모두 평등하게 대하고 존중하기
- 우선순위가 높은 일 중심으로 먼저하고 불필요한 일 하지말기
- 투명하고 효율적으로 일하기
- 모든 팀원의 의견을 공평하게 인정하고 경청하기
- 서로 협력하여 시너지를 창출하기

두번째는 아래와 같은 팀 작업공간 구축이다.

- 팀원 모두 같이 일할 수 있는 열린 협업 공간을 구축하라
- 팀원들이 조용히 사용할 수 있는 별도의 개별 공간을 구축하라
- 열린 공간과 개별공간의 균형을 유지하라
- 분산 팀인 경우 온라인 환경에서 서로 같이 근무하는 형태의 Fishbowl Window을 활용하라
- 분산 팀인 경우 가상공간과 물리적 작업공간을 동시에 활용하라
- 분산 팀인 경우 주기적으로 직접 만나 신뢰를 구축하라

세번째는 아래와 같은 팀 운영 정보시스템 구축이다.

- 프로젝트 커뮤니케이션 시스템 구축
- 프로젝트 이슈관리 시스템 구축
- 프로젝트 대시보드 구축
- 프로젝트 관리시스템 구축

N.O.T.E

기본 규칙 (Ground Rules)

기본 규칙이란, 프로젝트에 배치된 팀원들이 따라야 하는 지침을 말하는 것이다.

기본 규칙은 프로젝트의 시작부터 종료 시까지 적용되어야 하는 방침이자 룰이므로 빨리 수립될수록 긍정적인 효과를 가져온다.

가상팀(virtual team)

프로젝트 내부의 동일한 부분을 함께 실행하되, 원거리거나 다른 이유 등으로 대면하지 않고 프로젝트를 수행하는 팀

Fishbowl Window

분산팀원을 상시 볼 수 있는 지속적으로 연결되어 있는 화상회의 시스템을 말하며 물고기 어항에 비유한 표현

23-2. 애자일 팀 리더 되기

애자일 팀을 구축하기 전에 스스로 애자일 팀 리더로 역량을 확보해야 한다. 그래야만 팀 성과를 최대치로 만들 수 있으며 애자일 팀을 올바른 방향으로 이끌 수 있다. 올바른 애자일 리더에 대해 같이 공부해 보자

애자일 리더는 아래와 같이 행동하는 섬김형 리더(ServantLeader)이다.

- 팀원과의 대화에서 경청을 기본으로 한 커뮤니케이션을 중시한다.
- 팀원을 존중하고 창의성을 발휘할 기회를 제공한다.
- 팀원의 성장을 돕고 팀을 하나의 공동체로 만든다.
- 팀원이 정신적으로나 육체적으로 지치지 않게 환경을 조성한다.
- 애자일 리더로서의 자기인식을 기반으로 올바른 행동을 한다.
- 팀원에게 봉사하며 지도와 통제 사이의 균형감을 유지한다.

애자일 리더는 아래와 같은 역할을 수행한다.

- 팀원들에게 애자일 코치로 활동한다.
- 팀원의 업무수행 시 장애요소를 제거하고 도와준다.
- 팀 외부로 부터의 방해에 대한 보호막이 되어준다.
- 애자일 프로세스 수행의 지휘자가 되어준다.
- 프로젝트로 인한 변화에 대한 저항을 극복한다.
- 고객에게 가치 있는 인도물을 제공한다.
- 경영진과 팀을 지원하며 가교 역할을 수행한다.

섬김형 리더쉽(servant leadership)

팀원들에게 봉사하고 섬기는 자세로 일하며 이를 바탕으로 팀원의 신뢰를 얻어 팀원과 조직간의 목표 동기화를 이루어 조직의 성과를 달성시키고 팀원들의 성장을 유도하는 리더십이다.

23-3. 애자일 팀 빌딩 절차

애자일 팀 빌딩을 위한 팀 빌딩 절차는 아래와 같이 7단계로 구분된다.

1) 필요 인력 요구 사항 결정
- 작업에 필요한 기술의 수준을 결정하고 팀 내에 해당 기술들을 어떻게 확보할 것인지에 대해 결정한다.

2) 팀 구성원 대상자에 대한 인터뷰
- 직접적인 기술 뿐만 아니라 팀웍, 개인의 소양, 업무적 희망 등을 인터뷰를 통해 알아낸다.

3) 팀원 선정
- 팀원의 선정을 통해 프로젝트에서 필요한 역량을 확보한다.

4) Kick-off Meeting의 개최
- 일관된 방향을 제시하기 위해서 팀원을 모아 착수 회의를 개최한다.

5) 팀원의 역할과 책임의 명확화
- 팀원들이 해야 하는 역할과 책임에 대해 제시한다.
- ✓ 역할 : 누가 무슨 업무를 수행하는가?
- ✓ 책임 : 누가 무엇을 결정하는가?

6) 애자일 프로세스에 대한 팀 리더의 설명
- 어떻게 이슈를 관리할 것인지, 성과 측정은 어떻게 할 것인지, 보고의 주기는 얼마로 할 것인지 등 애자일 프로세스에 대한 팀 리더의 진행 방안을 팀원들에게 설명하고 이해시킨다.

7) 의사소통 채널 수립
- 프로젝트를 원활히 진행하려면 팀 리더와 팀원간에 의사소통이 중요하다. 평등하고 개방된 의사소통이 반드시 필요하다.

N . O . T . E

Team Building Activities
다양한 환경과 배경, 동기를 가진 프로젝트 구성원을 이끌어 프로젝트를 성공적으로 완수하기 위한 일련의 과정

착수 회의(Kick-off Meeting)
착수 회의는 의사소통 채널과 작업 관계 수립, 팀의 목표와 목적의 수립, 프로젝트 최신 상황의 검토, 프로젝트 계획의 검토, 프로젝트 문제 영역의 식별, 개인과 그룹의 책임과 역할 수립, 개인과 그룹의 Commitment 확보 등을 그 목적으로 한다.

Tuckman의 팀 발달 5단계

① 형성기 (forming) : 리더의 인도와 지시에 의존하는 단계

② 혼돈기 (storming) : 의사결정이 잘 받아들여지지 않으며 리더와 팀원, 또는 팀원 간에도 갈등이 발생하는 단계

③ 규범기 (norming) : 팀원간의 합의와 컨센서스가 형성되면서 리더의 지원에 잘반응하는 단계

④ 성취기 (performing) : 팀이 전략적으로 깨어 있어서 해야 할 일과 이유를 잘알고 있고 비전을 공유하는 단계

⑤ 휴지기 (adjourning) : 임무가 성공적으로 완수되고 목적이 이루어져서 팀원들이 새로운 작업으로 이동하는 단계

23-4. 애자일 팀 구성 및 역할

일반적인 애자일 팀 구성은 프로덕트 오너, 팀 리더, 팀원으로 구성되나 프로젝트의 특성과 효율성을 고려하여 자유롭고 유연성 있게 구성하면 된다.

프로덕트 오너의 역할
- 이해관계자와의 협업을 통한 프로덕트 방향성 제시
- 프로덕트 목표정의
- 프로덕트 백로그 작성
- 프로덕트 목표와 백로그에 대한 명확한 의사소통
- 비즈니스 의사결정에 필요한 정보제공
- 작업 우선순위 정보제공

팀 리더의 역할
- 섬김형 리더쉽 발휘
- 프로젝트 계획 수립
- 애자일 프로세스 관리
- 팀원에 대한 애자일 코칭
- 팀이 작업에 집중할 수 있도록 장애물 제거 및 보호 역할 수행
- 모든 작업이 긍정적이고 생산적으로 진행될 수 있도록 역할 수행

팀원의 역할
- 작업 백로그 작성
- 자발적 작업 선택
- 작업 수행 및 품질관리
- 자율적이고 능동적인 업무 수행
- 기술 전문가로서 능력발휘 및 협업

자기조직화 팀(Self-organizing project team)

자기조직화 팀(Self-organizing project team)은 구성원들이 스스로 조직을 만들수 있는 능력을 가지고 있으며 자율적으로 행동하고 변화에 대한 적응력 그리고 오류 발생시 자기 수정 능력을 가진 팀을 말한다.

Chapter 6 애자일 프로젝트 관리 지식

24. 스크럼(Scrum)의 이해

24-1. 스크럼 정의

스크럼(Scrum)은 사람과 팀, 조직이 어렵고 복잡한 문제를 해결하기 위해 선택하는 행동 방식과 해법을 연구하여 프로젝트 관리에 적용할 수 있도록 만들어진 애자일 개발 프레임 워크이다.

스크럼의 원래 어원은 럭비에서 플레이 중 럭비공이 경기장 밖으로 나가서 플레이를 다시 시작할 때, 럭비팀이 구축하는 팀 전술 대형을 말하며 처음 사용된 것은 1986년에 일본의 노나카 이쿠지로와 타케우치 히로타카에 의해 1980년대 당시 생산성이 높았던 일본기업 들에서 활용한 신제품 개발기술을 Harvard Business Review에 기고문 "The New New Product Development Game"를 통해 소개하면서 부터이고, 이 내용에 영감을 받은 미국의 제프 서덜랜드와 캔슈와버 그리고 동료 소프트웨어 엔지니어들에 의해 1994년부터 만들고 발전시킨 애자일 프레임 워크가 바로 스크럼(Scrum)이다.

제프 서덜랜드와 캔슈와버는 현재까지도 스크럼 가이드를 업데이트하여 제공하고 있으며 처음 출발은 IT 업무 중심이었지만 지금의 스크럼 가이드에서는 IT 업무의 모든 표현이 남겨 있지 않아 다른 산업군에 충분히 적용할 수 있는 상태이며 불필요하거나 어려운 표현은 모두 정리된 상태이다.

스크럼 가이드

켄 슈와버와 제프 서덜랜드 (Ken Schwaber & Jeff Sutherland)가 2010년부터 현재까지 지속적으로 업데이트하며 발전시켜 제공하고 있는 스크럼 활용을 위한 가이드 북

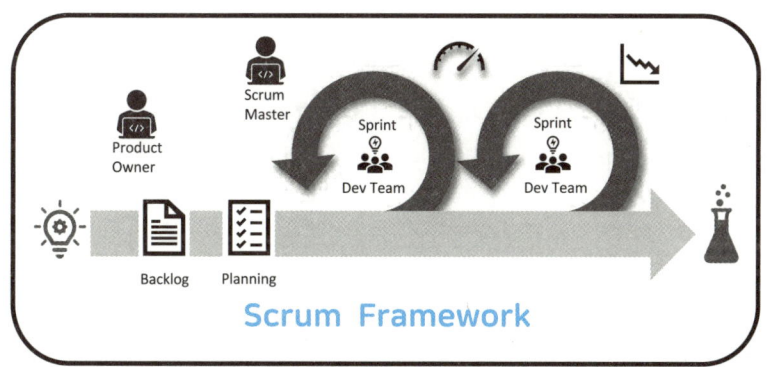

24-2. 스크럼 특징

제프 서덜랜드와 캔슈와버가 스크럼 가이드에서 말하고 있는 스크럼의 특징은 아래와 같다.

스크럼의 이론적 기반은 경험주의 (Empiricism)와 린 사고 (Lean thinking)이며 이를 풀어 말하면 경험과 관찰을 기반으로 판단하며 그 결과를 통해 지식을 얻고, 업무를 수행할 때 낭비적인 요소를 제거하고 본질의 가치에 초점을 맞추어 일하는 것을 의미한다.

스크럼의 모든 이벤트와 업무 그리고 업무의 결과물은 반드시 가시적인 투명성 (Transparency)을 확보해야 하며 확보된 투명성 (Transparency)을 기반으로 가치를 점검 (Inspection)하고 점검 (Inspection)의 결과를 신속히 적응 (Adaptation)할 수 있는 능력을 가져야 한다.

스크럼의 성공 여부는 아래와 같은 스크럼의 가치에 대한 모든 프로젝트 참가자들의 준수 여부에 달렸다.

- 팀 목표 달성과 팀 협업의 약속(Commitment)준수할 것
- 스프린트 기간에 업무 수행에 집중(Focus)할 것
- 이해관계자들은 도전에 대해 열린 마음(Openness)을 가질 것
- 팀원은 서로 존중(Respect)할 것
- 힘든 상황에서도 올바른 선택과 일을 할 수 있는 용기 (Courage)를 가질 것

스크럼 프레임워크 구조는 변경하면 안되지만 다른 애자일 방식을 담는 컨테이너로는 사용 가능하다.

검사 (Inspection)의 종류

1. 검토(Review)
2. 동료검토(Peer Review)
3. 워크스루(Walk Through)

스프린트 (Sprint)

스프린트 (Sprint)는 제한된 기간동안 정해진 Product Backlog Item을 구현하기 위한 스크럼 팀 이벤트이다.

스프린트 (Sprint)는 약 2주에서 4주정도의 기간으로 수행하는 스크럼 팀단위의 그룹화된 작업수행 행위를 말한다.

스크럼 팀은 스프린트를 반복적으로 수행하면서 이해관계자와 합의 된 Product Backlog Item을 모두 구현하고 Product Goal을 달성시킨다.

24-3. 스크럼 팀 구성

스크럼(Scrum)의 스크럼 팀 인력구성은 프로덕트 오너 1명, 스크럼 마스터 1명, 복수의 개발자들로 구성되며 스크럼은 이 세가지 역할 구성원들의 공동 협업으로 진행되는 애자일 방식이다.

스크럼 팀의 적정 참여 인원은 10명이내로 권장하고 있다. 만일 스크럼 팀의 규모가 커진다면 복수의 스크럼 팀으로 분산하는 것을 추천하며 스크럼 팀이 여러 팀으로 분산되더라도 프로덕트 목표와 프로덕트 백로그, 프로덕트 오너는 동일해야 한다.

스크럼 팀 구성원 모두는 가치 있는 프로덕트 제작에 대한 공동 책임을 진다.

스크럼 팀의 의사소통은 투명하고 광범위하게 이루어져야 한다.

팀 목표에 집중하고 구성원 모두가 팀에 헌신하여야 한다.

스크럼 팀은 팀웍으로 일하며 업무 수행 시 연속성을 유지해야 한다.

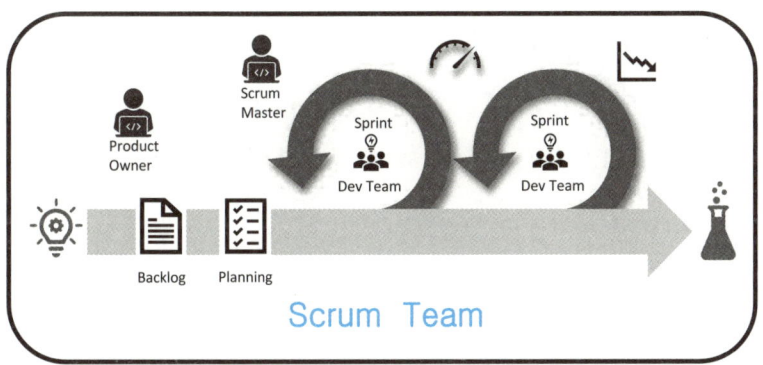

24-4. 프로덕트 오너의 역할 및 필요역량

프로덕트의 가치를 극대화하기 위해 프로덕트에 어떤 특징과 기능을 구현할지 우선순위를 결정하며 프로덕트 제작 방향성을 제시하는 역할과 권한을 가진 프로덕트 제작 성공의 최종 책임자이다.

프로덕트 오너(Product Owner) 역할은 1명이 역할을 수행하며 역할에 관련된 업무의 모든 의사결정 권한을 가진다.

프로덕트 백로그와 관련된 이해관계자의 요구사항을 도출하고 협상하며 이해관계자와 합의된 요구사항을 프로덕트에 반영하는 역할을 수행한다.

> **프로덕트 오너(Product Owner)의 역할**

- 프로덕트 비젼 제시 및 유지
- 프로덕트 목표 정의
- 프로덕트 백로그 작성 및 구현 우선순위 결정
- 프로덕트 목표와 백로그에 대한 명확하고 신속한 의사소통

> **프로덕트 오너(Product Owner)의 필요역량**

- 프로덕트 비젼 제시 능력
- 이해관계자 요구사항 관리 능력
- 신속하고 정확한 의사결정 능력
- 프로덕트의 가치를 끌어낼 수 있는 추진력과 책임감

프로덕트 백로그 (Product Backlog)

Product Backlog는 우선순위가 있는 요구사항의 목록이다. 이해관계자의 요구사항은 제품, 서비스, 기능과 같이 다양한 항목들이다. 또한 Product Backlog는 '이해관계자가 추구하는 기능적 비기능적 가치와 연결되어 있다. Product Backlog는 Backlog Item으로 구성되어 있는데 Backlog Item은 제품기능, 제품결함, 기술적 작업, 관련지식을 말한다.

24-5. 스크럼 마스터의 역할 및 필요역량

스크럼 마스터(Scrum Master)는 스크럼 프레임워크를 확립하고 스크럼 프로세스가 원활히 진행되도록 하는 책임이 있다.

스크럼 마스터(Scrum Master)는 자율적으로 일하는 스크럼 팀의 봉사형 리더이며 코치이자 퍼실리테이터(Facilitator)이다. 우리가 일반적으로 생각하는 관리자와는 거리가 멀다.

모든 스크럼 이벤트의 주체자이고 이벤트가 긍정적이며 생산적으로 효율적인 진행이 되도록 노력한다.

스크럼 팀이 업무에 집중할 수 있는 환경을 조성하고 도우며 다양한 형태로 발생하는 진척 방해 요소를 제거하는 역할을 수행한다.

프로덕트 오너의 활동과 조직의 스크럼 활동의 조력자 역할을 수행하고 프로젝트 팀과 이해관계자의 소통을 돕는다.

> ➤ **스크럼 마스터(Scrum Master)의 역할**
- 섬김형 리더쉽 발휘
- 스크럼 프로세스 및 이벤트 관리
- 스크럼 팀과 조직에 대한 스크럼 코칭
- 작업에 집중할 수 있도록 장애물 제거 및 보호 역할 수행
- 작업이 긍정적이고 생산적으로 진행될 수 있도록 역할 수행

> ➤ **스크럼 마스터(Scrum Master)의 필요역량**
- 스크럼에 대한 전문적 지식보유
- 스크럼 팀 빌딩 및 팀 협업체계 구축 능력
- 스크럼 진행 시 발생하는 문제에 대한 해결 능력
- 스크럼 팀 코칭 및 팀 퍼실리테이터 능력
- 스크럼 팀 보호 역량

N . O . T . E

섬김형 리더쉽(servant leadership)

팀원들에게 봉사하고 섬기는 자세로 일하며 이를 바탕으로 팀원의 신뢰를 얻어 팀원과 조직간의 목표 동기화를 이루어 조직의 성과를 달성시키고 팀원들의 성장을 유도하는 리더십이다.

24-6. 개발자들의 역할 및 필요역량

목표 프로덕트를 만들 수 있는 자율적이고 능동적인 해당 부문의 전문가들이다.

프로덕트를 만들기 위한 스프린트를 위해 스프린트 백로그 도출, 스프린트 계획 수립을 하며 스프린트 이벤트 동안 프로덕트의 설계, 제작, 테스트 등 다양한 작업을 수행한다.

스크럼 이벤트 이외에 세부 작업 방식과 방법은 개발자 스스로 결정하며 프로덕트를 개발하고 완성할 책임을 진다.

스크럼 팀 개발자들은 프로덕트 제작을 위한 다기능 (Cross functional) 전문가의 집합체를 지향한다.

자신의 작업에 책임감 있게 임하며 개발자들 상호 협업을 통해 효율성을 높인다.

교차 기능 팀(cross functional team)

교차 기능 팀은 다양한 기능(경영지원, 연구소, 마케팅, 제품 개발, 품질 보증, 재무등)의 전문성을 소유한 팀원을 모아서 만든 팀을 말한다. 교차가능팀은 프로젝트 수행에 필요한 모든 기능을 팀안에서 제공할 수 있는 장점이 있다.

➤ **개발자들의 역할**
- 스프린트 계획수립, 스프린트 백로그 작성
- 스프린트 수행 및 품질관리
- 자율적이고 능동적인 업무수행, 전문가로서 협업

➤ **개발자들의 필요 역량**
- 개발 전문능력
- 다기능(Cross functional) 수행 능력
- 의사소통 능력
- 스프린트 계획수립 능력
- 스프린트 백로그 작성
- 품질관리 능력
- 제품인도 능력

24-7. 스크럼 이벤트 및 산출물

N.O.T.E

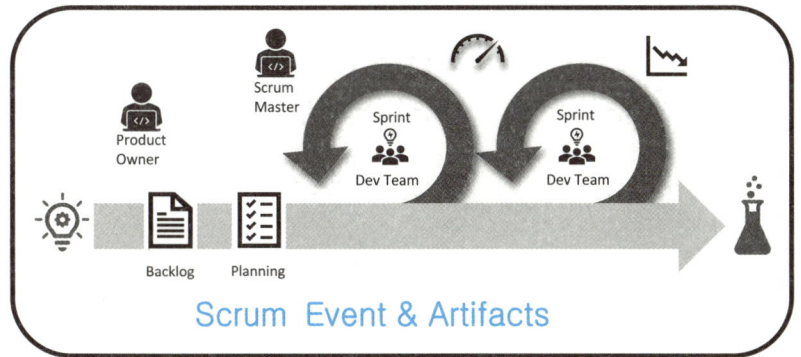

스크럼 수행절차는 아래와 같다.

프로덕트 오너가 프로덕트 백로그를 정리한 후 스크럼 마스터의 코치를 받으며 개발자들이 프로덕트 백로그를 처리하기 위한 2주 혹은 3주 단위의 스프린트를 반복적으로 실시하여 프로덕트를 완성하는 비교적 간단한 프로세스이다.

스크럼 이벤트와 산출물은 아래와 같다.

스크럼 이벤트
스프린트(Sprint)
스프린트 계획(Sprint Plan)
데일리 스크럼(Day Scrum)
스프린트 리뷰(Sprint Review)
스프린트 회고(Sprint Retrospective)

스크럼 산출물
프로덕트 백로그(Product Backlog)
스프린트 백로그(Sprint Backlog)
프로덕트 증가분(Product Increment)

데일리 스크럼(Daily Scrum)

스크럼 팀이 매일 약속된 시간에 모여 팀원들의 작업수행 진척상황을 공유하고 다음 작업의 변경사항을 작업 Backlog에 반영하는 15분 정도의 타임박스를 활용한 일일 스탠드업 미팅이다.

Part 2 프로덕트 매니저 필요지식

N.O.T.E

스크럼 수행절차를 크게 분류하면 아래와 같은 단계로 나눌 수 있다.

- 계획수립
- 프로덕트 백로그 제작
- 스프린트 수행
- 스크럼 완료

프로덕트 정의

현재의 시점에서 우리가 말하는 프로덕트(Product)의 의미는 소비자가 자신의 필요와 욕구충족을 위해 구매하는 모든 것을 말하며, 특히 마케팅 적인 측면에서 프로덕트의 의미는 "유무형의 제품, 서비스, 솔루션, 이벤트, 사람, 조직, 아이디어 혹은 이들의 결합물"등 마케팅의 대상이 되는 모든 것을 말한다.

프로덕트(Product)는 고객의 니즈를 충족시키기 위해 고객에게 제공되는 제품, 서비스, 사용 경험, 사람, 아이디어, 정보, 조직 등의 다양한 고객가치의 결합체를 의미한다.

앞에서 말한 프로덕트(Product)의 의미들을 모두 모아 좀 더 세련되게 정리해서 표현해 보면 "프로덕트(Product)란 고객이 원하는 가치와 UX(User Experience)를 제공하기 위해 만들어진 유무형의 제품, 상품, 서비스 혹은 그들의 결합체인 솔루션"라 표현할 수 있다.

완료의 정의 (Definition of Done)

작업에서 완료의 정의(Definition of Done)는 수행하는 작업의 산출물이 품질목표를 충족시킨 상태를 말한다.

수행하는 작업이 작업 Backlog에 대한 완료의 정의(Definition of Done)가 이루어지면 작업 산출물은 완성된 것을 의미 한다.

Scrum   Artifacts

Plan
- Project Vision
- Project Plan

Product
- Product Roadmap
- Product Backlog

Sprint
- Sprint Plan
- Sprint Backlog
- Sprint Increment
- Sprint Review
- Sprint Retrospective

Done
- Definition of Done
- Product Increment

24-8. 스크럼 프로젝트 수행절차

스크럼 프로젝트는 아래와 같은 단계로 진행한다.

N.O.T.E

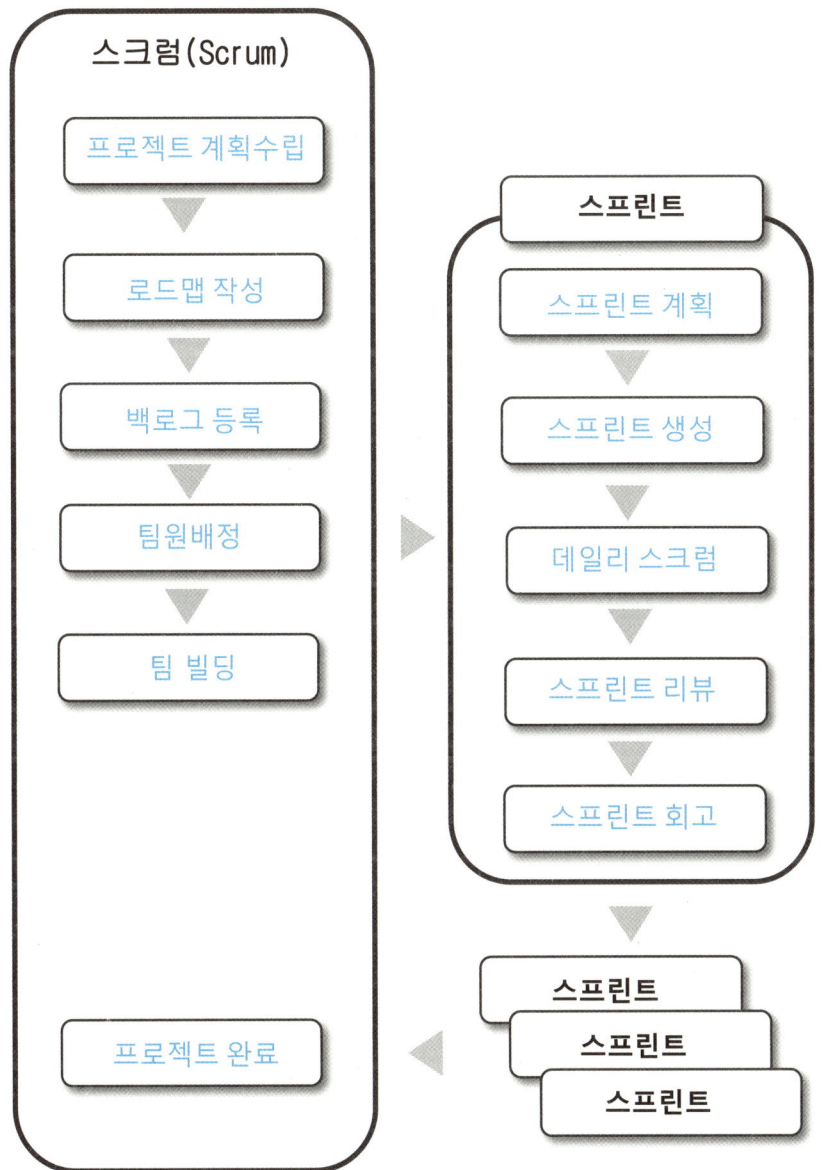

N.O.T.E

스프린트(Sprint)는 제한된 기간 동안 정해진 Product Backlog Item을 구현하기 위한 스크럼 팀 이벤트이다.

스크럼 팀은 스프린트(Sprint)를 반복적으로 수행하면서 이해관계자와 합의된 Product Backlog Item을 모두 구현 하고 Product Goal을 달성 시킨다.

첫번째 스프린트(Sprint)가 끝나면 스크럼 팀은 약간의 휴식을 취하고 지체없이 두번째 스프린트를 시작한다.

스프린트(Sprint)의 크기는 약 2주에서 4주 정도의 기간으로 수행하는 것이 일반적이다.

스프린트(Sprint)를 수행하는 스크럼 팀은 협업하며 정해진 서로 간의 약속을 지키기 위해 노력하여야 한다. 모든 업무를 자율로 수행하고 팀원 스스로 무엇을 언제 어떻게 해야 할지를 결정한다. 또한 그 결과 역시 팀원이 스스로 책임진다.

스크럼 팀은 반복적으로 수행되는 스프린트(Sprint) 마다 유효하고 가치 있는 Product Increment를 만들어 내기 위해 노력해야 한다.

스프린트를 수행 하는 동안 스크럼 팀은 스프린트(Sprint) 중간에 스프린트 목표 달성에 영향을 주는 변경을 해서는 안되며 산출물과 작업의 품질을 지켜야 한다. 또한 수행 작업의 범위가 불명확해서는 안되며 만일 범위가 불명확 하다면 프로덕트 오너와 다시 범위를 조율해야 한다.

스프린트(Sprint)가 목표를 잃고 표류한다면 스프린트를 중단시킬 수 있으나 그것은 전적으로 프로덕트 오너의 권한이다.

증분 (Increment)

증분(Increment)은 작업 산출물의 증가분을 말한다.

증분(Increment)은 목표한 작업 Backlog의 수행 결과이며 한 작업내에서 여러가지의 증분이 만들어 질 수 있다.

작업의 증분 (Increment)이 누적되어 Product가 최종적으로 완성된다.

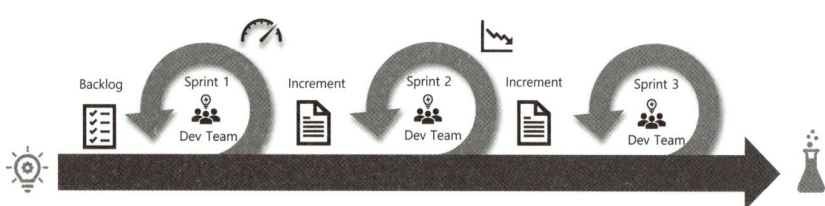

Scrum Sprint

스프린트(Sprint)는 4 가지 단계적 절차를 수행하면서 진행하며 주요 산출물은 다음과 같다.

N.O.T.E

스프린트 계획	스프린트 백로그
데일리 스크럼	스프린트 협업, 목표 동기화
스프린트 리뷰	산출물 점검 리스트
스프린트 회고	스프린트 회고록

● **스프린트 계획**
 : 스프린트 목표 설정, 스프린트 완료의 정의, 스프린트 수행 방법 결정

● **데일리 스크럼**
 : 1일 15분간의 협업 미팅, 스프린트 목표 대비 진척확인, 팀 의사소통 도구

● **스프린트 리뷰**
 : 스프린트 산출물 점검, 프로덕트 목표 대비 진척확인, 프로덕트 백로그 수정

● **스프린트 회고**
 : 다음 스프린트 품질 및 효율성 향상 방법 모색, 스프린트 개선책 강구

N.O.T.E

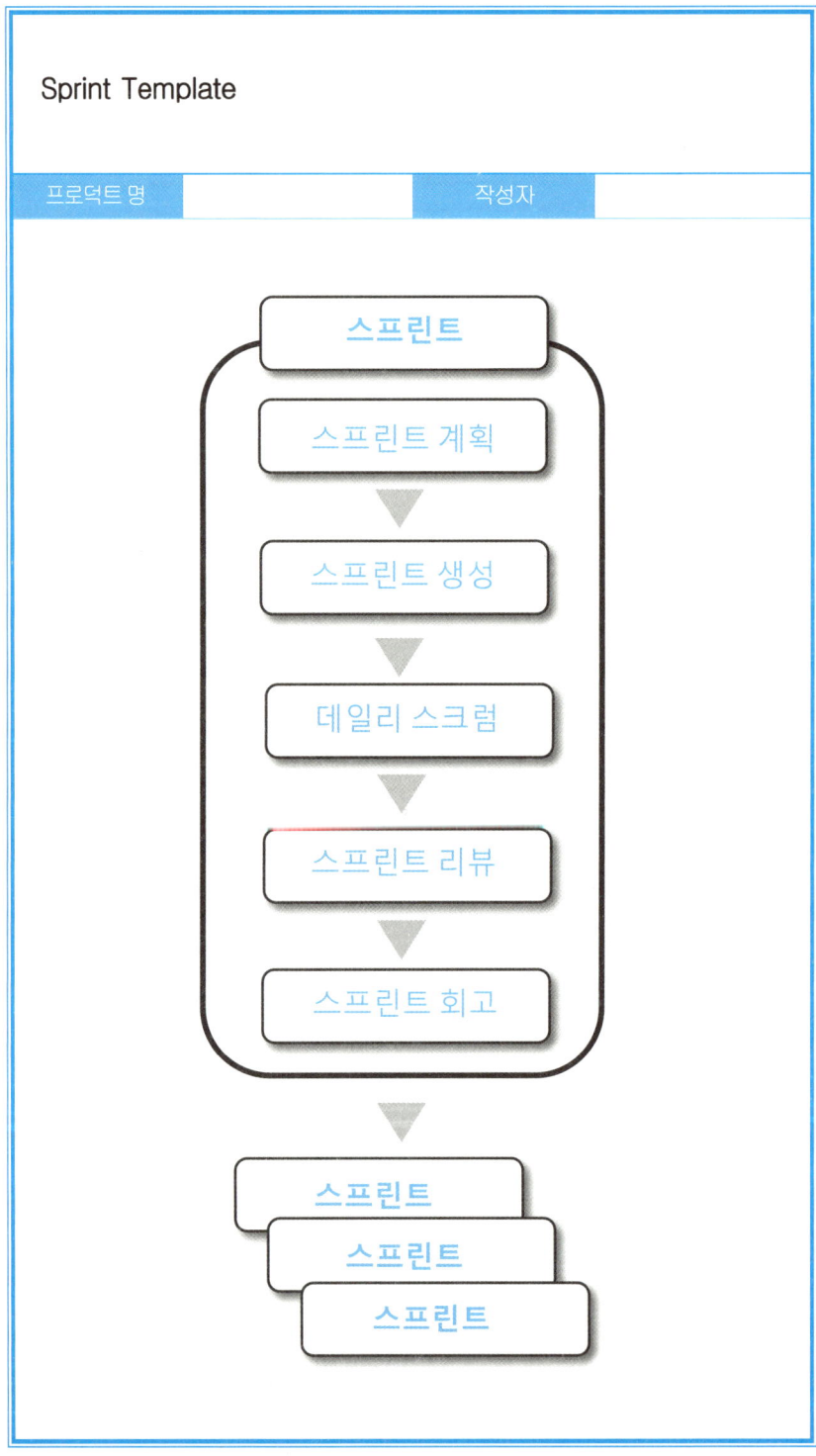

스프린트 계획(Sprint Plan)은 스크럼 팀이 팀 이벤트인 스프린트를 실시하기 앞서서 스프린트의 목표를 정하고 이번 스프린트에서 무엇을 만들어내며 스프린트를 어떻게 진행해야 할지를 합의하는 행위이다.

N.O.T.E

스크럼 계획 회의 참석자, 준비물, 진행 방식은 다음과 같다.

스프린트 회의 참석자
- 프로덕트 오너
- 스크럼 마스터
- 스크럼 팀원
- 관련 분야 전문가

스프린트 회의 준비물
- Product Backlog
- 팀 속도 측정 데이터
- 팀 역량 추정 데이터
- 프로젝트 제약사항
- 프로젝트 가정

스프린트 회의 진행 방식
- 스프린트 계획수립 주제 별 타임박스를 사용
- 프로덕트 오너와 스크럼 팀 간의 합의에 의한 의사결정
- 자율적이고 자유로운 의사소통
- 전문가로서 책임있는 의사소통

Part2 프로덕트 매니저 필요지식

N.O.T.E 스프린트 계획회의 주요 산출물은 다음과 같다.

스프린트 목표

스프린트를 진행하는 이유

스프린트에서 만들어지는 비즈니스 가치

스프린트 팀 동기부여

스프린트 완료의 정의

스프린트 Backlog

Product Backlog의 세분화

User Story의 세분화

Task의 세분화

스프린트 마일스톤

스프린트 기간결정

데일리 스크럼 시간, 장소 결정

스크럼 리뷰, 회고 시간 장소 결정

마일스톤의 의미

마일스톤의 사전적인 의미는 '초석'이다. 즉 프로젝트에서 근간이 되는 주요한 이벤트이다. 이벤트는 액티비티와 달리 기간이 없으므로 자원도 할당할 수 없다. 그러나 기간이 없다는 말을 사전적으로 받아들이면 안 된다. 'Key Deliverable의 완료'와 같은 마일스톤은 문장에서 느낄 수 있는 바와 같이 시간 축 상에서 점(Point)으로 나타난다. 하지만 '중간 진행 상황의보고'와 같은 마일스톤은 상식적으로 보고를 올리고 프리젠테이션하고 피드백을받는 등의 실제 시간이 소요된다. 물론, 이를 액티비티로 기술할 수 있으나, 다른액티비티와 비교했을 때 기간이 짧고 사안이 중요하다는 점에서 마일스톤으로 기술하는 것이 옳다.

Chapter 6 애자일 프로젝트 관리 지식

N.O.T.E

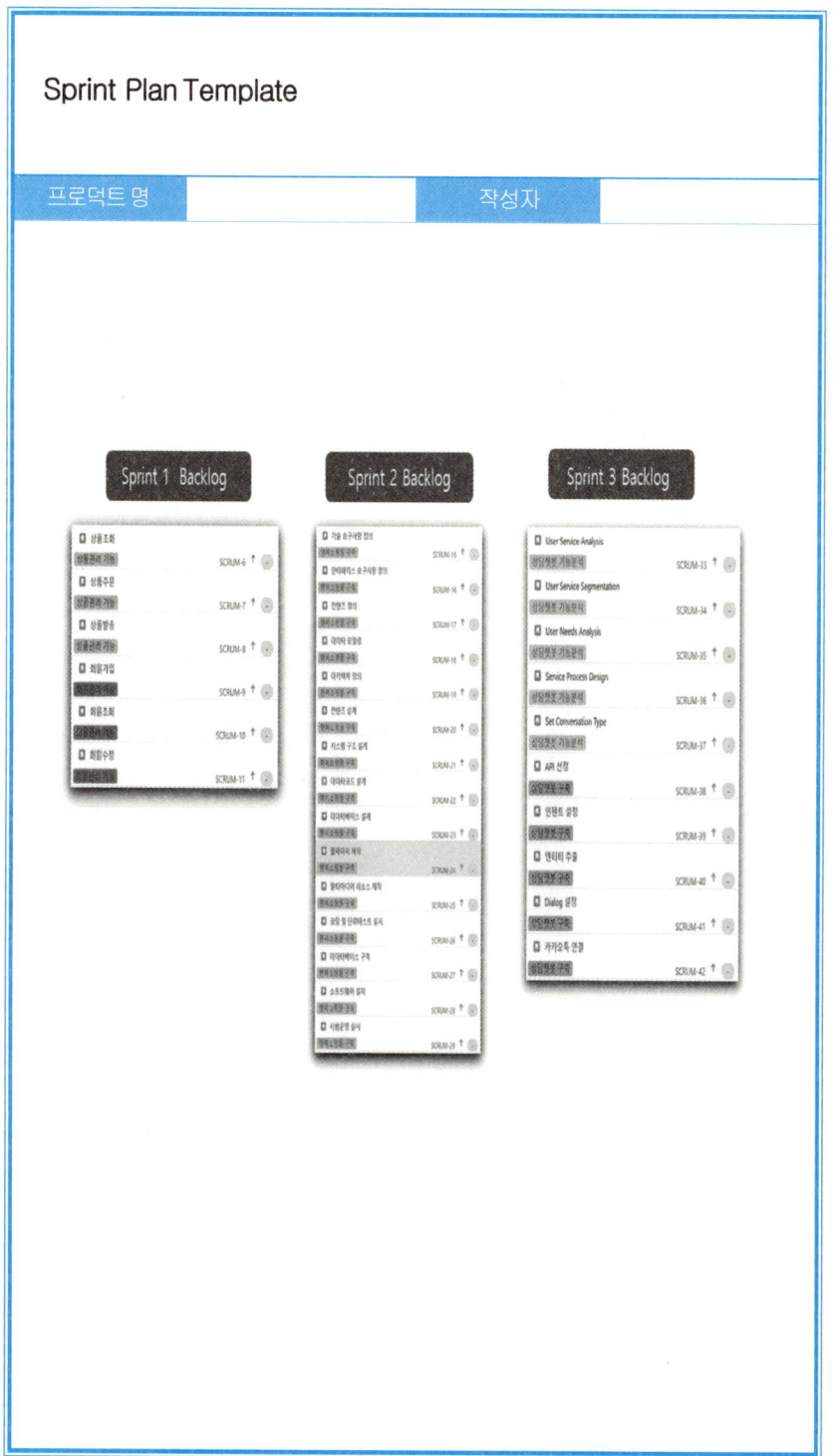

N.O.T.E

데일리 스크럼(Daily Scrum)

스크럼 팀이 매일 약속된 시간에 모여 팀원들의 업무 진척상황을 공유하고 다음 업무의 변경사항을 스프린트 Backlog에 반영하는 15분 정도의 타임박스를 활용한 일일 스탠드업 미팅이다.

데일리 스크럼 의제

데일리 스크럼에서는 크게 세가지 주제로 이야기한다. 첫째는 어제한 작업내용, 둘째는 오늘 할 작업, 셋째는 작업에 장애가 되는 사항이다. 데일리 스크럼 회의에서 세가지 주제에 대한 이야기를 하지만, 미팅 시 주의할 점은 데일리 스크럼은 답을 찾는 미팅이 아니라는 점이다. 데일리 스크럼의 목적은 팀원들이 처한 상황을 공유하고 협업을 하기 위한 미팅이기 때문이다.

데일리 스크럼 도구

칸반 보드 (Kanban Board)

칸반보드는 프로젝트 작업수행 내용을 시각화하는 도구이다.

작업수행은 반드시 왼쪽에서 오른쪽으로 작업자가 당겨서 수행한다.

하나이상의 약속지점(commitment point)과 제공지점(delivery point)이 있다.

진행 중 업무(Work In Progress)를 제한한다.

데일리 스크럼 미팅 시 몇 가지 도구를 사용하면 효율적이다. 대표적인 도구는 스크럼 보드 혹은 칸반 보드이다. 스크럼 보드 혹은 칸반 보드는 현재 스프린트 Backlog의 처리 진행 상황에 대해 시각적 보드를 이용하여 직관적으로 표현하고 있어 스크럼 미팅 의사소통에 효율적이다. 또 다른 대표적 도구는 번다운 차트이다. 번다운 차트는 스프린트 Backlog의 작업 상황을 수치화 시켜 팀에게 제공할 수 있는 장점이 있다.

스크럼 보드는 스크럼 팀이 매일 약속된 시간에 모여 팀원들의 업무 진척상황을 공유할 때 팀원들의 업무 진행 상황을 가시적으로 볼 수 있는 도구이다.

N.O.T.E

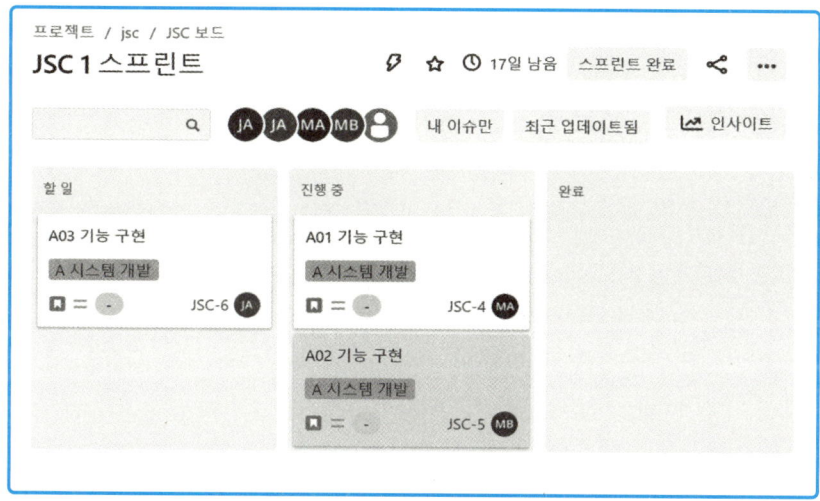

스크럼 보드에서는 작업 별 담당자를 쉽게 파악할 수 있으며 스프린트 진행 상태에서 팀원 별로 담당하고 있는 예정된 작업과 진행중인 작업 그리고 완료된 작업으로 나누어 시각적으로 보기 쉽게 표현해 준다.

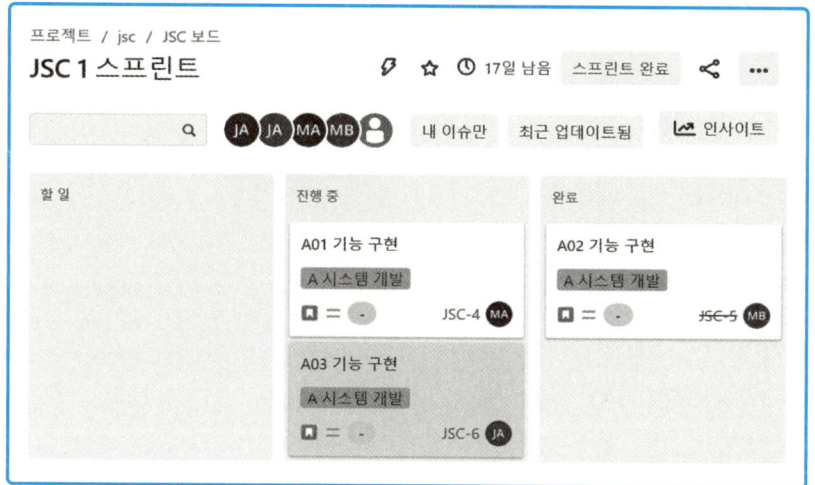

N.O.T.E

스프린트 의사소통 수단으로 많이 사용 하는 번 다운 차트는 스프린트의 남은 시간과 남은 작업의 총량으로 스프린트 진행 상황과 작업 완료 시기를 추정하는 데 사용하는 차트이다.

번 다운 차트에서 스토리 포인트의 소멸이 계획보다 너무 느리다면 업무 진척에 장애가 생긴 것이고 반대로 계획보다 너무 급격한 속도로 빠르게 스토리 포인트가 소멸된다면 스프린트 계획에 오류가 있는 경우일 수 있다.

Chapter 6 애자일 프로젝트 관리 지식

N.O.T.E

Daily Scrum Template

| 프로덕트 명 | | 작성자 | |

프로젝트 / jsc / JSC 보드
JSC 1 스프린트   17일 남음   스프린트 완료

| 할 일 | 진행 중 | 완료 |

A03 기능 구현
[A 시스템 개발]
JSC-6 (JA)

A01 기능 구현
[A 시스템 개발]
JSC-4 (MA)

A02 기능 구현
[A 시스템 개발]
JSC-5 (MB)

Story Point / Sprint Time

277

> **N.O.T.E** 스프린트 리뷰(Sprint Review)
>
> 스프린트 리뷰(Sprint Review)는 스프린트 종료 단계에서 스프린트 산출물(Increment)의 완료의 정의(Definition of Done)를 위해 수행하는 스크럼 팀 이벤트이다. 또한 스프린트 리뷰에서는 스프린트의 계획 대비 진척상태를 점검하고 Product Backlog를 스크럼 팀이 함께 수정할 수도 있다.
>
> 스프린트에서 완료의 정의(Definition of Done)란 수행하는 스프린트의 산출물(Increment)이 품질목표를 충족시킨 상태를 말한다. 다시 말하면 수행하는 작업이 스프린트 Backlog에 대한 완료의 정의(Definition of Done)가 되면 스프린트 산출물이 완성된 것을 의미 한다.
>
> 스프린트 산출물(Increment)은 목표한 스프린트 Backlog의 수행 결과이며 한 스프린트 내에서 여러 개의 산출물이 만들어 질 수 있다. 그리고 스프린트의 산출물이 누적되어 Product가 최종적으로 완성된다.

Sprint Review Template

| 프로덕트 명 | | 작성자 | |

Sprint Review Meeting Agenda

순번	시간	주요활동	내용	발표자	비고
1	10분	스프린트 소개	스프린트 목표설명 릴리즈 계획 설명 스프린트 계획 리뷰	프로덕트 오너	
2	10분	스프린트 백로그 리뷰	스프린트 백로그 리뷰	프로덕트 오너	
3	20분	스프린트 진행사항	스프린트 진행 사항 리뷰 기술사항 리뷰 결함사항 리뷰 산출물 리뷰	스크럼 마스터	
4	20분	산출물 시연	스프린트 산출물 리뷰	스크럼 팀	
5	10분	피드백	스프린트 백로그 구현결과 피드백	스크럼 마스터	
6	5분	리뷰 종료	다음 스프린트 리뷰 일정공유 리뷰결과 문서화	스크럼 마스터	

> **N.O.T.E**

스프린트 회고(Sprint Retrospective)

스프린트 회고(Sprint Retrospective)는 스프린트 종료 단계 마지막에 스크럼 팀이 같이 모여서 팀원들이 이번 스프린트를 통해 얻은 경험과 지식을 공유하는 자리이다. 스프린트를 하면서 좋았던 점 그리고 개선하고 싶은 사항을 같이 공유하고 다음 스프린트에 반영하도록 한다. 또한 Product Backlog에 추가할 사항도 같이 정리한다.

스프린트 회고(Sprint Retrospective)의 인식

스프린트 회고(Sprint Retrospective)를 명확히 인식하기 위해서 다음과 같은 질문을 던져보도록 하자.

스프린트 동안 만족스러웠던 부분은 어떤 것이며 왜 그랬는가?
스프린트 동안 골치 아팠던 부분은 어떤 것이며 왜 그랬는가?
무엇이 성공적이었는가?
무엇이 실패적이었는가?
무엇이 달성되지 못하였는가?
다른 팀원들에게 주시시키고사 하는 경험과 지식이 있는가?

스프린트 회고(Sprint Retrospective)의 마무리

스프린트 회고(Sprint Retrospective)에서 얻은 지식을 다음 스프린트에서 실천할 방법과 실천 사항을 스크럼 팀이 같이 정리한다. 그리고 이번 스프린트에서 수고한 스크럼 팀과 같이 참여한 이해관계자들에게 격려와 감사를 표현하는 것도 중요한 사항이다.

Sprint Retrospective Template

| 프로덕트 명 | | 작성자 | |

Sprint Retrospective Meeting Agenda

순번	시간	주요활동	내용	발표자	비고
1	10분	스프린트 개요	스프린트 목표설명 스프린트 백로그 리뷰 프로덕트 백로그 리뷰	프로덕트 오너	
2	15분	스프린트 성공 공유	성공 사례 공유	스크럼 팀	
3	15분	스프린트 실패 공유	실패 사례 공유	스크럼 팀	
4	10분	스프린트 교훈 리뷰	교훈 사항 리뷰	스크럼 마스터	
5	15분	후속 스프린트 개선활동	개선 활동 도출	스크럼 팀	
6	5분	팀원에 대한 감사	팀원 서로에게 칭찬과 감사	스크럼 마스터	

25. 칸반 (Kanban)의 이해

25-1. 칸반 정의

칸반(Kanban)은 작업의 완전한 투명성과 원활한 의사소통을 유도하기 위한 칸반보드를 사용하여 작업과 작업 흐름을 시각화하고, 이를 통하여 진행 중인 작업의 원활한 흐름을 유도하여 작업 효율성을 극대화하는 것을 목표로 하는 애자일 업무 관리 방법이다.

칸반의 원래 어원은 일본어 "かんばん"으로 신호보드(signboard)를 말하며 한국어 "간판"과 같은 뜻이다.

칸반이 처음 사용된 것은 1945년에 일본의 오노 다이치의 도요타자동차 생산방식(Toyota Production System)에서 구현된 린(Lean) 생산에 포함된 칸반카드가 기원이며 이 내용에 영감을 받은 미국의 데이비드 J. 앤더슨과 Microsoft사 코비스 개발팀이 함께 2004년부터 구체화 시킨 칸반방법(Kanban Method)이 현재 우리가 이야기하고 있는 칸반 (Kanban)이다.

칸반방법(Kanban Method)의 처음 출발은 IT 개발 프로젝트 중심이었지만 현재는 다른 산업군에 충분히 적용할 수 있는 상태이며 작업 혹은 업무의 흐름을 시각화하는 도구 및 방법으로 다양하게 사용되고 있다.

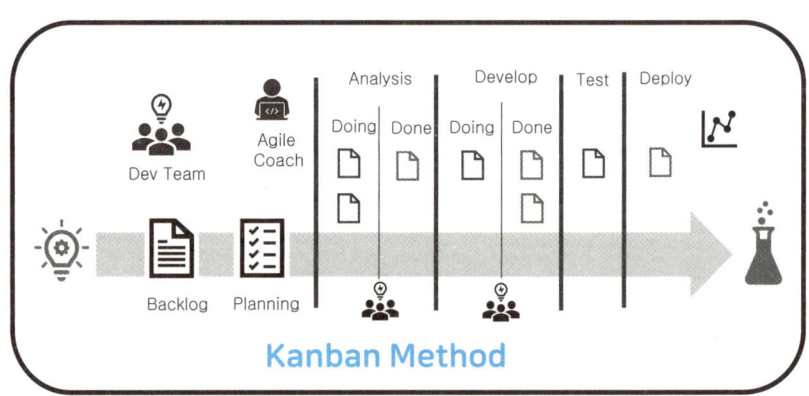

도요타생산방식
(Toyota Production System)

도요타 자동차가 개발한 생산방식을 말한다. 도요타 생산방식은 생산현장의 낭비를 제거하고 다품종 소량 생산체제를 위한 적시생산(JIT)과 자동화 생산이라는 개념으로 구성된다.

25-2. 칸반 특징

칸반(Kanban)의 특징은 아래와 같다.

칸반 방법(Kanban Method)은 가상 신호카드를 구현한 칸반보드를 사용하여 업무 혹은 지식의 흐름을 가시화시킨다.

칸반 방법(Kanban Method)은 방법론이나 프레임워크가 아니기 때문에 현재의 업무 프로세스에 특별한 변화 없이 적용 가능하여 점진적 개선이 가능하다.

칸반 방법(Kanban Method)은 Pull System과 진행 중 작업(WIP)제한을 사용하여 지속 가능한 업무 흐름을 구현한다.

칸반보드를 통해 가시화된 업무나 지식에 대한 프로젝트 참여자 모두의 적극적이고 능동적인 리더쉽 발휘를 장려한다.

칸반의 지향 원칙은 아래와 같다.

- 고객의 요구사항을 이해하고 집중한다.
- 참여자 스스로의 업무를 관리하고 조직화할 수 있어야 한다.
- 업무성과 개선을 위해 관련 시스템을 주기적으로 확인한다.
- 업무를 가시화하고 진행 중 업무를 제한한다.
- 업무 흐름을 관리하고 업무 수행 정책을 명시화한다.
- 개선을 위해 업무 피드백 루프(feedback loop)를 구축한다.
- 개선을 위한 실험, 도전과 협업을 한다.

칸반 방법(Kanban Method)은 단독으로 사용하기 보다는 다른 방법론이나 프레임워크에 융합된 형태로 주로 사용한다.

N.O.T.E

Pull System

당김방식(Pull System)은 전통적인 방식인 수행할 작업을 사전에 계획하고 앞단계에서 다음단계로 밀어내며 진행하는 방식의 Push system과 반대 개념의 작업처리 방식으로 작업을 프로세스에 밀어 넣는 대신 작업자가 작업을 처리하기 원할 때 당겨오는 방식으로 처리할 수 있는 능력이 있을 때만 작업을 가져오는 방식이다.

25-3. 칸반의 수행원칙

> ➤ 작업 내용과 흐름의 시각화

작업을 가시화시켜 수행 작업의 불투명성과 모호한 부분을 제거하고 작업 속도를 제어한다.
칸반 보드를 사용하는 핵심적인 이유는 크게 두가지이다.
첫째는 작업의 모호함을 제거하고 가시성을 확보하려는 것이고
둘째는 작업의 흐름을 설계하고 관리하여 작업 수행의 속도를 통제하려는 것이다.

> ➤ 진행중인 작업의 갯수를 제한(Work In Progress)

투입된 자원과 시간의 제약을 이해하고 작업의 집중도를 높이기 위해 수행 작업을 제한한다.
프로젝트 수행은 반드시 제약된 자원과 시간 속에서 이루어진다. 이러한 제약들 속에서 단계별 수행 작업의 수를 제한하는 것은 작업 병목을 제거하고 작업 집중도와 작업 속도를 높이는 중요한 요소이며 팀원들에게 프로젝트 수행기간 동안 작업 수행 동기를 지속적으로 제공할 수 있는 반드시 지켜야할 원칙이다.

> ➤ 작업자 스스로 자신이 수행할 작업을 당김방식(Pull System)으로 처리한다.

칸반 보드를 언뜻보면 업무 흐름상 선행작업이 끝나면 다음 단계에 배정되어 후행 작업에 의해 순차적으로 밀려 다음 단계로 넘어가는 밀림방식(Push System)으로 오해하기 쉬우나 그렇지 않다.
애자일 프로젝트 수행의 가장 주요한 원칙은 팀원들의 자발적이고 능동적인 업무 수행이다. 전통적인 프로젝트 수행 방식인 프로젝트 관리자에 의한 업무 배정 방식과 다르게 애자일은 팀원 스스로가 자신이 업무를 선택하고 수행하며 이를 당김 방식(Pull System)이라고 한다.
칸반도 예외없이 당김방식을 원칙으로 한다.
당김방식(Pull System)구현의 핵심 요소는 팀 구성원 서로 간의 신뢰와 팀웍이다.

25-4. 칸반 팀 구성

칸반으로 개발 프로젝트를 수행하는 일반적인 애자일 팀 구성은 스크럼처럼 프로덕트 오너, 스크럼 마스터, 개발 팀원과 같은 역할을 지정하고 있지 않다.
칸반의 팀 구성은 프로젝트의 효율성을 고려하여 자유롭고 유연성 있게 구성하면 된다.

칸반 프로젝트의 일반적인 팀 구성은 아래와 같다.

프로덕트 오너

프로덕트 목표 정의
프로덕트 백로그 작성
프로덕트 목표와 백로그에 대한 명확한 의사소통

프로젝트 리더

프로젝트 계획 수립, Workflow 수립, WIP 관리
팀이 작업에 집중할 수 있도록 장애물 제거 및 보호 역할 수행
모든 작업이 긍정적이고 생산적으로 진행될 수 있도록 역할 수행

WIP

Work In Progress의 약어로 해당 단계에서 구현 작업 중인 작업의 갯수

개발 팀원

Pull 작업선택, 칸반 백로그 작성
작업 수행 및 품질 관리
자율적이고 능동적인 업무 수행, 전문가로서 협업

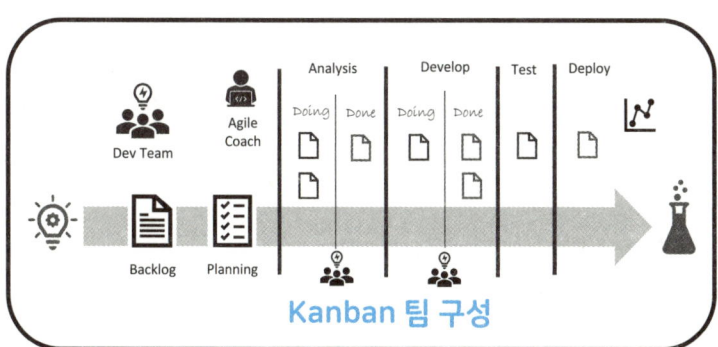

Kanban 팀 구성

25-5. 칸반보드

> 칸반보드 란 무엇인가?

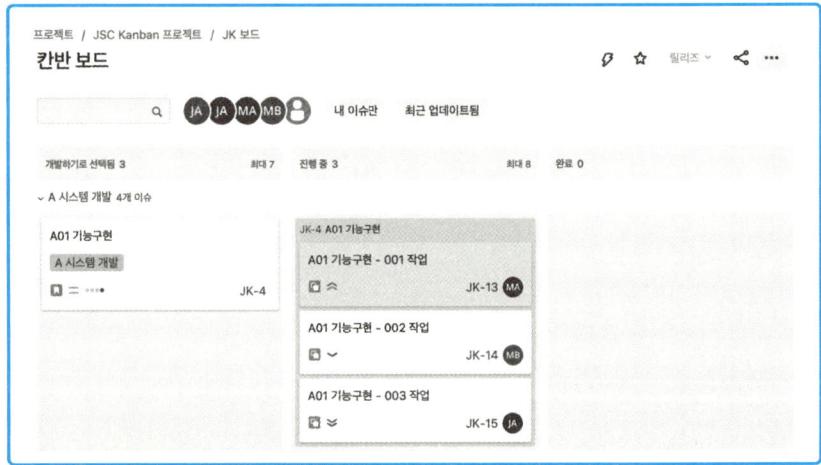

칸반보드는 프로젝트 작업수행 내용을 시각화하는 도구이다.

> 칸반보드 제작을 위한 원칙은 다음과 같다.

작업 수행은 반드시 왼쪽에서 오른쪽으로 작업자가 당겨서 수행한다. 하나 이상의 약속지점(commitment point)과 제공지점(delivery point)이 있다.

진행 중 업무(Work In Progress)를 제한한다.

> 칸반보드 제작의 핵심포인트

프로젝트 팀이 자율적인 환경 속에서 작업을 효율적이고 효과성 있게 수행하여 가치 있는 작업 결과에 대한 높은 생산성을 확보하게 하는 것이다.

칸반보드를 활용한 프로젝트 수행 방법은 자유롭고 유연한 사고를 기반으로 리듬감 있는 작업의 흐름을 만들기 위해 WIP를 제한한다.

WIP 제한은 프로젝트 팀이 높은 작업 집중도를 지속적으로 유지하며 작업을 수행할 수 있도록 돕는다.

25-6. 칸반보드 만들기

N.O.T.E

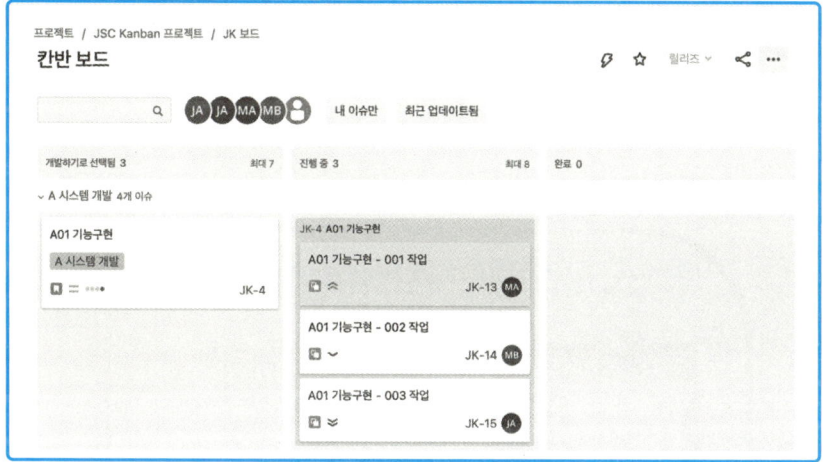

> 칸반보드 제작 절차

- 작업절차(Work Process) 설계

    작업 목표 설정, 작업 완료의 정의, 작업 수행 단계 결정, 적용 방법론 결정

- 작업흐름(Workflow) 설계

    작업흐름(Workflow) 결정, 작업 열 WIP 제한 설계

- 칸반화면 설계

    보드 화면 작업 행열 정의, 작업흐름(Workflow) 매핑 설계

- 칸반화면 제작

    보드 작업 행열 셋팅, 이슈 상태 매핑, 작업 열 WIP 제한

Part 2 프로덕트 매니저 필요지식

N.O.T.E 25-7. 칸반 이벤트 및 산출물

- 계획수립
- 프로덕트 백로그 제작
- 칸반관리 수행
- 작업완료

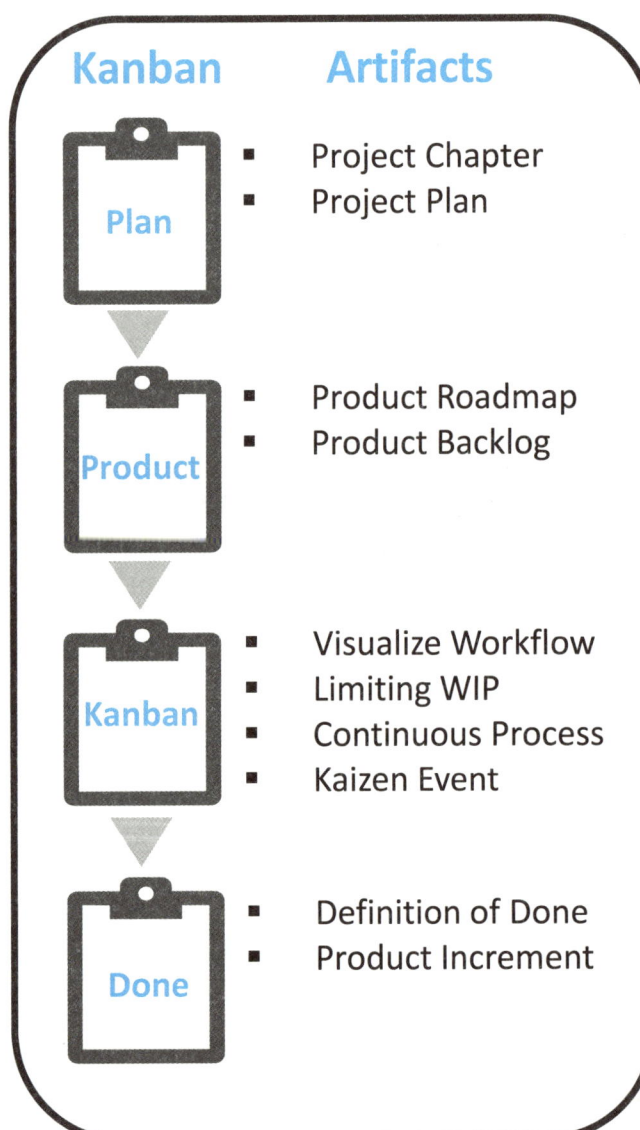

완료의 정의 (Definition of Done)

작업에서 완료의 정의(Definition of Done)는 수행하는 작업의 산출물이 품질목표를 충족시킨 상태를 말한다.

수행하는 작업이 작업 Backlog에 대한 완료의 정의(Definition of Done)가 이루어지면 작업 산출물은 완성된 것을 의미 한다.

25-8. 칸반 프로젝트 수행절차

칸반 프로젝트는 아래와 같은 단계로 진행한다.

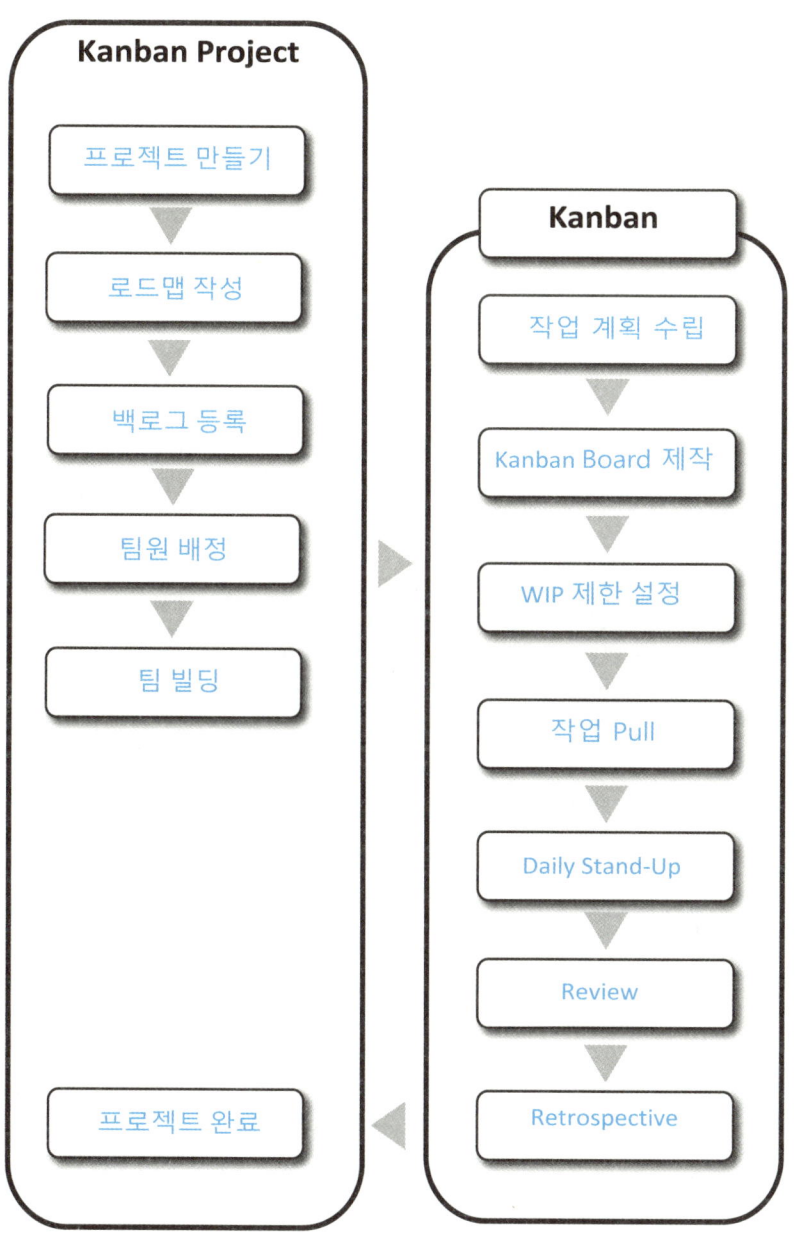

Part 2 프로덕트 매니저 필요지식

N.O.T.E

26. 애자일 용어 해설

26-1. 프로덕트 비전 (Product Vision)

프로덕트 정의

현재의 시점에서 우리가 말하는 프로덕트(Product)의 의미는 소비자가 자신의 필요와 욕구충족을 위해 구매하는 모든 것을 말하며, 특히 마케팅 적인 측면에서 프로덕트의 의미는 "유무형의 제품, 서비스, 솔루션, 이벤트, 사람, 조직, 아이디어 혹은 이들의 결합물"등 마케팅의 대상이 되는 모든 것을 말한다.

프로덕트(Product)는 고객의 니즈를 충족시키기 위해 고객에게 제공되는 제품, 서비스, 사용 경험, 사람, 아이디어, 정보, 조직 등의 다양한 고객가치의 결합체를 의미한다.

앞에서 말한 프로덕트(Product)의 의미들을 모두 모아 좀 더 세련되게 정리해서 표현해 보면 "프로덕트(Product)란 고객이 원하는 가치와 UX(User Experience)를 제공하기 위해 만들어진 유무형의 제품, 상품, 서비스 혹은 그들의 결합체인 솔루션"라 표현할 수 있다.

프로덕트 비전(Product Vision)은 제품 개발을 통해 달성하고자 하는 장기적 목표를 말한다.

프로덕트 비전(Product Vision)은 제품 개발의 방향성을 간결하게 전달한다.

프로덕트 비전(Product Vision)은 제품을 통해 해결하고 있는 문제는 무엇이며 누구를 위한 제품인지를 설명한다.

프로덕트 비전(Product Vision)은 팀 구성원에게 제품을 개발하는 동기를 부여한다.

프로덕트 비전(Product Vision)은 작업 우선순위 의사결정 기준선을 제공 한다.

기업의 전략적 목표와 제품 개발 목표를 연결시켜 준다.

프로덕트 비전(Product Vision)은 아래와 같이 간략한 형식으로 표현한다.

"누구를 위한 어떠한 필요성이 있어 이 제품을 개발하며
제품의 특성과 경쟁 제품과의 차별점은 이것이다"

작성 예는 아래와 같다.

"성장기 유아들의 필수적인 A면역 기능을 강화하기 위해 우리는 A면역 강화에 탁월한 B기능을 가지고 있는 분유를 개발하며 경쟁사 제품이 기존에 제공하지 못하는 A면역 기능을 제공할 수 있게 한다."

26-2. 프로덕트 로드맵 (Product Roadmap)

Product Roadmap은 스크럼 프레임 워크에서 프로덕트와 관련된 이해관계자의 요구사항이 어떻게 제품으로 만들어지는지 시간의 흐름에 따라 시각화한 도구이다. Theme, Epic, User Story, Task로 구성되며 각각의 내용은 다음과 같다.

● **Roadmap의 계층적 Level**

Level	이슈	설명
1	Theme	프로덕트의 가치와 목표
2	Epic	큰 틀의 요구사항
3	User Story	사용자 세부 요구사항
4	Task	User Story 구체화 작업
5	Subtask	Task의 하위 작업
6	Activity	작업 수행 활동

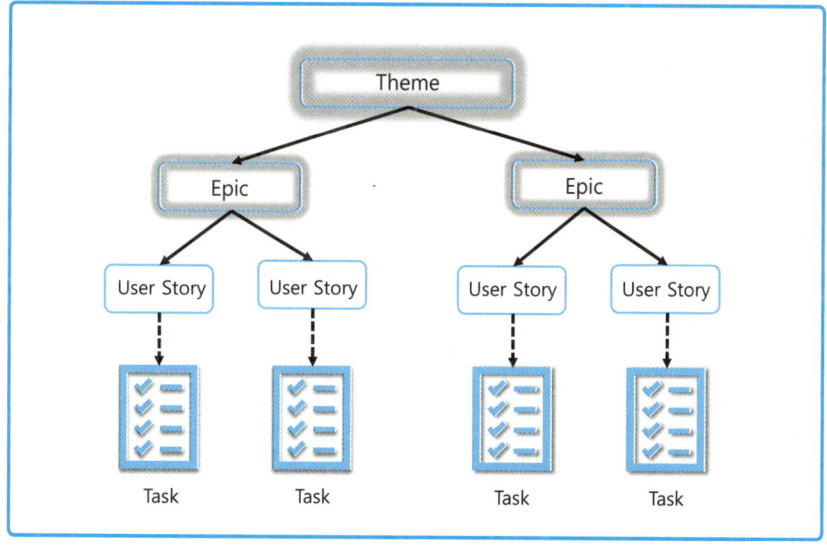

[Roadmap 계층도]

26-3. 프로덕트 백로그 (Product Backlog)

Product Backlog는 우선순위가 있는 요구사항의 목록이다. 이해관계자의 요구사항은 제품, 서비스, 기능과 같이 다양한 항목들이다. 또한 Product Backlog는 이해관계자가 추구하는 기능적 비기능적 가치와 연결되어 있다. Product Backlog는 Backlog Item으로 구성되어 있는데 Backlog Item은 제품기능, 제품결함, 기술적 작업, 관련 지식을 말한다.

Product Backlog는 이해관계자의 요구사항이 프로젝트가 진행하면서 달라지는 것과 동일하게 Product 개발 과정에서 끊임없이 변화하면서 발전한다.

애자일·프로젝트에서는 Product Backlog의 개별 Backlog Item에 대한 사용자 요구사항은 사용자 스토리(User Story) 형식으로 작성된다.

Product Backlog는 스프린트 혹은 제품 릴리즈를 위해 우선순위를 부여하고 작업량을 측정하기 위해 크기 추정을 한다. Product Backlog의 Source는 Product와 관련된 다양한 이해관계자로 부터 발생한다.

Product Backlog				
ID	Name	User Story	Story Point	우선순위
1	조회	시스템에서 사용자가 지난 1년 간의 로그를 조회할 수 있어야 한다.	2	2
2	확장성	시스템이 다양한 유형의 데이터베이스와 연동할 수 있어야 한다.	3	3
3	무결성	시스템은 24시간 데이터 무결성을 보장 해야 한다.	5	1

[Product Backlog 사례]

26-4. 사용자 스토리(User Story)

사용자 스토리(User Story)는 사용자 관점에서 요구하는 제품 기능을 이야기하는 형태로 서술(written description)한 것을 말한다.

사용자 스토리 작성 예를 들면 구현을 원하는 이마켓 플레이스 구축 요구사항 중 "제품검색" 기능이 있다면, 이를 사용자 스토리 형태로 써보면 "사용자는 사이트에서 제품을 검색할 수 있다"로 작성할 수 있다.

사용자 스토리를 사용하는 주된 이유는 요구사항 수집 시 요구하는 기능을 상세히 파악하는 것 보다 먼저 사용자가 원하는 기능에 대해 자연스럽게 표현하게 하여 사용자 관점에서 기능에 대해 사고(思考)하기 위함이다.

일반적으로 잘 작성된 사용자 스토리의 기준을 "빌 웨이크의 "NVEST"라 하는데, 이는 잘 작성된 스토리는 독립적이고 (Independent), 협상 가능하며(Negotiable), 가치가 존재하고 (Valuable), 추정 가능하며(Estimable), 적합한 사이즈로 작고 (Small), 확인 가능한(Testable) 스토리라는 뜻이다.

애자일 프로젝트에서는 Product Backlog의 개별 Backlog Item에 대한 사용자 요구사항은 사용자 스토리(User Story)형식으로 작성된다.

N.O.T.E

26-5. 스토리 점수 (Story Point)

사용자 스토리의 크기를 표시하는 단위이며 사용자 스토리 크기나 구현의 난이도에 대한 상대적 평가치이다.

스토리 포인트는 같은 프로젝트 내에 기준을 삼을 수 있는 사용자 스토리를 두고 이 기준 사용자 스토리의 크기 및 구현 난이도와 비교해 상대적으로 추정하는 값이다.

상대적 추정치임을 나타내기 위해 피보나치수열 0, 1, 2, 3, 5, 8, ... 과 같은 수치를 사용하기도 한다.

스토리 포인트 추정은 팀 전체가 같이하며 플래닝포커, 델파이, 3점 추정 같은 방법을 사용한다.

애자일 팀 작업 속도(Velocity)를 계산할 때도 사용된다.

속도 (Velocity)

스크럼 팀이 단일 스프린트에서 처리 완료한 Story Point 총합을 수치 기준으로 계산한 평균 스토리 포인트를 말하며 스크럼 팀의 생성성을 측정하는 도구로 쓰인다.

26-6. 버전 (Version)

버전(Version)이란 스프린트 혹은 작업 산출물의 특정시점 상태를 말한다. 그리고 버전은 산출물의 상태 추적을 할 수 있는 Data이며 산출물 생애주기에 따른 형상관리 기준 지표로 활용된다.

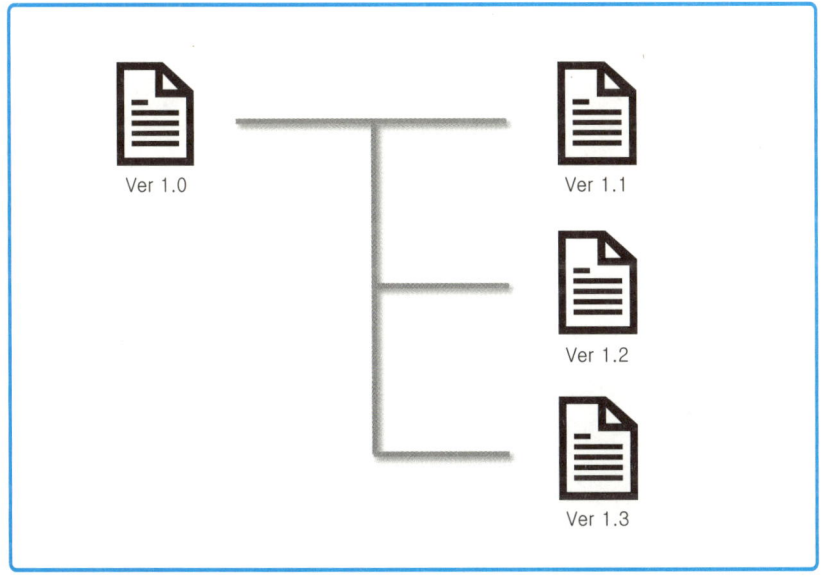

26-7. 릴리즈 (Release)

애자일 팀의 작업 수행으로 만들어진 산출물에 대한 공식적인 배포 행위를 말한다.

릴리즈는 프로젝트 초기 단계부터 계획된 소프트웨어 생명주기를 기반으로 릴리즈 담당자가 릴리즈 계획에 따라 철저히 시행 관리한다.

제품 릴리즈 계획 수립 시, 이터레이션의 주기와 프로덕트 백로그 아이템의 구현 범위도 같이 결정된다.

소프트웨어 생명주기 (Software Life Cycle)

소프트웨어 (Software)의 탄생에서부터 소멸에 이르는 전체 과정

26-8. 번 다운 차트 (Burn Down Chart)

애자일 팀의 의사소통 수단으로 많이 사용 하는 번 다운 차트는 작업의 남은 시간과 남은 작업의 총량으로 진행 상황과 작업 완료 시기를 추정하는 데 사용하는 차트이다.

번 다운 차트에서 스토리 포인트의 소멸이 계획보다 너무 느리다면 업무 진척에 장애가 생긴 것이고 반대로 계획보다 너무 급격한 속도로 빠르게 스토리 포인트가 소멸된다면 작업 계획에 오류가 있는 경우일 수 도 있다.

> **N . O . T . E**
>
> **스토리 점수(Story Point)**
>
> 사용자 스토리의 크기를 표시하는 단위이며 사용자 스토리 크기나 구현의 난이도에 대한 상대적 평가치이다.

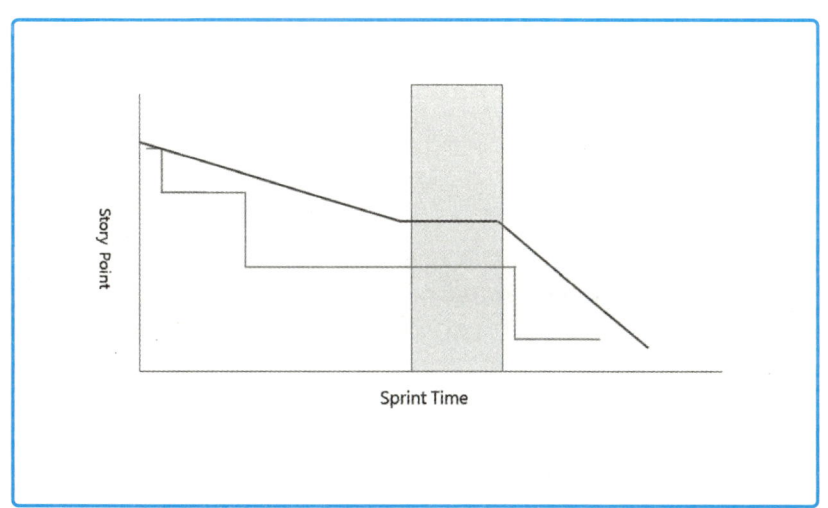

26-9. 누적흐름도표 (Cumulative Flow Diagram)

데일리 스탠드 미팅에서 의사소통 수단으로 많이 사용하는 누적흐름도표는 작업수행 시 작업의 흐름과 작업 병목 구간을 쉽게 검토할 수 있는 차트이다

누적흐름도표에서 스토리 포인트의 증가가 계획보다 너무 느리다면 업무 진척에 장애가 생긴 것이고 반대로 계획보다 너무 급격한 속도로 빠르게 스토리 포인트가 증가된다면 작업계획에 오류가 있는 경우일 수도 있다.

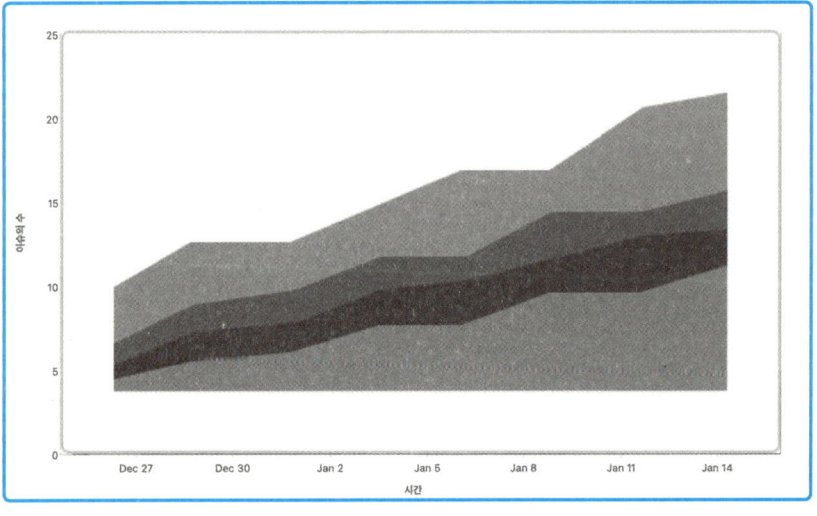

26-10. 데일리 스탠드업 미팅 (Daily Stand Up Meeting)

애자일 팀이 매일 약속된 시간에 모여 팀원들의 작업수행 진척상황을 공유하고 다음 작업의 변경사항을 작업 Backlog에 반영하는 15분 정도의 타임박스를 활용한 일일 스탠드업 미팅이다.

스크럼에서는 데일리 스크럼(Daily Scrum)이라고도 한다.

데일리 스탠드업에서는 크게 세가지 주제로 이야기한다. 첫째는 어제 한 작업내용, 둘째는 오늘 할 작업, 셋째는 작업에 장애가 되는 사항이다. 데일리 스탠드업 회의에서 이 세가지 주제에 대한 이야기를 하지만, 미팅 시 주의할 점은 데일리 스탠드업은 답을 찾는 미팅이 아니라는 점이다. 데일리 스탠드업의 목적은 팀원들이 처한 상황을 공유하고 협업을 하기 위한 미팅이기 때문이다.

데일리 스탠드업 미팅 시 몇 가지 도구를 사용하면 효율적이다.

대표적인 도구는 칸반 보드이다. 칸반 보드는 현재 작업 Backlog의 처리 진행 상황에 대해 시각적 보드를 이용하여 직관적으로 표현하고 있어 데일리 스탠드업 미팅 의사소통에 효율적이다. 또 다른 대표적 도구는 누적 흐름 도표이다. 누적 흐름 도표는 작업 Backlog의 작업 흐름을 가시화시켜 팀에게 제공할 수 있는 장점이 있다.

26-11. 리뷰(Review)

리뷰(Review)는 작업 종료 단계에서 작업 산출물(Increment)의 완료의 정의(Definition of Done)를 위해 수행하는 애자일 팀 이벤트이다.

리뷰(Review)에서는 작업의 계획 대비 진척상태를 점검하고 Product Backlog를 애자일 팀이 함께 수정할 수도 있다.

리뷰(Review)는 작업을 통해 구현한 기능을 프로젝트 관련자들에게 보여주고 피드백을 받는 행위이다.

리뷰(Review)는 애자일 팀과 이해관계자가 함께하는 이벤트이며 이해관계자의 의견을 수용하고 작업 내용을 보완하는 이벤트이다.

리뷰(Review) 순서는 아래와 같다.

- 리뷰 시작 전에 리뷰 진행 순서를 참가자들에게 설명
- 작업 내용 시연
- 작업 보완 사항 토론
- 리뷰 결과 정리

26-12. 회고 (Retrospectives)

회고(Retrospectives)는 작업 종료 단계에 프로젝트 팀이 모여서 팀원들이 이번 작업수행을 통해 얻은 경험과 지식을 공유하는 자리이다. 작업을 하면서 좋았던 점 그리고 개선하고 싶은 사항을 같이 공유하고 다음 작업 수행에 반영하도록 한다. 또한 Product Backlog에 추가할 사항도 같이 정리한다.

회고(Retrospectives)는 애자일 팀 내부 이벤트이며 참가자는 애자일 팀원이며 프로젝트 수행방식과 업무 프로세스 개선사항의 도출이 목적이다.

회고(Retrospectives)의 주요 질문은 아래와 같다.

- 작업 수행하는 동안 가장 만족스러웠던 부분은 어떤 것이며 왜 그랬는가?
- 작업 수행하는 동안 가장 골치 아팠던 부분은 어떤 것이며 왜 그랬는가?
- 무엇이 성공적이었는가?
- 무엇이 실패적이었는가?
- 무엇이 달성되지 못하였는가?
- 다른 팀원들에게 주지시키고자 하는 경험과 지식이 있는가?

26-13. 완료의 정의 (Definition of Done)

작업에서 완료의 정의(Definition of Done)는 수행하는 작업의 산출물이 품질 목표를 충족시킨 상태를 말한다.

수행하는 작업이 작업 Backlog에 대한 완료의 정의(Definition of Done)가 이루어지면 작업 산출물은 완성된 것을 의미 한다.

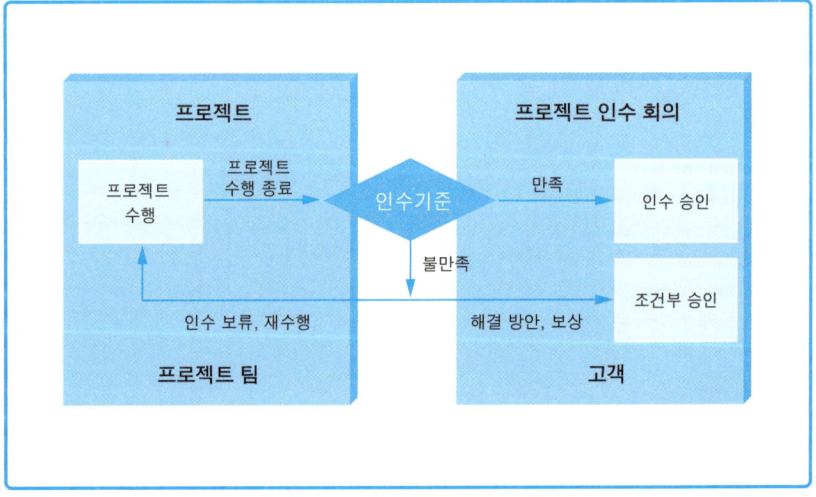

[완료의 정의 (Definition of Done)]

26-14. 증분 (Increment)

증분(Increment)은 작업 산출물의 증가분을 말한다.

증분(Increment)은 목표한 작업 Backlog의 수행 결과이며 한 작업내에서 여러가지의 증분이 만들어 질 수 있다.

작업의 증분(Increment)이 누적되어 Product가 최종적으로 완성된다.

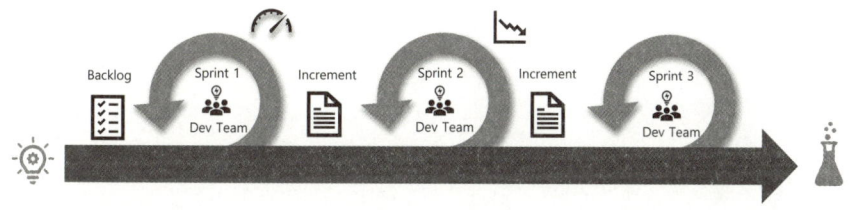

[Scrum Sprint Increment]

Part 2 프로덕트 매니저 필요지식

N.O.T.E 26-15. 이터레이션 (Iteration)

이터레이션은 프로세스의 반복 행위를 말하며 프로젝트에서 이터레이션을 하는 이유는 완성도 높은 목적물을 만들어 내기 위함이다.

예를 들면 제품개발을 위해 [분석 -> 설계 -> 개발] 순으로 프로세스를 수행한다면 이러한 제품개발 프로세스를 반복적으로 수행하여 제품의 완성도를 높이는 반복 행위가 이터레이션을 수행하는 것이다.

애자일에서 말하는 이터레이션의 의미를 명확하게 보여 주는 것이 바로 스크럼(Scrum)에서 수행하는 스프린트(Sprint)이다.

스프린트 (Sprint)

스프린트 (Sprint)는 제한된 기간동안 정해진 Product Backlog Item을 구현하기 위한 스크럼 팀 이벤트이다.

스프린트 (Sprint)는 약 2주에서 4주정도의 기간으로 수행하는 스크럼 팀단위의 그룹화된 작업수행 행위를 말한다.

스크럼 팀은 스프린트를 반복적으로 수행하면서 이해관계자와 합의 된 Product Backlog Item을 모두 구현하고 Product Goal을 달성시킨다.

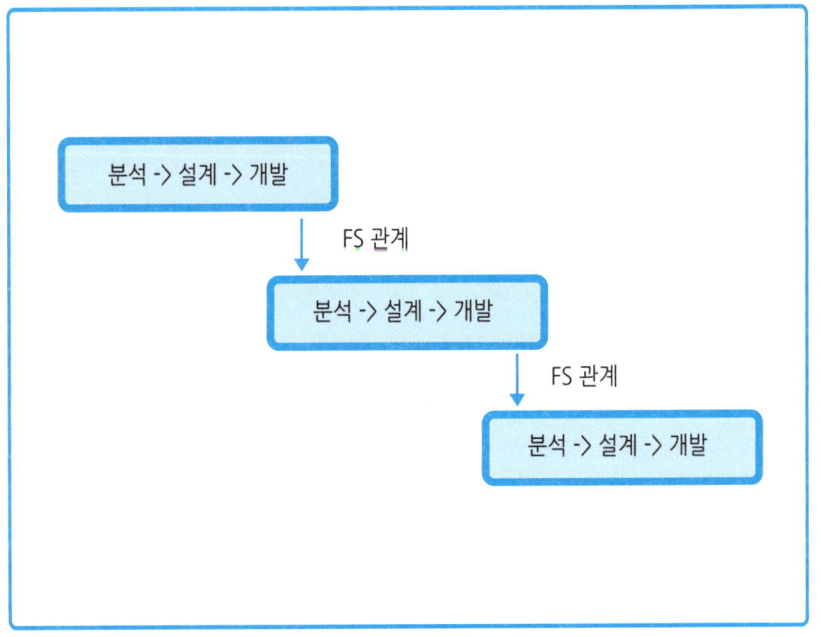

[이터레이션 (Iteration)]

26-16. 백로그 그루밍 (Backlog Grooming)

백로그 그루밍(Backlog Grooming)은 Product Backlog 내용을 다듬고, 우선순위와 크기 추정을 통해 Product Backlog를 정제하는 작업을 말한다.

초기 Product Backlog는 불완전하며 추상적이다. 이를 정제하는 작업이 백로그 그루밍(Backlog Grooming)이다.

백로그 그루밍(Backlog Grooming)은 Product Backlog의 추상적인 내용은 상세화하고 우선순위를 부여하고 크기를 추정한다.

백로그 그루밍(Backlog Grooming)은 프로덕트 오너(Product Owner)가 주관하고 스크럼 마스터, 개발팀 그리고 Product와 관련된 모든 이해관계자가 참여하는 공동 작업이다.

N.O.T.E

프로덕트 백로그 (Product Backlog)

Product Backlog는 우선순위가 있는 요구사항의 목록이다.

이해관계자의 요구사항은 제품, 서비스, 기능과 같이 다양한 항목들이다. 또한 Product Backlog는 이해관계자가 추구하는 기능적 비기능적 가치와 연결되어 있다.

Product Backlog는 Backlog Item으로 구성되어 있는데 Backlog Item은 제품기능, 제품 결함, 기술적 작업, 관련지식을 말한다.

프로덕트 오너 (Product Owner)

프로덕트의 가치를 극대화하기 위해 프로덕트에 어떤 특징과 기능을 구현할지 우선순위를 결정하며 프로덕트 제작 방향성을 제시하는 역할과 권한을 가진 프로덕트 제작 성공의 최종책임자이다.

26-17. 플래닝 포커 (Planning Poker)

플래닝 포커(Planning Poker)는 스토리 점수(Story Point)를 추정하는 방법 중 하나이다.

플래닝 포커(Planning Poker)는 애자일 팀원들이 함께 모여서 포커게임의 규칙을 이용하여 스토리 점수(Story Point)를 측정하는 방법을 사용한다.

플래닝 포커를 수행하는 순서는 아래와 같다.

피보나치수열 0, 1, 2, 3, 5, 8, … 과 같은 수치가 적힌 포커 카드를 준비한다.

스토리 점수(Story Point)를 산정할 때 사용할 수 있는 기준 사용자 스토리를 정한다.

기준 사용자 스토리의 스토리 점수(Story Point)를 정한다.

측정하고자 하는 사용자 스토리에 대하여 스토리 포커 참여자들에게 설명한다.

참가자들이 측정하고자 하는 사용자 스토리에 대하여 기준 사용자 스토리와 상대적 평가를 실시하여 포커 카드로 자신이 결정한 사용자 스토리 점수(Story Point)를 제시한다.

제시된 포커 카드의 점수를 기반으로 참가자들이 함께 토론을 통하여 합의된 스토리 점수(Story Point)가 결정한다.

N.O.T.E

사용자 스토리(User Story)

사용자스토리(User Story)는 사용자 관점에서 요구하는 제품 기능을 이야기하는 형태로 서술(written description)한 것을 말한다.

사용자스토리를 사용하는 주된 이유는 요구사항 수집 시 요구하는 기능을 상세히 파악하는 것보다 먼저 사용자가 원하는 기능에 대해 자연스럽게 표현하게 하여 사용자 관점에서 기능에 대해 사고(思考)하기 위함이다.

스토리 점수(Story Point)

사용자 스토리의 크기를 표시하는 단위이며 사용자 스토리 크기나 구현의 난이도에 대한 상대적 평가치이다.

스토리 포인트는 같은 프로젝트 내에 기준을 삼을 수 있는 사용자 스토리를 두고 이 기준 사용자 스토리의 크기 및 구현 난이도와 비교해 상대적으로 추정하는 값이다.

상대적 추정치임을 나타내기 위해 피보나치 수열 0, 1, 2, 3, 5, 8, … 과 같은 수치를 사용하기도 한다.

26-18. 속도 (Velocity)

속도(Velocity)는 스크럼 팀이 단일 스프린트에서 처리 완료한 Story Point 총합을 수치 기준으로 계산한 평균 스토리 포인트를 말하며 스크럼 팀의 생성성을 측정하는 도구로 쓰인다.

프로덕트 개발에 소요되는 자원과 기간을 산정할 때 쓰인다.

속도(Velocity)는 프로젝트 기간 내 구현할 수 있는 제품 백로그 아이템이나 사용자 스토리의 규모를 추정하는 근거로 사용된다.

선행 스프린트에서 측정된 스프린트 팀의 속도(Velocity)로 후행 스프린트의 기간을 산정하며 스프린트가 반복될수록 속도(Velocity)의 정확도는 높아진다.

26-19. 스프린트 (Sprint)

스프린트(Sprint)는 제한된 기간 동안 정해진 Product Backlog Item을 구현하기 위한 스크럼 팀 이벤트이다.

스프린트(Sprint)는 약 2주에서 4주 정도의 기간으로 수행하는 스크럼 팀단위의 그룹화된 작업수행 행위를 말한다.

스크럼 팀은 스프린트를 반복적으로 수행하면서 이해관계자와 합의된 Product Backlog Item을 모두 구현하고 Product Goal을 달성 시킨다.

첫번째 스프린트가 끝나면 스크럼 팀은 약간의 휴식을 취하고 지체없이 두번째 스프린트를 시작한다.

스프린트를 수행하는 스크럼 팀은 협업하며 정해진 서로간의 약속을 지키기 위해 노력하여야 한다. 모든 업무를 자율적으로 수행하고 팀원 스스로 무엇을 언제 어떻게 할 지를 결정한다. 또한 그 결과 역시 팀원이 스스로 책임진다

스크럼 팀은 반복적으로 수행되는 스프린트 마다 유효하고 가치 있는 Product Increment를 만들어 내기 위해 노력해야 한다.

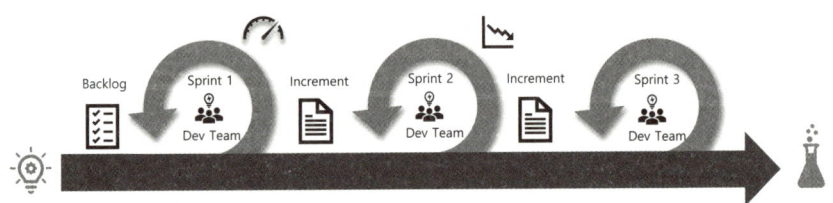

[Scrum Sprint]

26-20. 기술적 부채 (Technical Debt)

기술적 부채(Technical Debt)는 기술적으로 발생한 문제를 해결하지 않고 미루어 두거나 혹은 근본적인 해결을 하지 않고 편법으로 처리하여 문제의 소지가 남아 있는 상황을 말하며 이런 상황을 금융적 부채에 빗대어 한 표현이다.

기술적 부채(Technical Debt)가 쌓이면 프로젝트 진행에 큰 부담을 주고 문제를 일으킬 수 있다. 그러나 프로젝트 수행에 있어 완전성을 유지하기 어렵기 때문에 대부분의 프로젝트에는 기술적 부채가 존재할 수밖에 없다.

> **N.O.T.E**

26-21. 케이던스 (Cadence)

케이던스(Cadence)는 주기적인 리듬 혹은 비트를 뜻하는 단어이다.

애자일에서의 케이던스(Cadence)는 주기를 가지고 행하는 행위를 말한다.

예를 들면 주간 회의 혹은 월간 회의 같은 주기를 가지고 있는 행위를 하는 것을 의미한다.

제품 출시를 위한 릴리즈, 스크럼에서 하는 스프린트와 같은 이벤트 또한 케이던스(Cadence)를 가지고 있는 대표적인 행위이다.

26-22. 자기조직화 팀 (Self-organizing Project Team)

자기조직화 팀(Self-organizing Project Team)은 구성원들이 스스로 조직을 만들수 있는 능력을 가지고 있으며 자율적으로 행동하고 변화에 대한 적응력 그리고 오류 발생시 자기 수정 능력을 가진 팀을 말한다.

자기조직화 팀(Self-organizing Project Team)의 개념을 최초로 설명한 것은 1986년에 일본의 노나카 이쿠지로와 타케우치 히로타카에 의해 1980년대 당시 생산성이 높았던 일본 기업들에서 활용한 신제품 개발 기술을 Harvard Business Review에 기고한 기고문 The New Product Development Game의 내용에 나와 있다.

자기조직화 팀(Self-organizing Project Team)의 개념은 애자일 선언을 통하여 좀 더 구체화되고 확장되어 애자일에서 활용되고 있다.

26-23. 기본 규칙 (Ground Rules)

기본 규칙이란, 프로젝트에 배치된 팀원들이 따라야 하는 지침을 말하는 것이다.

기본 규칙은 프로젝트의 시작부터 종료 시까지 적용되어야 하는 방침이자 룰이므로 빨리 수립될수록 긍정적인 효과를 가져온다.

왜냐하면 어느 조직이나 집단에서도 그렇듯이 서로가 지키고 인정할 수 있는 룰이 설정되어야만 혼란을 예방할 수 있으며, 사소한 문제들로 인하여 오해가 발생하지 않기 때문이다. 즉 빠른 기준의 설정이 요구되는 것이다.

기본 규칙에 대표적인 것은 호칭, 근무시간, 복장규칙, 근무방식, 보고방법, 좌석배치, 성과평가 등의 팀 운영을 위해서 초기부터 정해야 하는 것들이다.

26-24. 동일장소 배치 (Co-location)

가상 팀(virtual team)은 동일한 프로젝트 목적을 달성하기 위하여 지리적으로 서로 떨어진 팀이 구성된 형태이므로 보다 긴밀한 팀 구성 활동(team building)이 요구된다고 하였다.

같은 맥락에서 보았을 때 프로젝트 팀원들 간의 결속력 향상이나 팀 생산성 증대를 위하여 팀원들을 같은 장소에 배치하는 것은 매우 효과적인 방법이다. 왜냐하면 같은 장소에서 작업을 수행하는 것은 자연스럽게 많은 공식적·비공식적인 의사소통의 기회를 가질 수 있도록 하며, 함께 할 수 있는 협업의 기회를 늘려주고, 서로 도움을 줄 수 있는 편리한 환경 여건이 자연스럽게 조성되기 때문이다.

하지만 프로젝트의 기본적인 수행 환경상 동일장소 배치가 어려운 경우도 상당수 있으므로, 이럴 때 프로젝트 관리자는 보다 긴밀한 팀 구성 활동(team building)을 위하여 노력하여야 한다.

이러한 동일장소 배치는 프로젝트 전체 기간에 걸쳐서 이루어질 수도 있고, 특정 기간이라든가 특정 날짜 혹은 특정 시간에라도 얼굴 마주할 기회를 마련하는 형태가 될 수도 있다. 예를 들면 지역별로 흩어져 있는 프로젝트가 매월 첫째 주말에 돌아가면서 한 사이트에 모두 모여 회식을 하는 것도 동일장소 배치의 한 형태가 된다. 때로는 일정과 성과 등을 게시하고 전자 통신 장비를 갖춘 상황실(war room)을 운영하는 것도 좋은 전략이다.

26-25. 3점 추정 (Three-point Estimates)

프로그램 평가 및 검토 기법(Program Evaluation and Review, PERT)에서 비롯된 기법으로, 산정의 불확실성과 위험을 고려한 기법이다. 즉 1점으로 산정하지 않고 3가지 Point를 가지고 확률적인 산정치를 구하고자 한 것이다.

일반적으로 3점 산정은 그 정확도가 높고, 세 점이 원가 산정의 불확실성 범위를 명확히 해 준다고 알려져 있다.

3점 산정의 평균 및 표준편차 값은 다음과 같이 구할 수 있다.

- 비관치(pessimistic) 비관적으로 보고, 어려운 환경인 경우 : p
- 보통치(most likely) 현실적으로 기대되는 예상치 : m
- 낙관치(optimistic) 낙관적으로 보고, 순조로운 상황인 경우 : o

$$기대치 = \frac{p+4m+o}{6}$$

$$표준편차 = \frac{p-o}{6}$$

26-26. 품질 비용 (Cost Of Quality)

품질 비용이란 요구되는 품질 수준을 실현하기 위하여 필요한 (투입되는) 비용을 뜻하며, 달리 제품의 가치를 높이기 위하여 필요한 비용이라고도 말할 수 있다.

품질 비용은 일반적으로 준수 비용(Cost of conformance)과 비준수 비용(Cost of non-conformance)으로 구분된다.

준수 비용은 다시 예방 비용(Prevention cost), 평가 비용(Appraisal cost)으로, 비준수 비용은 실패 비용(Failure cost)으로 분류할 수 있다.

준수 비용이란 품질을 지키기 위하여 투입되는 비용을 의미하며, 비준수 비용은 품질을 지키지 못하여 투입되는 비용을 말한다.

세부적으로 예방 비용이란 불량 품질이 발생하지 않도록 예방 활동을 수행하기 위해 발생하는 비용을 말한다. 예를 들어 품질관리를 위한 교육훈련 등이 대표적인 예방 비용이다.

평가 비용은 제품이나 중간 산출물이 품질표준 및 품질규격에 적합한지를 측정하는 데 발생하는 비용을 말한다. 감리나 평가 또는 검사 등의 형태로 행해지는 활동들은 평가 비용으로 볼 수 있다.

N.O.T.E

마지막으로 실패 비용은 제품이나 산출물의 품질이 일정한 규격에 미달함으로써 불합격품, 등외품 등이 유발되어 발생하는 비용을 말한다.

이때 제품이나 산출물이 고객(최종소비자)에게 전달되는 시점을 기준으로 고객에게 전달 전 발생한 비용은 내부 실패 비용, 전달 후 발생한 비용은 외부 실패 비용으로 구분할 수 있다.

간단한 예로 내부 실패 비용은 공장 출하 전 검사에서 불합격되어 재작업하는 비용을 들 수 있으며, 고객에게 배송되었으나 제품불량으로 반송되었다면 반품 비용 등이 외부 실패 비용으로 볼 수 있는 것이다.

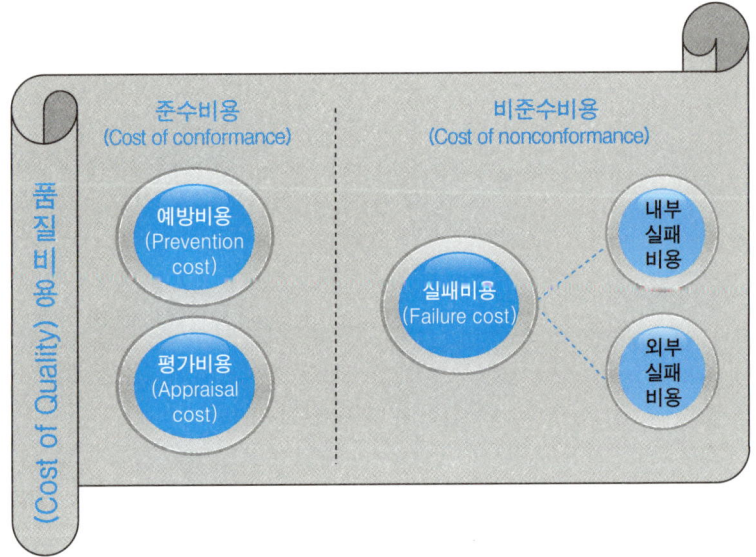

[품질비용의 종류]

26-27. 당김방식 (Pull System)

당김방식(Pull System)은 전통적인 방식인 수행할 작업을 사전에 계획하고 앞 단계에서 다음 단계로 밀어내며 진행하는 방식의 Push System과 반대 개념의 작업처리 방식으로 작업을 프로세스에 밀어 넣는 대신 작업자가 작업을 처리하기 원할 때 당겨오는 방식으로 처리할 수 있는 능력이 있을 때만 작업을 가져오는 방식이다.

이 방식은 수행할 작업의 우선순위에 작업자가 집중하게 하며 작업 중 제한(WIP) 범위에서 작업을 수행 가능하게 하여 작업의 병목을 막고 처리량 증가와 작업 시간의 단축을 가능하게 한다.

린(Lean)에서 유래한 방식이며 칸반(Kanban) 방식을 포함한 모든 애자일 방식에서 주로 사용하는 작업 수행 기법이다.

26-28. MVP (Minimum Viable Product)

MVP(Minimum Viable Product)는 최소 실행 가능한 제품을 의미하며 제품 개발시에 목표로 하는 요구 기능이 실제 실행하려는 비즈니스에 적합하고 올바르게 동작하는지 확인하기 위해 최소한의 기능을 구현하여 만든 제품을 의미한다.

MVP(Minimum Viable Product) 개발을 통해 최소의 필요한 기능을 구현한 제품을 빠르게 고객에게 제공함으로써 개발된 제품에 대한 신속한 피드백을 고객으로 부터 받을 수 있는 장점이 있다.

MVP(Minimum Viable Product) 개발 및 제공 그리고 고객 피드백을 반복적으로 수행하여 제품의 완성도 및 비즈니스 요구사항에 대한 충족도를 높인다.

26-29. 카이젠 이벤트 (Kaizen Event)

카이젠 이벤트(Kaizen Event)의 Kaizen은 한국어로 "개선(改善)" 영어로 "improvement" 를 의미하는 일본어이다.

카이젠 이벤트(Kaizen Event)는 개선 활동 이벤트를 말하며 린(LEAN)에서 생산성 향상을 위한 작업자들의 프로세스 개선 활동 이벤트이다.

애자일에서의 카이젠 이벤트(Kaizen Event)는 지속적 개선 활동을 의미하며, 칸반에서는 개발팀이 수행하는 워크플로우 프로세스 개선 및 작업 수행 활동 개선을 위한 정규적인 이벤트 활동을 말한다.

26-30. 작업시간 (Work Time)

작업시간(Work Time)은 목표한 작업량이 만들어 질 때까지 걸린 시간을 말한다. 즉, 완료된 작업량 (Throughput)이 목표 작업량과 같아 질 때까지 걸린 시간이다.

작업시간은 해당 작업의 Lead Time에서 대기시간을 뺀 시간으로 계산한다.

작업시간(Work Time) = Lead Time - 대기시간 (Waiting Time)

작업 시간과 관련된 용어를 정리해 보면 아래와 같다.

Lead Time : 작업 요구가 도출된 시작 부터 작업 요구가 처리 완료되기 까지 걸린 시간

Cycle Time : 실제 작업이 시작된 시작점 부터 작업이 완료 된 후, 완료점까지 걸린 시간

Waiting Time : 작업 대기 시간

Throughput : 완료된 작업량

Summary

POINT 1 애자일의 정의
- 애자일(agile)은 '재빠른', '민첩한'이라는 뜻의 형용사인데 일반적으로 프로젝트에서의 애자일 방식이란 환경변화에 빠르고 민첩하게 반응하고 고객의 요구에 유연하게 대처하기 위한 짧은 개발주기의 반복형(Iterative) 개발방식과 요구사항, 범위 및 품질에 대한 증분형(Incremental) 개발방식을 혼용하는 적응형 개발방식의 방법론, 프레임워크, 개발방법을 총칭하는 포괄적 표현이다.

POINT 2 애자일 리더의 역할
- 팀원들에게 애자일 코치로 활동한다.
- 팀원의 업무수행 시 장애요소를 제거하고 도와준다.
- 팀 외부로부터의 방해에 대한 보호막이 되어준다.
- 애자일 프로세스 수행의 지휘자가 되어준다.
- 프로젝트로 인한 변화에 대한 저항을 극복한다.
- 고객에게 가치 있는 인도물을 제공한다.
- 경영진과 팀을 지원하며 가교 역할을 수행한다.

POINT 3 프로덕트 오너의 역할
- 이해관계자와의 협업을 통한 프로덕트 방향성 제시
- 프로덕트 목표정의
- 프로덕트 백로그 작성
- 프로덕트 목표와 백로그에 대한 명확한 의사소통
- 비즈니스 의사결정에 필요한 정보제공
- 작업 우선순위 정보제공

Key Word
- 애자일 팀 리더
- 섬김형 리더십
- 스크럼 프레임워크
- 프로덕트 오너
- 칸반방법
- 프로덕트 백로그

찾아보기

< A >
A/B Test 159, 215
AARRR Framework 162
Agile Project Management 63
Agile Project Team 41
ARPPU 167
ARPU 167
ASP(Average Selling Price) 168
ATE(Average Treatment Effect) 155
AU(Active User) 165

< B >
Backlog Grooming 305
Bounce Rate 171
Brand Architecture 118
Branding 117
Burn Down Chart 297

< C >
CAC(Customer Acquisition Cost) 169
Cadence 310
CLI(Command-Line Interface) 222
CLV(Customer Lifetime Value) 176
Cohort Analysis 163
Co-location 313
Concept 233
Content Marketing 129
Copywriting 227
Cost Of Quality 315
CPA(Cost Per Action) 175
CPC (Cost Per Click) 174
CPI(Cost Per Installation) 175
CPM (Cost Per Mille) 174
CPP (Cost Per Period) 174
CRM(Customer Relationship Management) 108
CTA(Call To Action) 225
CTR(Click Through Rate) 179
Cumulative Flow Diagram 298

Customer 26
Customer Journey Map 75
Customer Value 27
CVR(Conversion Rate) 173

< D >
Daily Stand-Up Meeting 299
Data Analyst 146
Data Analytics Team 39, 145
Data Engineer 148
Data Scientist 147
Data Wrangling 161
Deep Link 180
Definition of Done 302
Demands 28
Design 202
Design System 216
Design Team 193
Design Thinking 60
Digital Marketing 100

< E >
Entrances 171

< F >
Favicon 234
Flat Design 231
FNB (Foot Navigation Bar) 236
Funnel Analysis 160

< G >
GNB (Global Navigation Bar) 236
Grid 235
Ground Rules 312
Growth Hacking 142
GUI(Graphical User Interface) 222

< K >
Kaizen Event 319
Kanban 282
Kerning 232
Key Performance Indicator 104
Kick-off Meeting 67
KPI 97

< L >
Layout 230
Lean Startup 62
LNB (Local Navigation Bar) 236
Lo-Fi (Low Fidelity) Prototype 210
Low Involvement Product 115
LTV(Lifetime Value) 170

< M >
Market Penetration Pricing 124
Market Positioning 119
Market Requirements Document 69
Market Segmentation 116
Marketing Channel 127
Marketing Myopia 111
MBO(Management by objectives) 106
MCU(Maximum Current User) 166
Microcopy 218
Mid-Fi(Mid Fidelity) Prototype 210
Mission 95
Mock-up 211
Mood Board 212
MVP(Minimum Viable Product) 318

< N >
Needs 28
NUI(Natural User Interface) 222

< O >
Odd Pricing 126
OKR(Objective and Key Results) 97, 105
Onboarding 223
Organic 164
OUI(Organic User Interface) 222

< P >
Page View 172
Perceptual Map 122
PEST 107
Planning Poker 306
POD(Point of Difference) 120
POP(Point of Parity) 121
Portfolio Management 110
Portfolio Management 96
Post back 181
Product Backlog 292
Product Backlog 81
Product Design Team 40
Product Designer 194
Product Life Cycle 32
Product Line Stretching 131
Product Management 25
Product Requirement Document 72
Product Roadmap 77, 291
Product Stakeholder 25
Product Vision 290
Product-market Fit 28
Prototype 210
Pull System 317

< R >
Reference Price 125
Referral Marketing 178
Release 296
Research 200
Retention Marketing 182
Retrospectives 301
Reverse Positioning 132
Review 300
ROAS(Return On Advertising Spend) 177

< S >
SCM(Supply Chain Management) 109
Scrum 259
Self-organizing Project Team 311
SEO(Search Engine Optimization) 133
Showrooming 128
Sign Up 158
Significance Level 183
Skimming Pricing 123
SNB (Side Navigation Bar) 236
Soft Skill 54
Sprint 308
Story Point 294
Storyboard 204
STP 99

< T >
Technical Debt 309
Test 203
Three-point Estimates 314
Typography 228

< U >
UI Designer 198
UI(User Interface) 58, 191
Unique Visitor 172
Usability Test 220
User Acquisition 157
User Flow 213
User Journey Map 219
User Persona 214
User Story 293
UX Designer 196
UX Researcher 196
UX Writer 197
UX Writing 224
UX(User Experience) 24, 58, 189

< V >
Value Proposition 113
Velocity 307
Version 295
Vision 95

< W >
Wants 28
Wireframe 206
Work Time 320

< ㄱ >

가드레일 지표 156
가설수립 150
거시적 환경 43
고객 26
고객 지향적 관점 35
고객가치 27
고관여 제품 114
공급망 계획 109
공급망 실행 109
기능적 편익 27
기본 규칙 312
기본 규칙 65
기술적 부채 309

< ㄴ >

내부고객 26
누끼(ぬき) 237
누적흐름도표 298

< ㄷ >

단수가격 126
당김방식 317
대등점 121
데이터 분석 57, 140
데이터 분석팀 39
데이터 수집 152
데일리 스크럼 274
데일리 스탠드업 미팅 299
도요타생산방식 62
독립변수 154
동일장소 배치 313
디지털 마케팅 전략 102

< ㄹ >

리뷰 300
릴리즈 296

< ㅁ >

마케팅 근시안 111
목표지표 156

< ㅂ >

백로그 그루밍 305
버전 295
번 다운 차트 297
브랜딩 전략 103

< ㅅ >

사용자 스토리 293
사회적 편익 27
생산 지향적 관점 35
섬김형 리더십 55
속도 307
스크럼 249, 259
스크럼 마스터 263
스크럼 팀 261
스토리 점수 294
스프린트 308
스프린트 리뷰 278
스프린트 회고 280
시장분석 30
시장분석 42
실험 153
실험설계 151
심리적 편익 27

< ㅇ >
애자일 242
애자일 선언 243
애자일 팀 255
애자일 프로젝트 관리 59
애자일 프로젝트 팀 41
예측형 개발방식 63
완료의 정의 302
외부고객 26
이터레이션 304

< ㅈ >
자기조직화 팀 311
작업시간 320
저관여 제품 115
전략수립 30, 43
제품 지향적 관점 35
종속변수 154
준거가격 125
증분 303
지각도 122
진단용 지표 156

< ㅊ >
차별점 120
착수 회의 67

< ㅋ >
카이젠 이벤트 319
칸반 251, 282
칸반보드 286
케이던스 310

< ㅌ >
통제변수 154
통합적 마케팅 커뮤니케이션 112

< ㅍ >
판매 지향적 관점 35
포트폴리오 관리 96
품질 비용 315
프로덕트 24
프로덕트 라이프 사이클 32
프로덕트 개발 30, 45
프로덕트 관리 25 29
프로덕트 디자인 188
프로덕트 디자인팀 40
프로덕트 로드맵 291
프로덕트 매니저 24, 37, 52
프로덕트 백로그 292
프로덕트 비전 290
프로덕트 오너 262
프로덕트 운영 30, 46
프로덕트 이해관계자 25
프로덕트 전략 56
프로덕트 전략 90
프로덕트 팀 36
프로덕트 팀 리더 66
프로덕트 팀 빌딩 절차 67
플래닝 포커 306

< ㅎ >
혼합형 개발방식 63
회고 301

Product Manager
Strategy
Data Analytics
Design UX
Agile Project